***NEW YORK TIMES* BESTSELLER**

MOHAMED A. EL-ERIAN

AUFSTIEG UND FALL DER ZENTRALBANKEN

UND WAS DAS FÜR UNS ALLE BEDEUTET

FBV

Bibliografische Information der Deutschen Nationalbibliothek
Die Deutsche Nationalbibliothek verzeichnet diese Publikation in der Deutschen Nationalbibliografie.
Detaillierte bibliografische Daten sind im Internet über http://dnb.d-nb.de abrufbar.

Für Fragen und Anregungen:
info@finanzbuchverlag.de

1. Auflage 2017

ein Imprint der Münchner Verlagsgruppe GmbH
Nymphenburger Straße 86
D-80636 München
Tel.: 089 651285-0
Fax: 089 652096

Die Originalausgabe erschien 2016 unter dem Titel *The Only Game in Town* bei Random House, einem Imprint von Penguin Random House LLC, New York.

Redaktion: Matthias Michel
Lektorat: Ulrike Kroneck
Umschlaggestaltung: Christopher M. Zucker, adaptiert für die deutsche Ausgabe
Umschlagabbildung: Christopher M. Zucker, adaptiert für die deutsche Ausgabe; Nik Merkulor/shutterstock
Satz: inpunkt[w]o, Haiger, www.inpunktwo.de
Druck: GGP Media GmbH, Pößneck
Printed in Germany

ISBN Print 978-3-89879-891-4
ISBN E-Book (PDF) 978-3-86248-687-8
ISBN E-Book (EPUB, Mobi) 978-3-86248-688-5

Weitere Informationen zum Verlag finden Sie unter

www.finanzbuchverlag.de

Beachten Sie auch unsere weiteren Verlage unter
www.m-vg.de

Inhalt

Stimmen zu diesem Buch

»*Aufstieg und Fall der Zentralbanken* schafft etwas beinahe Unmögliches: Das Buch stellt komplexe Finanzthemen und -ereignisse sowohl verständlich als auch unterhaltsam dar. Es ist eine Pflichtlektüre für jeden, der sich für die Weltwirtschaft und ihre Zukunft interessiert. Es stellt wichtige Fragen, behandelt alle relevanten Themen und enthält überlegte Empfehlungen für die Politik. Es ist ein unglaubliches Buch.«

– Jack Welch

»Mohamed El-Erian kennt sich aus mit Märkten und Ökonomie, und er benennt klar und kühl die Faktoren, die zu der aktuellen globalen Wirtschaftsschwäche und der gefährlichen Weggabelung geführt haben, der sich die Weltwirtschaft nähert. Vor uns könnte eine gefährliche Wende liegen oder nachhaltigeres, inklusiveres Wachstum. Die gute Nachricht ist, wie El-Erian überzeugend argumentiert: Politiker, Unternehmen und wir alle haben die Hände immer noch fest genug am Steuer, um die Wirtschaft in eine bessere Richtung lenken zu können.«

– Alan Krueger, Bendheim Professor of Economics and Public Affairs an der Princeton University

»Eine unverzichtbare Einführung in die schnelle Bedeutungszunahme und die heutige Rolle von Zentralbanken in der Weltwirtschaft und in die Herausforderungen und Chancen, die beim Umgang mit den wirtschaftlichen Schocks der Zukunft auf sie zukommen werden.«

– James Poterba, Professor der Ökonomie, MIT, sowie President und CEO, National Bureau of Economic Research

»In *Aufstieg und Fall der Zentralbanken* geht es in Wirklichkeit um sehr viel mehr als um Zentralbanken: von der richtigen Anlagestrategie für das makroökonomische Umfeld von heute über die schwierigen Entscheidungen zu Steuern und öffentlichen Investitionen, die unsere Politiker zu treffen haben, bis zu den wirtschaftlichen Besonderheiten der noch immer herrschenden »neuen Normalität« (ein Ausdruck, den der Autor geprägt hat). El-Erian hat einen ungeheuer reichhaltigen Blick auf die Welt, viel breiter als die Summe seiner beeindruckend vielfältigen Erfahrungen. Die Weltwirtschaft von heute durch seine Augen zu sehen, ist ein echtes Bildungserlebnis.«

– Dr. Adam S. Posen, President des Peterson Institute for International Economics

»Mohamed El-Erian kennt die Weltwirtschaft als Anleger, als Vertreter des öffentlichen Sektors und als Analyst mit der seltenen Fähigkeit, das Wesentliche zu erkennen. Er hat eine dringende Botschaft zu übermitteln: Zentralbanken können die Weltwirtschaft nicht (mehr) sehr lange auf ihren Schultern tragen, ohne dass die Gefahr einer sehr ungünstigen globalen Entwicklung besteht. Wenn er recht hat, und das war schon häufiger der Fall, müssen wir alle – Regierungen, Unternehmen, die Finanzbranche und jeder Einzelne – verstehen, warum und wie wir etwas dagegen tun können.«

– Jessica Mathews, vormals President des Carnegie Endowment for International Peace

»Mohamed El-Erian gilt weithin als einer der scharfsinnigsten Beobachter weltweiter Wirtschaftstrends, und er ist bekannt dafür, den heute allgegenwärtigen Ausdruck »die neue Normalität« geprägt zu haben. Vor fünf Jahren hatte er die Sorge, dass die Weltwirtschaft erst in Jahren wieder Fuß fassen könnte. Jetzt fürchtet er, sie könnte von einer Klippe fallen. Die gute Nachricht in dem Buch lautet, dass die Dinge deutlich besser laufen könnten, wenn Politiker sich auf ihre Verantwortung besinnen würden. Die schlechte Nachricht aber ist: Dieser erfahrene und einflussreiche Veteran ist sich nicht sicher, dass es dazu kommen wird. *Aufstieg und Fall der Zentralbanken* ist schlicht eine Pflichtlektüre für jeden, der verstehen will, wie sich die Weltwirtschaft in den nächsten fünf Jahren entwickeln könnte.«

– Kenneth Rogoff, Thomas D. Cabot Professor of Public Policy an der Harvard University und früherer Chefvolkswirt sowie Research-Leiter beim Internationalen Währungsfonds

Gewidmet meiner Tochter, meiner Mutter und meiner Schwester.
In Gedenken an meinen verstorbenen Vater.
Danke für eure wunderbare Liebe, für eure fantastische Begleitung, eure andauernde Unterstützung und eure unglaubliche Inspiration.

Vorwort

»Was wir brauchen, ist nicht ein größeres Finanzwesen, sondern ein besseres.«

– MARTIN WOLF

»Das Potenzial für eine Wachstumsstrategie auf der Grundlage von Improvisation durch die Zentralbanken ist weitgehend ausgeschöpft.«

– LARRY SUMMERS

In den vergangenen Jahren hat sich die Weltwirtschaft auf eine Art und Weise weiterentwickelt, die früher als unwahrscheinlich oder sogar unmöglich gegolten hätte. Dieses Phänomen hält bis heute an, und wie dieses Buch erklären wird, wird es in der vor uns liegenden Zeit noch an Bedeutung gewinnen.

Die weltweite Finanzkrise, die in den Jahren 2008 und 2009 fast jedes Land, jede Regierung und jeden Haushalt weltweit getroffen hat, ist einer frustrierenden »neuen Normalität« gewichen, geprägt von geringem Wachstum, zunehmender Ungleichheit, politischem Versagen und in manchen Fällen gesellschaftlichen Spannungen – und all das trotz massiver Interventionen durch Zentralbanken und transformativer technologischer Innovationen.

Mittlerweile zeigt diese neue Normalität immer stärker Anzeichen von Erschöpfung. Wer darauf achtet, dem werden die Anzeichen für zunehmende Belastungen kaum entgehen. Tatsächlich ist es so, dass der Weg, auf dem sich die Weltwirtschaft derzeit befindet, bald enden dürfte – vielleicht sogar recht plötzlich.

Je näher wir diesem historischen Wendepunkt kommen, desto denkbarer wird früher Undenkbares werden und desto ausgeprägter die Unsicherheit. Das gilt umso mehr, als zunehmend klar wird, dass der anstehende Übergang sich keineswegs glatt und von selbst abspielen wird, sondern auf eine Entscheidung zwischen zwei sehr unterschiedlichen neuen Wegen hinausläuft. Der erste verspricht mehr Wachstum für alle und echte Finanzstabilität. Der zweite würde ganz im Gegenteil zu noch weniger Wachstum, immer wieder auftretenden Rezessionen und zur Rückkehr der finanziellen Instabilität führen.

Zum Glück ist nichts von dem, was nach dem Ende der neuen Normalität kommen wird, vom Schicksal vorgezeichnet. Welchen Weg wir nach der kommenden »T-Kreuzung« einschlagen, können wir durchaus noch beeinflussen, indem wir als Haushalte, Unternehmen oder Regierungen die richtigen Entscheidungen treffen. Doch um besser entscheiden zu können, müssen wir zunächst einmal verstehen, welche Kräfte hier wirken und wie sie sich weiterentwickeln dürften. Und dafür gibt es keine bessere Möglichkeit, als sich mit den wichtigsten Zentralbanken der Welt zu beschäftigen – mit ihrer Vergangenheit, ihrer Gegenwart und ihrer Zukunft.

Denn diese ehemals behäbigen, langweiligen Institutionen haben sich zu den wichtigsten und häufig einzigen politischen Entscheidungsträgern entwickelt. Als das unverantwortliche Eingehen von Finanzrisiken außer Kontrolle geriet, waren sie am Steuer eingeschlafen. Während der weltweiten Finanzkrise aber schalteten sie auf einen aggressiven Interventionsmodus um. Dadurch haben sie die Welt vor einer mehrjährigen Depression bewahrt, die viele Leben zerstört und soziale Unruhen angeheizt hätte.

Als die Zentralbanken bemerkten, dass andere politische Akteure durch Dysfunktionalitäten gelähmt waren, fanden sie experimentelle Möglichkeiten, um die Weltwirtschaft auf einem Wachstumspfad zu halten, wenn auch einem etwas künstlichen. Und das gelang ihnen, obwohl die eigentlichen Motoren des wirtschaftlichen Wohlstands noch nicht wieder startklar gemacht worden waren.

Jetzt wird von diesen geldpolitischen Institutionen erwartet, dass sie weiterhin Wunder bewirken. Doch ihre Fähigkeit, immer wieder neue

Kaninchen aus ihren politischen Hüten zu zaubern, wurde bereits massiv ausgereizt und hat ein kaum noch durchhaltbares Ausmaß angenommen.

Die zentrale Rolle in der Politik ist für die Zentralbanken neu und ungewohnt. Jahrzehntelang haben sie außerhalb des Scheinwerferlichts gearbeitet. Lange Zeit machte sich nur ein eher kleiner Kreis von Experten für Währungen und Geldpolitik die Mühe, sich überhaupt mit diesen traditionsbewussten und stolzen Institutionen zu beschäftigen. Die Mehrheit dieser wenigen Beobachter ging dabei davon aus, dass die Zentralbanken mit hochgradig konventionellen Technokraten besetzt sind, die hinter den Kulissen in aller Stille ihre komplexen technischen Instrumente einsetzen.

Die Einrichtung der ersten Zentralbank lässt sich bis ins Schweden des 17. Jahrhunderts zurückverfolgen; im selben Jahrhundert, im Jahr 1694, wurde auch die Bank of England gegründet, die weithin als die Mutter des modernen Zentralbankwesens angesehen wird. Trotz des Niedergangs des britischen Empire gehört die »Alte Lady von der Threadneedle Street«, wie sie liebevoll genannt wird, immer noch zu den einflussreichsten Mitgliedern dieses sehr exklusiven und geheimnisvollen Klubs. Schließlich hat sie die Ausrichtung der meisten anderen Zentralbanken weltweit beeinflusst.

Doch selbst die Macht und die Reichweite der Bank of England verblassen im Vergleich zu zwei anderen Institutionen, die in diesem Buch eine prominente Rolle spielen: die amerikanische Federal Reserve, kurz Fed, als die mächtigste Zentralbank der Welt, und die Europäische Zentralbank (EZB) als die Zentralbank hinter dem Euro – der europäischen Gemeinschaftswährung für derzeit neunzehn Mitgliedsstaaten, bei der es sich um die am weitesten fortgeschrittene Komponente des historischen Integrationsprojekts für die Region handelt.

Diese beiden Institutionen sind viel, viel jünger als die Bank of England.

Die Fed wurde erst 1913 ins Leben gerufen, als Reaktion auf Finanzturbulenzen. Heute ist sie die Zentralbank der 50 amerikanischen Bundesstaaten und der US-Außengebiete und operiert mit Vollmachten des US-Kongresses. Ihr Auftrag ist, »ein sicheres, flexibles und stabiles Währungs- und Finanzsystem für die Nation bereitzustellen«.

Die EZB nahm ihren Betrieb im Jahr 1999 auf. In Zusammenarbeit mit nationalen Zentralbanken, die ebenfalls zum Eurosystem gehören, besteht ihr Ziel darin, Preisstabilität zu gewährleisten, die gemeinsame Währung zu sichern und Kreditinstitute (vor allem Banken) zu überwachen.

Bei der Verfolgung ihrer Ziele haben alle Zentralbanken die Befugnis, die Währung und die Geldmenge ihres Gebiets zu steuern, um konkrete makroökonomische Vorgaben zu erreichen – im Allgemeinen handelt es sich dabei um niedrige und stabile Inflation sowie in manchen Fällen auch hohe Beschäftigung und Wirtschaftswachstum. In den vergangenen Jahren hat eine wachsende Zahl von Zentralbanken zudem die Aufgabe bekommen, Teile des Finanzsystems zu überwachen und die Gesamtstabilität des Finanzwesens zu gewährleisten.

Die grundlegendste Aufgabe von Zentralbanken besteht darin, den Preis und die Menge des umlaufenden Geldes zu steuern, entweder direkt (durch Veränderungen des Zinssatzes, den sie von Banken verlangen, und des Kreditvolumens, das die Banken vergeben dürfen) oder indirekt (indem sie Einfluss auf die Risikoneigung im System und die finanziellen Gesamtbedingungen nehmen). Für diese Tätigkeit haben sie im Lauf der Zeit mehr operative Autonomie von ihren Herren in der Politik erhalten.

Die Regierungen wiederum handeln direkt oder im Rahmen eines parlamentarischen Prozesses, um makroökonomische Ziele vorzugeben. Die Zentralbanken können diese Ziele in vielen Fällen mit selbst gewählten Instrumenten verfolgen. Dieser Prozess wird allgemein positiv gesehen, weil er die Zentralbanken von kurzfristigen politischen Abenteuern der Regierungen isoliert, deren Augen immer auch auf die Aussichten für ihre Wiederwahl gerichtet sind. Die damit einhergehende Macht und der Einfluss von Zentralbanken haben sich zuletzt sprunghaft vergrößert.

Nehmen wir als Beispiel die Fed. Wie andere Zentralbanken hat sie eine dramatische Erweiterung ihrer Aufgaben, ihrer Werkzeuge und ihrer Möglichkeiten zur Einflussnahme erfahren – sie wurde von etwas so Einfachem wie dem einzigen Emittenten der amerikanischen Währung zu einer Institution mit komplexen Steuerungs- und Regulierungskompetenzen für das Bankensystem. Konkret ist sie, um aus ihrem eigenen Mission Statement auf ihrer Website (http://www.federalreserve.gov/aboutthefed/mission.htm), zu zitieren, heute verantwortlich für:

- Gestaltung der nationalen Geldpolitik durch Einflussnahme auf die monetären und Kreditbedingungen in der Wirtschaft mit dem Ziel höchstmöglicher Beschäftigung, stabiler Preise und moderater Langfristzinsen;

- Überwachung und Regulierung von Bankinstituten, um die Sicherheit und Robustheit des nationalen Banken- und Finanzsystems zu gewährleisten und um die Kreditrechte von Verbrauchern zu schützen;

- Aufrechterhaltung der Stabilität des Finanzsystems und Bekämpfung von systemischen Risiken, die sich auf den Finanzmärkten ergeben könnten;

- Bereitstellung von Finanzdienstleistungen für Einlageninstitute, die US-Regierung und offizielle ausländische Stellen, einschließlich einer bedeutenden Rolle beim Betrieb des nationalen Zahlungssystems.

Ungeachtet dieser bemerkenswerten Ausweitung von Zuständigkeiten, Macht und Einfluss hatte nichts die Zentralbanken auf den dramatischen und beispiellosen Wandel vorbereitet, den sie in den letzten Jahren durchgemacht haben – sowohl während der Finanzkrise als auch in ihrem Nachklang.

Die Zentralbanken wurden aus ihrer geheimnisvollen Anonymität und ihrer hochgradig technischen Ausrichtung herausgerissen und mitten ins Scheinwerferlicht gestellt, denn sie mussten die alleinige Verantwortung für das Schicksal der Weltwirtschaft auf sich nehmen. Weil sie auf einen Notfall nach dem anderen reagieren mussten, ließen sie ihre konventionellen Ansätze ruhen und sind dazu übergegangen, reihenweise geldpolitische Experimente zu entwickeln.

Oft waren sie, was derart traditionsbesessenen Institutionen ausgesprochen schwerfällt, gezwungen, sich spontan neue Vorgehensweisen auszudenken. Mehrfach hatten sie keine andere Wahl, als auf noch nie zuvor eingesetzte politische Instrumente zurückzugreifen. Und weil ihre Erwartung besserer Ergebnisse oft enttäuscht wurde, fühlten (und fühlen) sich viele von ihnen verpflichtet, immer tiefer in ungewisses und unvertrautes politisches Terrain vorzudringen und neue Rollen zu übernehmen.

Für jeden, der an die konventionelle Funktionsweise von Volkswirtschaften und Finanzsystemen gewöhnt ist, bedeutet all das nichts weniger als eine bislang undenkbare Umgestaltung des Zentralbankwesens. Doch damit enden die strukturellen Brüche noch nicht einmal.

Die beschriebenen Veränderungen bei den Zentralbanken sind nur ein Teil einer noch deutlich weiter reichenden Entwicklung, deren Auswirkungen wir alle zu spüren bekommen werden – ebenso wie unsere Kinder und höchstwahrscheinlich auch deren Kinder. Es geht hier um eine Veränderung, die viel größere – und bedeutendere – Entwicklungen in der Weltwirtschaft, in der Funktionsweise von Märkten und in der Finanzlandschaft erkennen lässt. Und die Folgen davon werden nicht auf Ökonomie und Finanzen beschränkt bleiben, sondern auch nationale Politik, regionale und globale Verhandlungen sowie die Geopolitik beeinflussen.

Vor diesem Hintergrund lohnt es sich, die ungeplante und für sie selbst wie Außenstehende beunruhigende Verwandlung der Zentralbanken von weitgehend unsichtbaren Institutionen zum einzigen geldpolitischen Akteur genauer zu untersuchen. Denn diese Analyse verschafft uns eine einzigartige Perspektive auf die deutlich bedeutenderen Veränderungen, die in unserer Welt vor sich gehen. Sie liefert Informationen über das »Wie«, das »Warum« und das »Und jetzt«, denn sie erklärt:

- wie das weltweite Finanzsystem immer stärker seine Fähigkeit verloren hat, die legitimen Wünsche von Hunderten von Millionen Menschen auf mehreren Kontinenten zu erfüllen, beispielsweise in Bezug auf wirtschaftlichen Aufstieg, lohnende Beschäftigung und finanzielle Sicherheit;

- warum die Welt solche Wachstumsschwierigkeiten hat, warum Länder immer ungleicher werden und warum so viele Menschen mit dem nicht enden wollenden Gefühl von finanzieller Instabilität und sogar Nöten leben müssen;

- warum so viele politische Systeme derart massive Schwierigkeiten damit haben, die schnell veränderlichen Realitäten vor Ort zu verstehen und zu ihnen aufzuschließen – vom Versuch, sie in eine bessere Richtung zu lenken, ganz zu schweigen.

In dieser neuen Welt haben die meisten von uns bereits direkt oder indirekt eine Reihe von ungewöhnlichen, wenn nicht sogar bislang kaum vorstellbaren Veränderungen beobachtet. Doch alles, was wir bis jetzt erlebt haben, ist nur der Anfang.

In den kommenden Jahren dürfte uns die extrem veränderliche Welt, in der wir heute leben, noch weiter aus unserer Komfortzone zwingen und von uns verlangen, angemessen zu reagieren. Und dabei sollten wir nicht einfach darauf warten, dass die Regierungen für Besserung sorgen.

Wenn wir den Charakter der disruptiven Kräfte mit ihren Umkehrpunkten und T-Kreuzungen nicht verstehen, werden wahrscheinlich auch unsere Reaktionen nicht überzeugend ausfallen. Und je öfter dies geschieht, desto höher ist die Wahrscheinlichkeit, dass wir die Kontrolle über ein geordnetes wirtschaftliches, finanzielles und politisches Schicksal verlieren – nicht nur für unsere Generation, sondern auch für künftige.

Dieses Buch betrachtet die Welt durch die Brille der Zentralbanken. Der Sinn dahinter ist, die Wahrscheinlichkeit dafür zu erhöhen, dass Sie mit dem, was auf die Weltwirtschaft zukommt, deutlich besser umgehen können. Indem es die Ursachen und Folgen der historischen und unerwarteten Transformation der Zentralbanken analysiert und sie, was noch wichtiger ist, in einen Zusammenhang mit umfassenderen gesellschaftlichen Veränderungen stellt, erklärt dieses Buch in aller Kürze, wie und warum wir an diese entscheidende Weggabelung gekommen sind. Doch es ist kein Geschichtsbuch, und mit Sicherheit handelt es nicht nur von Zentralbanken. Stattdessen enthält es eine Diagnose der Welt, in der wir heute leben, und nimmt vor allem in den Blick, was der globalen Wirtschaft, zu der wir alle gehören, bevorsteht und was wir in dieser Situation tun können. Das Buch erklärt also, was konkret erforderlich ist, um das globale System aus seiner Flaute zu holen, mit welcher Wahrscheinlichkeit es dazu kommen kann und was passieren dürfte, wenn uns das nicht gelingt.

Aus all diesen Gründen und noch ein paar weiteren, die Ihnen klar werden dürften, wenn Sie das Buch lesen, habe ich eine Hoffnung. Sie lautet, dass die Lektüre Ihnen deutlich mehr vermittelt als nur Wissen über die entscheidende Rolle der Zentralbanken und darüber, wie eng sie dadurch mittlerweile mit dem Schicksal der Weltwirtschaft verknüpft sind. Darüber hinaus gebe ich Ihnen einige analytische Modelle an die Hand, die konkrete Maßnahmen ermöglichen und Ihnen dabei helfen sollen, die Wahrscheinlichkeit für bessere Ergebnisse zu erhöhen.

TEIL I

DAS WARUM, WIE UND WAS DIESES BUCHS

Kapitel 1
Einleitung

»Vor langer Zeit haben Ärzte versucht, die Ursachen von Krankheiten zu erklären, ohne irgendetwas über Keime oder Bakterien zu wissen. Ähnlich versuchen heutige Akademiker, die Funktionsweise von entwickelten Volkswirtschaften zu erklären, ohne dabei den Finanzsektor und die durch ihn entstehenden Risiken zu berücksichtigen.«
– FERDINANDO GIUGLIANO

Die Weltwirtschaft befindet sich in einer entscheidenden Phase. Unsere Liebesbeziehung zur Branche der Finanzdienstleister – oder kurz dem »Finanzwesen« – ist, begleitet von lautstarken Vorwürfen, krachend gescheitert. Das Vertrauen ist verschwunden und die Schuldzuweisungen halten an, sodass es schlicht nicht möglich ist, wieder eine enge und warme Beziehung aufzubauen, und was auch immer als Nächstes kommt, sollte auf keinen Fall so intim und ausschließlich sein wie das Verhältnis, das im Vorfeld der globalen Finanzkrise im Jahr 2008 herrschte. Doch auch eine Trennung ist keine Option. Die Vernetzung und die Abhängigkeiten zwischen den realen Volkswirtschaften und dem Finanzsystem sind zu groß, als dass man jemals wieder wirklich getrennte Wege gehen könnte – also bleibt das Zusammenwirken beider Elemente weiterhin entscheidend für Wachstum, Jobs und finanzielle Stabilität.

Die Zentralbanken haben erkannt, wie wichtig der Aufbau einer besseren Arbeitsbeziehung zwischen globaler Wirtschaft und dem globalen Finanzwesen für aktuelle ebenso wie für künftige Generationen ist. Seit der weltweiten Finanzkrise machen sie Überstunden, um die dafür nötige Zeit zu erkaufen. Sie haben eine Reihe von geldpolitischen Programmen mit beispiellosen experimentellen Maßnahmen begonnen – und sind dabei enorme Risiken eingegangen.

Es steht extrem viel auf dem Spiel, und bislang ist nicht klar, auf welches konkrete Ergebnis wir zusteuern. Denn allein aus eigener Kraft sind die Zentralbanken nicht in der Lage, das gewünschte gute Ergebnis herbeizuführen, bestehend aus der wichtigen und sehr schwierigen Kombination aus hohem und inklusivem Wachstum, reichlich gut bezahlten Jobs, geringer und stabiler Inflation sowie echter und gut verankerter Finanzstabilität. Regierungen und Politiker müssten sich konstruktiver an den Bemühungen der Zentralbanken beteiligen. Und auch wir als Einzelpersonen haben über unsere Bereitschaft und unser Handeln großen Einfluss darauf, was bei dem kollektiven Bemühen um die Überwindung des von der gescheiterten Liebesbeziehung hinterlassenen Schadens letztlich herauskommt.

Teile der Weltwirtschaft, angeführt von den USA, erholen sich und finden zurück zu ihrer alten Form. Andere aber, etwa Europa oder Japan, sind weiterhin schwach und noch weit davon entfernt, entschlossen über den Berg zu kommen. Bei wieder anderen besteht die unmittelbare Gefahr eines Abrutschens in eine schreckliche Entwicklung, zum Beispiel in Griechenland und Venezuela. Gleichzeitig produziert der noch immer nicht vollständig wiederhergestellte Finanzsektor weiterhin eine Anomalie nach der anderen, und zwar nicht nur in obskuren technischen Bereichen. Stattdessen sind die Probleme eindeutig relevant für Sie selbst – ob Sie ein Anleger sind, der nach relativ sicheren Renditen für seine Ersparnisse sucht, ein kleines Unternehmen, das Kapital benötigt, oder eine Familie, die ihr finanzielles Schicksal wieder in die eigene Hand nehmen und sich ein dauerhaftes Gefühl von langfristiger Stabilität und Sicherheit verschaffen möchte.

Es gab – und das ist noch gar nicht so lange her – eine Zeit, da zahlten Regierungen Ihnen Zinsen, um Sie davon zu überzeugen, die Anleihen zu kaufen, mit denen sie ihren Ausgabenüberschuss finanzieren. Schließlich ist es doch nur angemessen, dass man belohnt wird, wenn man mit seinem Geld Risiken eingeht. Heute aber wird ein hohes Volumen an Staatsanleihen in Europa zu negativen Nominalrenditen gehandelt. Anleger bezahlen die Regierungen also dafür, dass sie ihnen Geld leihen dürfen.

Es gab – und auch das ist noch nicht so lange her – eine Zeit, in der Banken um Ihre Einlagen konkurrierten. Mit Sach- oder Barprämien versuchten die Institute, Geld von Ihnen zu bekommen. Auch das hat sich geändert. Eine zunehmende Zahl von Banken in Europa und jetzt auch in den USA bemüht sich heute aktiv darum, möglichst keine Einlagen mehr entgegennehmen zu müssen.

Es gab eine Zeit, in der die Gesellschaft darauf vertraute, dass das Bankensystem verfügbare Kreditmittel produktiven Verwendungen zuführt, und gleichermaßen auf das Geschick von Regierungen und Zentralbanken bei der Regulierung und Aufsicht setzen. Damit ist es vorbei, seit das unverantwortliche Eingehen von Risiken durch die Banken, in Kombination mit einer laxen Aufsicht, die Weltwirtschaft an den Rand einer großen Depression getrieben hat. Dieses Vertrauen wiederherzustellen, wird viel Zeit in Anspruch nehmen. In der Zwischenzeit werden reihenweise alternative Kreditplattformen gegründet, in den USA etwa Lending Club oder Payoff, die versuchen, eine bessere Verbindung zwischen marginalisierten Kreditnehmern und Gläubigern zu schaffen.

Und es gab eine Zeit, in der das politische System seine Zentralbanken feierte, ihre technische Kompetenz respektierte und ihnen eine enorme operative Autonomie anvertraute. Heute ist davon wenig übrig. Auf beiden Seiten des Atlantiks gibt es immer wieder politische Versuche, die einflussreichen Institutionen einer stärkeren Kontrolle und Prüfung zu unterwerfen.

All das verweist auf ein tiefer liegendes und bedeutenderes Phänomen. Der aktuelle Zustand der Weltwirtschaft und des Finanzsystems mag manchen an der Oberfläche stabil erscheinen, doch er wird immer schwieriger zu erhalten. Hinter der Fassade der ungewöhnlichen Ruhe in den vergangenen Jahren, die seit 2008/2009 nur durch relativ seltene Ausbrüche von Instabilität unterbrochen wurde, nehmen die Spannungen zu, und die Wirksamkeit der Zentralbankpolitik wird auf die Probe gestellt. Dies geht so weit, dass ernsthafte Zweifel an der Dauerhaftigkeit des aktuellen Entwicklungspfads für die Weltwirtschaft bestehen.

Das sind gute und schlechte Nachrichten zugleich.

Die gute Nachricht liegt darin, dass wir dadurch die Chance bekommen, eine frustrierend lange Zeit wirtschaftlicher Mittelmäßigkeit und künstlicher Preisverzerrungen an den Finanzmärkten hinter uns zu lassen. Diese Periode ist von einer Weltwirtschaft dominiert worden, die deutlich unter ihrem Potenzial bleibt, sodass nicht genügend Jobs entstehen, politische Dysfunktionalität begünstigt wird, geopolitische Spannungen zunehmen und Ungleichheiten sich noch verstärken.

Über die Komponenten für eine dauerhafte Abhilfe besteht unter Ökonomen bereits ungewöhnliche Einigkeit. Spannende Innovationen und der Einsatz von großen Geldsummen, die derzeit geparkt oder defensiv investiert sind, würden ihnen zusätzlichen Schub verleihen. Unsere Politiker müssten nichts weiter tun, als ihren nationalen, regionalen und globalen Verantwortlichkeiten gerecht zu werden – indem sie umfassendere nationale Programme verfolgen, sich regional stärker absprechen und die globale politische Zusammenarbeit verbessern; der Privatsektor wiederum müsste darauf reagieren, dass ihm das Umfeld mehr Möglichkeiten bietet, und unter anderem mehr von seinen angesammelten Barreserven für produktive Aktivitäten einsetzen.

Die schlechte Nachricht: Politiker haben sich in den letzten Jahren als nicht eben gut darin erwiesen, umfassende Lösungen anzugehen, und je größer ihre Schwierigkeiten in der Innenpolitik sind, desto schwieriger wird es auch für die grenzüberschreitende Koordination und Kooperation. Auf sich allein gestellt, ist der gesamte Privatsektor nicht in der Lage, die entscheidenden Durchbrüche herbeizuführen, die für ein Ingangkommen der Wirtschaft erforderlich wären. Denn die vereinzelten Bereiche von Exzellenz, die in Richtung einer echten Transformation wirken, dürften nicht so weitgehende Auswirkungen haben, wie sie könnten und sollten. Manche von ihnen könnten durch das problematische Geschehen um sie herum sogar in ihr Gegenteil verkehrt werden.

Wenn uns keine Wende zum Besseren gelingt, laufen wir Gefahr, mehrere Generationen Wirtschaftswachstum zu verlieren. Dies würde nicht nur teils alarmierend hohe Jugendarbeitslosigkeit, finanzielle Instabilität und ein echtes Gefühl der Unsicherheit bedeuten, sondern zusätzlich das Potenzial für zukünftiges Wachstum verringern. Politische Polarisierung, Dysfunktionalität und Pattsituationen würden zunehmen, ebenso wie geopolitische Spannungen, Ungleichheiten und Entfremdung, und von alldem wären Millionen von jungen und alten Menschen auf der ganzen Welt betroffen.

Die Gemeinschaft der Zentralbanken hat auffallend hart daran gearbeitet, den Lauf der Dinge in Richtung des erfolgreichen Ergebnisses zu verschieben. Im Alleingang und in Kooperationen haben sie Zeit erkauft, damit der Privatsektor sich erholen und die Politik zur Besinnung kommen kann. Schon zuvor hatten die Zentralbanken entschlossen gehandelt, um dazu beizutragen, dass der Welt etwas erspart bleibt, was auf eine unglaublich schädliche Depression von mehreren Jahren Dauer hinausgelaufen wäre.

Wir sollten also dankbar sein und die Zentralbanken für ihr Engagement loben. Gleichzeitig müssen wir aber zur Kenntnis nehmen, dass ihre Effektivität schwindet. Das ist nicht einmal überraschend, da sie nun einmal nur die ihnen zur Verfügung stehenden Instrumente nutzen können. Am besten sieht man die Weltwirtschaft von heute auf dem Weg zu einer T-Kreuzung, einer Weggabelung: Die Straße, auf der wir uns derzeit bewegen, wird von hyperaktiven Zentralbanken gebaut und erhalten, doch sie wird in spätestens drei Jahren enden und auf zwei andere Straßen stoßen, die völlig unterschiedliche Bedeutungen haben und zu unterschiedlichen Zielen führen.

Eine dieser möglichen Straßen verspricht eine Rückkehr zu hohem und inklusivem Wachstum, das neue Jobs bringt, die Gefahr finanzieller Instabilität verringert und exzessiver Ungleichheit entgegenwirkt. Dieser Weg würde auch eine Verringerung politischer Spannungen und ein besser funktionierendes Staatswesen bedeuten. Und er würde Anlass zu der Hoffnung geben, dass einige der geopolitischen Bedrohungen für die Welt entschärft werden können.

Die andere Straße führt zu noch weniger Wachstum, anhaltend hoher Arbeitslosigkeit und weiter zunehmender Ungleichheit. Sie würde mit neuerlicher weltweiter Finanzinstabilität einhergehen, politischen Extremismus anheizen und den gesellschaftlichen Zusammenhalt ebenso erodieren lassen wie die Integrität.

Im aktuellen Stadium ist die Wahrscheinlichkeit für diese beiden sehr unterschiedlichen Ergebnisse ungefähr gleich hoch. Der öffentliche wie der private Sektor haben das Potenzial, darüber zu bestimmen, welche der beiden Straßen wir letztlich wählen. Und nur wenn wir die jüngste, ziemlich ungewöhnliche Phase der Wirtschafts- und Finanzgeschichte besser verstehen, können wir die Wahrscheinlichkeiten zugunsten der Wahl des richtigen Wegs an der kommenden entscheidenden Kreuzung beeinflussen.

Wir können – und müssen – alles tun, was in unserer Macht steht, um den Weg in Richtung des Besseren einzuschlagen. Denn nur so können wir das ungenutzte Potenzial von unglaublich vielen Menschen auf der ganzen Welt, vor allem von unterbeschäftigten und arbeitslosen jungen Leuten, freisetzen. Nicht ist heute wichtiger als das.

Kapitel 2

Das »einzige Spiel der Stadt«

»Manchmal sind es die Menschen, unter denen sich niemand etwas vorstellen kann, die Dinge tun, die sich niemand vorstellen kann.«
– *THE IMITATION GAME* (FILM)

»In den letzten Jahren war die Geldpolitik das wichtigste und häufig das einzige Werkzeug zur Unterstützung des Wachstums in den reichen Ländern der Welt.«
– *THE ECONOMIST*

An einem recht angenehmen Tag im November 2014 begrüßte Christian Noyer, der angesehene damalige Gouverneur der französischen Zentralbank, in Paris die Teilnehmer eines internationalen Symposiums der Banque de France unter dem Titel »Central Banking: The Way Forward?«. Alles, was in der Welt der Zentralbanken Rang und Namen hat, kam zusammen, lauschte Noyers Rede und beteiligte sich an der renommierten Konferenz; 2014 fand sie im Westin-Hotel statt und nicht wie sonst im schmuckvolleren Saal der Banque de France, der gerade renoviert wurde.

In dem recht intimen Umfeld trafen sich viele Zentralbankchefs sowohl aus Industrienationen als auch aus Entwicklungsländern. Janet

Yellen als Präsidentin der U. S. Federal Reserve war ebenso anwesend wie mehrere Präsidenten der regionalen Fed-Banken in den USA. Ebenfalls vor Ort waren Mark Carney, Chef der Bank of England, und Raghuram Rajan von der indischen Zentralbank sowie weitere Gouverneure aus Afrika, Asien-Pazifik, Lateinamerika und dem Nahen Osten.

Die beeindruckende Ansammlung von Offiziellen wurde ergänzt durch führende Akademiker, Vordenker und Experten für Geldpolitik. Auch Vertreter großer Finanzfirmen des Privatsektors waren zugegen, ebenso wie Journalisten (die aufgrund von Platzmangel allerdings zumeist auf den Balkonen saßen, die den beinahe überlaufenden Raum überragten).

In seiner Eröffnungsrede gab Noyer eine Vorschau auf die heiß erwarteten Podiumsdiskussionen des Tages und formulierte dabei gleich das, was viele der Anwesenden gleichzeitig als Stärke und Schwäche des modernen Zentralbankwesens ansahen. Zentralbanken würden als das »einzige Spiel der Stadt« betrachtet, konstatierte er und stellte die Frage, »ob die hohen Erwartungen, die in sie gesetzt werden, irgendwann in der Zukunft nach hinten losgehen« könnten.[1]

Was die Teilnehmer zu dieser Zeit noch nicht wissen konnten: Nur ein paar Wochen später sollte die Welt der Zentralbanken tatsächlich erschüttert werden, und zwar nicht durch das Handeln ihrer großen Institutionen, sondern durch das unerwartet abrupte und überraschende Verhalten von kleineren Notenbanken. Dabei hatten die ihre Marke und ihren Ruf bis dahin viele Jahre über sorgfältig so gepflegt, dass sie für Stabilität und Berechenbarkeit standen.

Innerhalb weniger Wochen sollte die Schweizerische Nationalbank plötzlich ein entscheidendes Element ihres Wechselkurssystems aufgeben, und zwar auf eine Weise, die sich als unglaublich disruptiv für die Märkte erwies; auch Singapur sollte sein Wechselkurssystem verändern, und Dänemark sollte erklären, dass es auf die Emission von weiteren Staatsanleihen verzichten würde.

Die Wochen darauf brachten zudem einen Einbruch der Renditen von Staatsanleihen, mit negativen Zinsen bei deutschen Bundesanleihen mit bis zu neun Jahren Laufzeit und einer Rendite von nur 5 Basispunkten (also 0,05 Prozent) bei den als Referenz dienenden zehnjährigen Bundesanleihen. Eilends kauften Anleger reichlich neu emittierte Anleihen direkt von einigen europäischen Regierungen und waren bereit, dafür sogar selbst Zinsen zu bezahlen (statt zu bekommen). Gleichzeitig begannen große Banken damit, Einlagenkunden aktiv davon abzuhalten, Geld bei ihnen einzuzahlen.

Dies waren nur einige der bis dahin undenkbaren Entwicklungen. Die Zinsstruktur der Schweiz reichte noch weiter in den negativen Bereich als die von Deutschland, weil ihre Zentralbank hart darum kämpfte, den Schweizer Franken zu schwächen, der lange als unbestreitbar harte Währung gegolten hatte. Sogar die Zinsen von »riskanteren« europäischen Staatsanleihen, etwa von Italien oder Spanien, fielen auf ultraniedrige Rekordtiefs. Für Griechenland als einen weiteren »Peripheriestaat« Europas bestand parallel dazu die Gefahr einer wirtschaftlichen Implosion und einer Zahlungsunfähigkeit gegenüber dem Internationalen Währungsfonds, einem der wenigen »bevorzugten Gläubiger« weltweit (tatsächlich blieb Griechenland letztlich einen kurzen Zeitraum über Zahlungen an den IWF schuldig).

Ebenfalls bis dahin undenkbar war gewesen, dass sich die Schwedische Zentralbank bald Dänemark und der Schweiz anschließen und ebenfalls eine Politik der negativen Zinsen einführen würde. Es gebe »kein Geschichtsbuch, in dem man so etwas nachschlagen kann«, kommentierte damals ein Beobachter; es sei »wie rückwärtsfahren zu lernen«.[2]

Die Welt der modernen Zentralbanken und des weltweiten Finanzwesens entwickelte sich also auf bis dahin undenkbare Weise. Mittlerweile hatte sie ein neues Stadium von noch offensichtlicherer Künstlichkeit und Verzerrung erreicht. Und das tat sie auf eine Weise, die mich gleichzeitig faszinierte und in tiefe Sorge versetzte.

Vor dem Hintergrund meiner ökonomischen Ausbildung und meiner beruflichen Erfahrung im öffentlichen wie im privaten Sektor hatte ich eine große Bewunderung für die Zentralbanken entwickelt und wusste ihren Beitrag zum wirtschaftlichen Wohlergehen sehr zu schätzen. Ich hatte keine Zweifel an ihrer entscheidenden Bedeutung für jedes gut funktionierende Finanzökosystem, insbesondere in einer auf Marktkräften beruhenden Volkswirtschaft.

Über die Jahre hatte ich zudem eine recht ausgeprägte Zuneigung zu diesen mysteriösen und häufig falsch verstandenen Institutionen für wirtschaftliche und finanzielle Solidität entwickelt. Immerhin war ihre geschickte Steuerung von Preis und Menge des Geldes in einer Volkswirtschaft der Schlüssel zur Kontrolle von Inflation, zur Förderung von Wirtschaftswachstum und zur Verhinderung von Finanzkrisen. Und ich hatte reichlich Respekt für die ausgesprochen talentierten Technokraten, die sich ganz ihren wichtigen Aufgaben in den Zentralbanken widmeten (und für das Positive, das sie bewirkten, oft keinerlei Anerkennung bekamen).

Wegen alldem war ich zugleich zunehmend besorgt über die politischen Lasten geworden, die man den Zentralbanken aufbürdete, unter anderem wegen deren Auswirkungen auf ihre zukünftige Glaubwürdigkeit, Effektivität und Reputation. Ihre operativen Aussichten wurden jeden Tag unklarer. Seit der globalen Finanzkrise bemühten sich die Zentralbanken durchgängig darum, Marktvolatilität zu unterdrücken und ein Paradigma von »liquiditätsgestütztem Wachstum« zu etablieren – Wirtschaftswachstum soll also auf der Grundlage von Booms an den Finanzmärkten entstehen, die ihrerseits durch außergewöhnliche Liquiditätsinjektionen (statt fundamentaler Faktoren) ausgelöst werden. Doch der Übergang zu »echtem Wachstum« und einer geordneten Normalisierung der Geldpolitik gelang ihnen nicht schnell genug. Unterdessen begann eine zunehmende Zahl von Politikern, sich mit Möglichkeiten zu beschäftigen, die operative Autonomie der Zentralbanken zu beschneiden – obwohl diese Autonomie unerlässlich für deren Effektivität ist.

Seit dem Beginn der Finanzkrise im Jahr 2008 hatten sich die Zentralbanken – nicht aus eigenem Antrieb, sondern aus Notwendigkeit – immer tiefer in das unbekannte und schwierige Terrain der »unkonventionellen Geldpolitik« vorgewagt. Sie führten Untergrenzen für Zinsen ein, griffen massiv in das Funktionieren von Märkten ein und betrieben umfangreiche Programme, bei denen sie sich mit dem Aufkauf von Wertpapieren am Markt gegenseitig überboten. Und als Krönung von alldem bemühten sie sich aggressiv darum, die Erwartungen und Portfolioentscheidungen von Anlegern zu manipulieren.

Weil all das so fernab des Gewohnten lag, verfügten weder die Zentralbanker noch sonst irgendjemand über erprobte Regelbücher und historische Präzedenzfälle, an denen sie sich hätten orientieren können. Was gebraucht wurde, waren deshalb mutige geldpolitische Experimente in Echtzeit, und das über einen ungewöhnlich langen Zeitraum.

Für mich wurde durch all diese Faktoren bald offensichtlich, dass ich bei der Pariser Konferenz nicht der Einzige war, der sich Sorgen machte. Viele von uns verspürten ein gewisses Unbehagen darüber, zu was die

Zentralbanken getrieben worden waren, und viele von uns fragten sich, was als Nächstes kommen könnte.

Klar zu erkennen war diese Gefühlslage auch anhand der Tatsache, dass die Organisatoren der Veranstaltung ein Fragezeichen an das Ende ihres Titels gestellt hatten: »Central Banking: The Way Forward?« Tatsächlich war es richtig, auf diese Weise die Unsicherheiten auf einem der wichtigsten Gebiete für Weltwirtschaft, Märkte und politische Steuerung herauszustellen. Denn wie viele Teilnehmer erkannten, reichte die Bedeutung davon weit über wirtschaftliche und finanzielle Fragen hinaus: Es ging auch um höchst bedeutende institutionelle, politische, geopolitische und gesellschaftliche Fragen.

Wie mir einer der Zentralbanker sagte, fühlte er sich »moralisch und ethisch« verpflichtet, immer mehr Verantwortung zu übernehmen. Damit reagierten er und seinesgleichen auf Realitäten vor Ort, denen sich, wenn überhaupt, nur wenige der eigentlich dafür zuständigen politisch Verantwortlichen stellen konnten und wollten – ungeachtet der Tatsache, dass sie über Werkzeuge verfügt hätten, die sich viel besser dafür eigneten, die vor ihnen liegenden Herausforderungen anzugehen. Irgendwie aber hing die Welt jetzt stattdessen nur noch von den Zentralbanken ab, die unter allen Institutionen über die denkbar begrenzteste Instrumentensammlung für den Umgang mit den anstehenden Aufgaben verfügte.

Immer wieder stellten sie ab der Finanzkrise 2007/2008 fest, dass sie viel mehr tun mussten, als sie erwartet hatten, und zwar deutlich länger, als sie es je für möglich gehalten hätten. Ihr Kopf sagte ihnen immer lauter, dass sie mit den Experimenten aufhören und mit einer »Normalisierung« ihrer Geldpolitik beginnen sollten. Doch ihre Herzen drängten sie dazu, immer noch mehr zu tun und in ihrer Trickkiste nach weiteren Neuerungen zu suchen.

Niemand, den ich kenne, hatte die Länge und Tiefe dieses politischen Dilemmas wirklich vorhergesehen.

Vom ersten Tag der Finanzkrise an war die Hoffnung gewesen, dass unsere mutigen und reaktionsfreudigen Zentralbanken mit Erfolg die Voraussetzungen dafür schaffen würden, den Staffelstab bald an hohes Wachstum, solide Stellenschaffung, Preisstabilität und Robustheit des Finanzsystems weiterreichen zu können – entweder direkt oder, was wahrscheinlicher war, indem sie genug Zeit erkauften, damit sich der Privatsektor erholen konnte und die Regierungen wieder so handeln könnten, dass sie ihrer Verantwortung für die Wirtschaftssteuerung gerecht würden. Wenn dann Wirtschaftswachstum und Stellenzuwächse wieder in Gang gekommen wären, wäre die Welt mittelfristig in der Lage gewesen, aus ihren Schuldenproblemen herauszuwachsen, sodass keine ungeordnete Entschuldung, keine verheerende Sparpolitik, keine Zahlungsausfälle bei Schulden und dergleichen nötig gewesen wären.

Man muss den Zentralbanken zugutehalten, dass sie schon früh erkannten, dass ihr Vorgehen nicht ohne Risiken und Unsicherheiten war. Bei der alljährlichen Konferenz in Jackson Hole im US-Bundesstaat Wyoming hatte der damalige Fed-Vorsitzende Ben Bernanke diesen Punkt im Jahr 2010 vor einer prominenten und exklusiven Versammlung von Zentralbankern und ihren privilegierten Gästen relativ explizit erwähnt. Seine Rede markierte einen Wendepunkt für die US-Geldpolitik – sie wechselte vom Ziel einer Normalisierung der Finanzmärkte (was Zentralbanker recht gut beherrschen) zur Übernahme der enormen Verantwortung dafür, hohes Wirtschaftswachstum, viele neue Jobs, niedrige und stabile Inflation sowie allgemeine Finanzstabilität zu erreichen. Wie Bernanke erklärte, bringt der Einsatz von unkonventioneller Geldpolitik nicht nur »Vorteile«, sondern auch »Kosten und Risiken« mit sich.[3] Und je länger eine solche Politik fortgesetzt werde, desto größer sei die Wahrscheinlichkeit, dass die Kosten und Risiken anfangen, die Vorteile zu überwiegen.

Diese Befürchtungen bezogen sich nicht nur auf die Möglichkeit, dass unkonventionelle Maßnahmen nicht das gewünschte politische Ergebnis bringen könnten – dass die Volkswirtschaft also nicht das nötige Tempo zum »Abheben« oder »Entkommen« aus der Flaute erreichen würde. Es gab noch eine ganze Reihe weiterer Sorgen, manche berechtigt, manche deutlich weniger.

Würden sich lang anhaltende Experimente der Zentralbanken und ihre Bereitschaft, sogar noch weiter zu gehen, als negativer Anreiz für Politiker und andere Institutionen der Wirtschaftspolitik erweisen, ihrer eigenen Verantwortung gerecht zu werden? Würden die künstlichen Preise für Finanzwerte – immer wieder angetrieben von Liquidität der Zentralbanken und der allgemeinen Erwartung, dass diese Institutionen auf ewig die besten Freunde der Märkte bleiben würden – zu exzessiver Risikobereitschaft und noch mehr Fehlallokation von Ressourcen führen, die sich irgendwann rächen und dem Wachstum und der Stabilität schaden würden? Würde es früher oder später zu einem starken Anstieg der Inflation kommen? Würden die Zentralbanken gezwungen sein, ihre immer weiter wachsenden Bilanzen zu verschlanken und dabei Werte zu zerstören und die Finanzmärkte zu destabilisieren? Würde unterdrückte Volatilität weichen und Platz machen für schädliche »volatile Volatilität«?[4]

Dies waren nur einige der vielen Fragen. Den Kern bildete ein grundlegendes Thema: Wie sehr liefen die Zentralbanken Gefahr, von einem wichtigen Teil der Lösung zu einem erheblichen Teil des Problems zu werden? Würden sie nicht etwa einen allmählichen Schuldenabbau im Rahmen einer wachsenden Weltwirtschaft einleiten, sondern letztlich nur das Feld für noch mehr Schuldenmachen bereiten, durch das westliche Volkswirtschaften nur noch tiefer in die ökonomische Malaise geraten würden? In diesem Fall wäre mit immer neuer finanzieller Instabilität zu rechnen gewesen, die das wirtschaftliche Wohlergehen von Ländern im Rest der Welt beeinträchtigt hätte, unter anderem in Schwellenländern mit an sich guter Wirtschaftspolitik.

Derartige Sorgen waren nicht einmal auf wirtschaftliche und finanzielle Themen beschränkt. Sie betrafen auch wichtige politische und gesellschaftliche Aspekte.

Die in Jackson Hole anwesenden Europäer brauchten keine Erinnerung daran, wie wirtschaftliche Schwäche politischen Extremismus und das Entstehen von nicht traditionellen Parteien links wie rechts begünstigt. Trotzdem hätten ihnen die Amerikaner einiges über ihre schädlichen Auswirkungen auf überparteiliche Politik und politische Kompromissbereitschaft zu erzählen gehabt, denn bei ihnen war wenige Jahre zuvor die Tea-Party-Bewegung entstanden, und ein Wiedererstarken von gegen das Establishment auftretenden Präsidentschaftskandidaten stand kurz bevor.

Teilnehmer aus Afrika und dem Nahen Osten wiederum mussten nicht an die disruptive und gewalttätige Rolle von nicht staatlichen Akteuren – ob im Irak, in Syrien oder in Nigeria, um nur einige zu nennen – erinnert werden, und auch nicht daran, dass der Westen zu schwach war, um eine angemessene Reaktion darauf auszuarbeiten, zu beeinflussen und zu koordinieren, und erst recht, um friedlichere Ergebnisse zu erreichen. Auch das Anschwellen der Flüchtlingsströme sollte nicht mehr lange auf sich warten lassen.

Und niemand im Saal musste an die schockierende Zunahme der Ungleichheit innerhalb von Ländern erinnert werden. Vor dem Hintergrund einer immer stärkeren Diskrepanz zwischen grassierender Armut und unglaublichem Reichtum trug diese Entwicklung zu einer allmählichen Aushöhlung der Mittelschicht bei.

Die Teilnehmer der Pariser Konferenz wussten also sehr gut, dass viel von den Zentralbanken in ihrer entscheidenden, einzigartigen und experimentellen politischen Rolle abhing – nicht nur für sie selbst, sondern auch für aktuelle und künftige Generationen in der Bevölkerung. Die Situation war beispiellos. Und die Zentralbanken hatten sich nicht etwa sorgfältig geplant dort hineinbegeben, sondern waren in ihre, wenn Sie so wollen, geldpolitische Wette mehr oder weniger hineingestolpert.

Kapitel 3

Das Kommunikationsproblem der Zentralbanken

»Das hochgradig Abnormale wird beunruhigend normal.«[5]
– CLAUDIO BORIO, BANK FÜR INTERNATIONALEN ZAHLUNGSAUSGLEICH

»Houston, falls Sie mich hören können …«
– SANDRA BULLOCK IN GRAVITY

Die meisten Menschen denken, wenn überhaupt, nur wenig darüber nach, was die Arbeit von Zentralbanken für sie bedeutet – nicht nur für ihren eigenen Alltag, sondern auch für die zukünftigen Chancen ihrer Kinder. Tatsächlich können diese mächtigen Institutionen viel bewirken und haben zuletzt eine entscheidende Rolle gespielt. Trotzdem aber wird in der Gesellschaft noch immer kaum erkannt, wie sehr die Bürger auf ihre Einschätzungen, ihr Wissen und ihren Erfolg angewiesen sind. Denn letztlich schützen sie Ersparnisse und lassen sie wachsen, sorgen für ein sicheres Kreditwesen und helfen dabei, dass es gut bezahlte Jobs gibt.

Diese Lücke zwischen Bewusstsein und Realität ist groß, sehr groß. Keinesfalls lässt sie sich dadurch rechtfertigen, dass die anstehenden

Themen irrelevant wären (sie sind für unser individuelles und kollektives Wohlergehen von großer Bedeutung) oder dass es nicht genügend Informationen gäbe (diesen Punkt versuche ich klarzumachen, indem ich statt obskurer und schwer zugänglicher akademischer Quellen vorzugsweise leicht verfügbare wie zum Beispiel Zeitungsartikel anführe). Trotzdem ist die Lücke nicht besonders überraschend, was sich durch bestimmte historische Besonderheiten des Zentralbankwesens erklärt.

Sehr lange Zeit über sind die Zentralbanken mit Absicht weit unter dem Radar der Gesellschaft geflogen, weil sie lieber umgeben von einem geheimnisvollen Nimbus operieren wollten. In einem Leitartikel in der *Financial Times* wurde es sogar so formuliert: »Zentralbanken haben ihre Überlegungen früher sorgfältiger von der Öffentlichkeit abgeschirmt als das päpstliche Konklave.«[6]

Um fair zu bleiben: Zum Teil war dieses Verhalten auf den hochgradig technischen Charakter ihres Alltagsgeschäfts zurückzuführen. Doch zugleich stand dahinter eine wichtige strategische Entscheidung.

Bis zur zweiten Hälfte der 2000er Jahre setzten ihre Führungen bereitwillig auf begrenzte Transparenz, um die Institutionen vor übertriebener Einflussnahme durch Regierungen zu schützen (die von vielen Zentralbankern zu Recht gefürchtet wurde, denn meist war sie von kurzfristigen politischen Zielen statt langfristigen gesellschaftlichen motiviert). Mehrere Jahrzehnte lang galt »Fedspeak«, wie die merkwürdigen Formulierungen in Äußerungen der Federal Reserve bald genannt wurden, als ein »geschwollener Dialekt des Englischen«, der sich auszeichnete durch »die Verwendung vieler und komplizierter Wörter, die, wenn überhaupt, wenig Sinn transportieren«. Wie der langjährige (1987 bis 2006) Fed-Präsident Alan Greenspan festhielt, war Fedspeak eine »Sprache der absichtlichen Vernebelung«.[7] Fed-Vertreter mussten lernen, in ihr »mit großer Inkohärenz zu murmeln«.[8] Greenspans Vorgänger waren ähnlich vorgegangen, und das jeweils auf ihre spezielle Weise. Das gilt insbesondere für Paul Volcker, den Geschichtsbücher zu Recht dafür feiern, dass er mit die wichtigste Rolle beim Sieg über den Fluch der Inflation spielte, der den USA und einem Großteil der übrigen Welt in den 1970er Jahren größte Probleme bereitet hatte. Volcker setzte »konstruktive Mehrdeutigkeit« mit so großer Autorität und Überzeugung ein, dass sich nur wenige trauten, kritisch nachzufragen – und wer es doch tat, bereute es anschließend meist.

Doch die Welt hat sich seitdem in zweierlei wichtiger Hinsicht verändert. Die eine hat mit Erkenntnissen über das Zentralbankwesen zu tun, die andere mit praktischen Fragen.

Insbesondere in den 1970er und 1980er Jahren hatte die Geißel der Inflation die Lebensstandards rund um die Welt erodieren lassen. Um sie zu besiegen, so wurde den Zentralbanken klar, brauchten sie Unterstützung. Diese Erkenntnis wurde von akademischen Arbeiten bestätigt und führte vor allem in den 1990er Jahren zu bedeutenden operativen und institutionellen Änderungen bei Zentralbanken in aller Welt.

In einem politischen System, das zu inflationsfreundlichen Maßnahmen neigte, um sich kurzfristige Unterstützung zu erkaufen, benötigten die Zentralbanken ein solides Maß an operativer Autonomie. Außerdem brauchten sie eine Möglichkeit, die Inflationserwartungen für die Zukunft so zu steuern, dass sie sich auf die Lohnverhandlungen auswirken. Auf diese Weise wollten sie übertriebene Erhöhungen verhindern, weil diese später die Inflation antreiben könnten.

Dies führte dazu, dass die Zentralbanken sich vornahmen, eine größere Bandbreite an Verhaltensweisen und Erwartungen zu beeinflussen als zuvor; zugleich wollten sie dabei deutlich mehr Unabhängigkeit von ihren Chefs in der Regierung genießen. Damit ging es ihnen nicht mehr nur um die direkte Festlegung von Preis und Menge des Geldes: Die Zentralbanken setzten sich intensiv dafür ein, Einfluss auf Erwartungen zu nehmen und darauf, wie andere Menschen ihr Geld verwenden. Wie der Leitartikel in der *Financial Times* weiter ausführte: »Die Geldpolitik steuert die Wirtschaft ebenso sehr durch ihre Auswirkungen auf die Stimmung wie über alle finanziellen Kanäle wie zum Beispiel die Zinsen.«[9]

Anfangs entschieden sich die Zentralbanken für öffentliche Inflationsziele. Dieser Prozess begann vor einem Vierteljahrhundert in Neuseeland. In ihrem Kampf gegen hartnäckig hohe Inflation führte die dortige Zentralbank nach der Genehmigung durch das Parlament ein Inflationsziel von 0 bis 2 Prozent ein, das sie intensiv öffentlich bekannt machte. Dieser scheinbar kleine Schritt sei damals eine riesige Kommunikationsrevolution gewesen, schrieb Neil Irwin von der *New York Times* in einem Rückblick auf die Entscheidung, die ein weltweites Phänomen auslöste: »Zu dieser Zeit war die Idee, eine Zentralbank könne schlicht verkünden, wie viel Inflation sie anstrebt, fast schon radikal. Schließlich hatten Zentralbanker eine gewisse Mann-hinter-dem-Vorhang-Rätselhaftigkeit lange Zeit über als eines der Werkzeuge ihrer Machtausübung angesehen.«[10]

Noch ein weiterer Faktor wirkte in Richtung von mehr Transparenz: die Tatsache, dass die Zentralbanken mehr Macht, Verantwortung und Bekanntheit gewannen. Damit ging die Erkenntnis einher, dass auch die potenziellen Kosten und Risiken politischer Missverständnisse entsprechend zugenommen hatten. Zudem erfordert die »beispiellose Macht«, die sich am späteren Umstieg auf unkonventionelle Geldpolitik mit einer Erweiterung der Bilanzen um Billionen Dollar bzw. Euro zeigte, »eine Rechenschaftspflicht gegenüber der Politik, ohne sich ihren kurzfristigen Bedürfnissen zu beugen«.[11]

Aus diesen Gründen sahen die zwei Nachfolger von Greenspan als Fed-Präsidenten dringenden Bedarf, die Tradition weiterzuentwickeln. Und die Veränderungen sollten dramatisch ausfallen.

Die erste war: Ab 2011 unter Ben Bernanke und später unter Janet Yellen begann die Fed, ihre Entscheidungen und Überlegungen auf Pressekonferenzen zu erläutern. Sie beteiligte sich an mehr öffentlichen Veranstaltungen – unter anderem trat der Fed-Chef in der CBS-Sendung *60 Minutes* auf und gab dem beliebten Magazin *New Yorker* ein ausführliches Interview.[12]

Zweitens gewöhnten sich die Zentralbanken an, viel Zeit für die Ausarbeitung ihres Ansatzes für »Aussagen zur zukünftigen Geldpolitik« aufzuwenden, mit denen sie den Märkten die wahrscheinlichen späteren Zinsentscheidungen signalisieren. Teil dieser Bemühungen waren sorgfältige Permutationen bei Formulierungen (»linguistische Gymnastik«) mit variierenden Angaben zu »Schwellenwerten« und Zeithorizonten für die Geldpolitik. Anfangs nahmen die Zentralbanker Bezug auf bestimmte Wirtschaftsdaten als Auslöser für Zinsveränderungen (im Jahr 2013 etwa eine gewisse Höhe der Arbeitslosigkeit), dann folgten Aussagen mit zeitlichem Bezug (wie die Formulierung »für einen erheblichen Zeitraum« als Code für mindestens sechs Monate mit unveränderten und abnormal niedrigen Zinsen, oder Anfang 2015 das Wort »geduldig« als Signal dafür, dass eine Zinsänderung frühestens nach den zwei nächsten geldpolitischen Fed-Sitzungen erfolgen werde).

Zuletzt begann die Fed mit der Veröffentlichung von »blauen Punkten«. Diese zeigen die individuellen Prognosen von Mitgliedern des für die Geldpolitik zuständigen Federal Open Market Committee, kurz FOMC.

Über sie wurden die Märkte von nun an regelmäßig über die Entwicklung der Erwartungen dieser Mitglieder in Bezug auf Höhe und Zeitpunkt von Zinsveränderungen informiert, einschließlich »zentraler Tendenzen« (die Namen hinter den einzelnen Prognosen werden jedoch nicht genannt).

Allerdings stieß die größere Transparenz auf einige Kritik.

Zwar drängten Politiker auf mehr und zum Teil auch formale Überprüfungen ihrer Entscheidungen, doch manche Ökonomen fürchteten, die Fed sei von selbst schon zu weit gegangen: Je mehr sie den Märkten über ihre Absichten verrät, desto bereitwilliger gehen Anleger mehr Risiken ein, möglicherweise in übertriebenem Ausmaß. Also steigt auch das Risiko von Verwerfungen am Markt, falls die Fed-Offiziellen eine Veränderung ihres Kurses beschließen – insbesondere wenn sie überraschend kommt. Mehr Kommunikation würde in diesem Fall die Geldpolitik der Fed nicht etwa stärken, sondern die Wirksamkeit ihrer Maßnahmen gefährden.

Manche US-Zentralbanker äußerten sich recht offen über das Thema einer möglichen Ineffektivität unkonventioneller Geldpolitik. Auch sie waren am Entscheidungsprozess darüber beteiligt, dies aber eher als Gegner. Charles Plosser etwa merkte Anfang 2015 an: »Die Geschichte zeigt, dass Geldpolitik letztlich kein sehr wirksames Werkzeug für die Lösung von strukturellen Problemen in der Realwirtschaft ist. Sie kann es eine Weile versuchen, aber das Problem ist dann, dass sie nur vorübergehend wirksam sein wird.«[13]

Die wichtigste Schwäche aber hat mit dem politischen System und der Öffentlichkeit zu tun. Auch wenn sich die Fed und andere sehr um »Transparenz« und »Kommunikation« bemühen, herrscht noch immer einige Verwirrung über das Was/Wie/Wann/Warum des modernen Zentralbankwesens, und das kombinierte Ergebnis dieser vier Faktoren – also das, was bei der Zentralbankarbeit letztlich herauskommt – ist vielen Menschen weiterhin ein Rätsel. Die überwältigende Mehrheit der Bevölkerung versteht immer noch nicht recht, was Zentralbanken machen und warum; die Bürger unterschätzen, wie sehr Zentralbanken zuletzt die Wirtschafts- und Finanzentwicklung beeinflusst haben, und verstehen deshalb kaum, was als Nächstes kommt und wie sie individuell und im Kollektiv davon betroffen sein werden.

Indem sie sich mit dem Einsatz von experimentellen Maßnahmen zur Stimulierung von Wachstum und der Schaffung von Arbeitsplätzen so weit hervorwagten, haben sich die Zentralbanken für etwas kurzfristige Abhilfe gegen das zunehmende Risiko entschieden, dass es in Zukunft sowohl zu finanzieller Instabilität als auch zu einer erheblichen Erosion ihrer Glaubwürdigkeit und politischen Autonomie kommen könnte. In diesem Zielkonflikt besteht eine anhaltende Abhängigkeit von »unkonventioneller Geldpolitik«, die schon viel länger dauert, als die Zentralbanker selbst erwartet hatten. Das Ergebnis ist eine beispiellose Einmischung der Zentralbanken in das Geschehen an den Märkten. Sie unterdrücken massiv Volatilität, blähen künstlich die Preise von Finanzanlagen auf und nehmen Einfluss darauf, wo Anleger ihr Kapital investieren und wie Einkommen und Vermögen verteilt sind.

Von all diesen Entwicklungen hat der dominierende Einfluss der Zentralbanken auf die Kurse von Aktien und Anleihen weltweit die größte Aufmerksamkeit auf sich gezogen. Im August 2014 stellte ich den Lesern meiner Kolumne bei *Bloomberg View* die Frage, wie sie den Zustand der Finanzmärkte einschätzen. Bei ihren Antworten konzentrierten sich viele auf die Rolle der Fed beim Hochtreiben der Kurse, sei es direkt durch ihre umfangreichen Käufe oder indirekt, weil sie die Anleger ermutigte, mehr Risiken in ihren Portfolios einzugehen. Sie bezeichneten die Fed als den »Riesengorilla im Raum, und es sieht nicht so aus, als würde er bald wieder gehen wollen«. Die Zentralbank verändere »die Gesetze der Physik«, spinne »aus Stroh Gold« und verteile »Feenstaub« – und all das bringe Anleger in einen »Zustand der Selbstzufriedenheit«, der sie »in eine manische Phase« treibe und somit lang bestehende Beziehungen zwischen unterschiedlichen Anlageformen »unvorhersehbar« mache.[14]

In dieser Welt sind Zentralbanken zudem dem politischen Vorwurf ausgesetzt, sie seien »quasi-fiskalische« Stellen, weil manche der Meinung sind, sie würden Geld der Steuerzahler aufs Spiel setzen; schließlich kaufen sie Staatsanleihen, mit denen Haushaltsdefizite finanziert werden, und entscheiden darüber, wer staatliche Unterstützung bekommt – und all das ohne Billigung durch das Parlament oder Weisung der Regierung. Dieser Vorwurf ist einer der Gründe dafür, warum manche Abgeordnete sich dafür einsetzen, den Spielraum der Zentralbanken einzuschränken.

Für die Zentralbanker war es nicht leicht, sich gegen wichtigtuerische Politiker zu wehren, die oft nicht viel über Wirtschafts- und Geldpolitik und gar nichts über die komplexe Funktionsweise von nationalen und internationalen Währungssystemen wissen. Und selbst die gefasstesten und ruhigsten Zentralbanker wie in diesem Fall der EZB-Präsident Mario Draghi sind bekannt dafür, dass sie – wenn auch nur selten – in einen Zustand erkennbarer Irritation geraten können.

In der *New York Times* berichteten die Reporter Jack Ewing und Binyamin Appelbaum über die Art und Weise, wie Präsident Draghi »ein spanisches Mitglied des Europäischen Parlaments zurechtwies« – ein nicht nur für die EZB, sondern für die überwältigende Mehrheit aller Zentralbanker sehr seltenes Vorkommnis. Draghi habe »während eines Auftritts im Parlament seine Stimme erhoben und eine abfällige Bewegung mit dem Arm gemacht«, und zwar »mit einer Verärgerung, die für einen ansonsten extrem gefassten Zentralbanker ungewöhnlich ist«.[15]

Die westlichen Gesellschaften haben in der jüngsten Vergangenheit kollektiv eine historisch beispiellose Wette auf die Zentralbankpolitik abgeschlossen, die auch für den Rest der Welt erhebliche Bedeutung hat. Aufgehen wird dieses Kalkül nur, wenn es dem Trio aus USA, Europa und Japan gelingt, ihre Misere aus wenig Wachstum und hoher Arbeitslosigkeit klar hinter sich zu lassen, und zwar ohne dabei exzessive Ungleichheit oder Instabilität am Finanzmarkt zu provozieren. (Ein kleiner Hinweis: Wie ich später in diesem Buch noch erklären werde, mache ich mir anders als andere weniger Sorgen um einen starken Anstieg der Inflation. Ebenso wenig sorge ich mich darum, dass sich die Zentralbanken gezwungen sehen könnten, die Billionen Dollar an Wertpapieren, die sie am Markt gekauft haben, wieder abzustoßen. Große Sorgen aber bereiten mir eine mögliche finanzielle Instabilität in der Zukunft und deren Auswirkungen auf das wirtschaftliche und gesellschaftliche Wohlergehen; in diesem Punkt bin ich mir einig mit der Fed-Chefin Yellen, die anmerkte, »ein reibungslos funktionierendes Finanzsystem fördert die effiziente Allokation von Ersparnissen und Investitionen und ermöglicht Wirtschaftswachstum und hohe Beschäftigung«[16].)

Eine politische Konstellation wie heute hat es in der Geschichte noch nie zuvor gegeben. Und deren bisherige Folgen sind gemischt ausgefallen.

Kapitel 4

Wie dieses Buch aufgebaut ist und warum

»Heute ist das Wachstumsbild unklarer. Es herrscht Angst vor säkularer Stagnation und zur gleichen Zeit Jubel über säkulare Innovationen. Die technologische Unterstützung für Wachstum ist stark, doch das gilt auch für die soziologischen Belastungen. Hin- und hergeworfen zwischen diesen Winden, besteht für das zukünftige Wachstum die Gefahr, dass es zwischen banal und wundervoll hängenbleibt.«[17]

– ANDY HALDANE, CHEFÖKONOM DER BANK OF ENGLAND

»Ich beschreibe die Aussichten, die ich für am wahrscheinlichsten halte. Doch auf der Grundlage von vielen Jahren an wirtschaftlichen Prognosen kann ich Ihnen versichern, dass sich jede konkrete Prognose, die ich aufschreibe, als falsch erweisen wird, möglicherweise sogar sehr deutlich.«

– JANET YELLEN

In diesem Buch möchte ich erläutern, wie und warum wir eine so entscheidende Phase in unserem Wirtschaftsleben erreicht haben. Tatsächlich ist es Ziel dieses Buchs, mehr darüber zu erfahren, wie weit wir noch von der Einmündung der »T-Kreuzung« entfernt sind, wohin wir anschließend steuern werden und wie wir die Wahrscheinlichkeit für das Abbiegen in die richtige Richtung erhöhen können. Dazu ist es in vier analytische Hauptteile strukturiert, die auf diese einführenden Erläuterungen folgen.

In Teil II geht es darum, den historischen Kontext darzulegen, und zwar in einer knappen Form, die den Kern dessen wiedergibt, was darüber bereits geschrieben wurde (einschließlich meines eigenen Buchs über das Entstehen und die möglichen Folgen der globalen Finanzkrise im Jahr 2008[18]). Dazu reise ich mit Ihnen durch die jüngere Vergangenheit und beschreibe die heftigen Schwankungen in der Reputation von Zentralbanken: von den 1990er Jahren, als jeder dachte, sie würden nie etwas falsch machen (und sie dafür gefeiert wurden, dass sie einen Zeitraum mit erheblichem wirtschaftlichem Wohlstand und finanzieller Stabilität eingeleitet hatten), über den Vorwurf, sie seien naive Helfer für massives Fehlverhalten von Banken und anderen, die die Welt wirtschaftlich auf die Knie gezwungen haben, bis zu ihrer Rehabilitation als die einzigen politischen Akteure, die effektiv reagierten, und zwar auf mutige und fantasievolle Weise.

Teil III beschreibt aus Sicht einer Zentralbank die zehn wichtigsten Probleme für die Gesellschaft von heute. Vergrößert wurden sie – häufig unabsichtlich – dadurch, dass Zentralbanken bezüglich der politischen Reaktion auf die Krise in die früher undenkbare Rolle als einzige Alternative geraten sind. Dabei erkläre ich, wie sehr Regierungen (absichtlich und unbewusst) ihnen übertriebene Verantwortung aufgebürdet haben; mich erinnert diese Situation an verantwortungslose Eltern, die ihr Baby vor der Tür der Feuerwehrwache ablegen, weil sie nicht bereit oder nicht in der Lage sind, ihre elterlichen Pflichten zu erfüllen.

In Teil IV geht es um die Aussichten für die Zukunft und darum, was getan werden muss, um die Wahrscheinlichkeit und die Breite guter Ergebnisse zu erhöhen.

Bei der Erklärung, was auf uns zukommt und warum, war ich sehr dazu geneigt, ein einzelnes Basisszenario zu beschreiben, das mit hoher Wahrscheinlichkeit eintreten wird. Ein solches Vorgehen bedeutet

Klarheit, Bestimmtheit und Sicherheit über die erwarteten Ergebnisse. Und es verhindert, dass ich ängstlich oder unentschlossen erscheinen könnte. Doch so attraktiv dieser Ansatz sein mag, angesichts der vorliegenden Realitäten ist er schlicht nicht sinnvoll. Tatsächlich wäre es analytisch gesehen unverantwortlich, wenn ich in den Zeiten, in denen wir leben, auf diese Weise vorgehen würde.

Dafür gibt es schlicht zu viele Veränderungen bei jedem der vier wichtigen Faktoren, die derzeit Einfluss auf unser wirtschaftliches Wohlergehen haben (wirtschaftliche, politische/geopolitische, Markt- und geldpolitische Fragen); und an der Schnittstelle dieser Faktoren, wo sich das reale Geschehen auf der Welt letztlich abspielt, herrscht sogar noch mehr Unklarheit. Deshalb ist es wichtig, wenn nicht sogar unerlässlich, breiter zu denken und sich von den üblichen Beschränkungen gutartiger Normalverteilungen zu befreien, die sich praktischerweise durch sehr wahrscheinliche Ergebnisse und dünne Ausläufer an den Rändern auszeichnen. Wir müssen es schaffen, uns mit der Möglichkeit einer bimodalen Verteilung anzufreunden, also mit probabilistischen Ergebnissen, bei denen das ehemals wahrscheinlichste Ergebnis (der sogenannte Bauch der Kurve) unwahrscheinlicher ist als die extremeren Ergebnisse auf der guten wie der schlechten Seite.

Also möchte ich nicht so tun, als könne ich selbstsicher ein einzelnes Ergebnis mit hoher Eintrittswahrscheinlichkeit vorhersagen – auch wenn ich das wirklich gerne täte. Stattdessen arbeite ich in diesem Buch mit einer Szenarioanalyse, die mehr als deutlich macht, dass es hier um etwas geht, was Fed-Chef Bernanke seinerzeit als »ungewöhnlich unsichere Aussichten« (also nicht nur unsicher, sondern *ungewöhnlich* unsicher) beschrieb. Mithilfe des Konzepts von bimodalen Verteilungen und interdisziplinären Erkenntnissen aus Verhaltenswissenschaft und Neurologie erkläre ich, warum uns die vor uns liegende Welt als Entscheidungsträger grundlegend infrage stellen dürfte – egal ob wir in Unternehmen, Regierungen, Haushalten oder Anlagefirmen tätig sind.

Die Welt von heute zwingt uns aus unserer Komfortzone, und dies für eine ganze Weile. Damit bringt sie die Gefahr, dass wir falsche Entscheidungen treffen und dass uns Folgefehler unterlaufen, die sich anhäufen, statt sich rasch von selbst zu korrigieren. Allerdings ist nichts davon vorherbestimmt oder tritt automatisch ein: Wir können unsere Aussichten durchaus verbessern. Also geht es in Teil V um Werkzeuge für ein besseres Zurechtfinden in diesen »ungewöhnlich unsicheren Aussichten«.

Am stärksten werden wirtschaftspolitische Maßnahmen der Regierungen darüber entscheiden, welchen Weg die Weltwirtschaft nach der T-Kreuzung einschlägt; konkret kommt es darauf an, ob solche Maßnahmen eine gute Ergänzung für den Umgang der Zentralbanken mit den zyklischen, längerfristigen und strukturellen Problemen darstellen oder nicht. Doch auch der Rest von uns ist alles andere als machtlos. Es gibt Dinge, die wir tun können und sollten, um die Aussichten nicht nur für unsere Generation zu verbessern, sondern auch für kommende.

Wichtig ist mir zu betonen, dass in der aktuellen Phase noch keineswegs feststeht, wie die zukünftigen weltweiten wirtschaftlichen Ergebnisse aussehen werden. Entscheidungen sind hier wichtiger als das Schicksal. Und die meisten Entscheidungen, die wir treffen, erfordern eine offene Geisteshaltung, kognitive Diversität und die Fähigkeit, auch außerhalb unseres gewohnten operativen Umfelds reibungslos zu funktionieren.

Nichts davon ist einfach. Aber mein aufrichtiger Wunsch ist, dass dieses Buch mehr tun kann, als Ihnen nur zu zeigen, wie uns die Perspektive von Zentralbanken – als den weltweit mächtigsten, engagiertesten und doch immer noch mysteriösen politischen Institutionen – wichtige Erkenntnisse über Vergangenheit, Gegenwart und Zukunft der Weltwirtschaft liefern kann. Meine Hoffnung ist, dass es Ihnen zugleich einen analytischen Rahmen vermittelt, der sich auch auf andere Situationen anwenden lässt, die sich Ihnen präsentieren – insbesondere auf schwierige. Ich selbst jedenfalls habe solche Modelle über die Jahre als ausgesprochen nützlich kennengelernt. Und ich hoffe, dass es auch Ihnen so gehen wird.

TEIL II

KONTEXT: SIEGESZUG, EINBRUCH UND WIEDERAUFERSTEHUNG DER ZENTRALBANKEN

»Nehmen wir das vergangene Vierteljahrhundert: ein Kreditboom in Japan, der nach 1990 zusammenbrach; ein Kreditboom in asiatischen Schwellenländern, der 1997 zusammenbrach; ein Kreditboom in den nordatlantischen Volkswirtschaften, der nach 2007 zusammenbrach; und zuletzt das Gleiche in China. Jeder Boom wird als eine neue Ära des Wohlstands willkommen geheißen, und jedes Mal bricht er dann in einer Krise und Nachkrisenzeit zusammen.«

– MARTIN WOLF[19]

Kapitel 5

Das goldene Zeitalter der Zentralbanken und das »Blasen-Finanzwesen«: ein kurzer historischer Überblick

»Es ist wahr, dass ein Zug nicht fahren kann, wenn die Bremse angezogen ist. Aber es wäre dumm, zu sagen, dass das Lösen der Bremse die Ursache dafür ist, dass sich ein Zug bewegt.«

– JOAN ROBINSON[20]

Bis Mitte der 2000er Jahre hatten die Zentralbanken mehr Macht, Einfluss und Reputation angesammelt, als ihnen in traditionellen Lehrbüchern zugestanden wird. Ihr Ansehen war unerreicht. Ihre Aktivitäten wurden intensiv bewundert. Und ihre Erfolge wurden gefeiert.

Die Zentralbanken wurden als die Steuermänner hinter der mehrjährigen wirtschaftlichen Blütezeit angesehen, Alan Greenspan galt als »Maestro«, der nicht nur Volckers Sieg über die gefürchtete Inflation festigte, sondern auch die Schwankungen des Konjunkturzyklus besiegte. Insgesamt stellte so gut wie niemand die herrschende Darstellung infrage, welche die Zentralbanken als überlegen, effektiv und weise erscheinen ließ. Im Rückblick auf diese Zeit aber lässt sich leicht erkennen, dass sie nur zum Teil wirklich als goldenes Zeitalter anzusehen war.

Ein Teil der Begeisterung war durch den mehrere Jahrzehnte währenden, letztlich erfolgreichen Kampf gegen die Inflation gerechtfertigt. Es gab aber noch eine weitere Komponente, und die hatte einen ausgesprochen dunklen Charakter: das Ausmaß, in dem das goldene Zeitalter der Zentralbanken mit Unterregulierung und laxer Aufsicht über ein Bankensystem einherging, das zunehmend mit unverantwortlichen Risiken und exzessiver Verschuldung arbeitete. Aber bevor wir uns damit näher beschäftigen, sollten wir einen Blick auf die Zentralbanken selbst werfen.

Strukturell wurde das goldene Zeitalter ermöglicht durch die Tatsache, dass Zentralbankern von der Politik mehr operative Autonomie gewährt wurde. Hinzu kam noch ein ungewöhnlich günstiges Umfeld, das durch eine beispiellose Reihung von längerfristigen Entwicklungen weltweit entstand und massive Produktivitätsfortschritte sowie eine Stärkung für die Weltwirtschaft ohne Inflationsdruck bedeutete (unter anderem das Aufkommen von China und die Integration von Teilen Mittel- und Osteuropas in die globale Marktwirtschaft).

So bemerkenswert diese Faktoren auch waren – und sie waren tatsächlich echt und bedeutsam –, ihre Präsenz ließ andere, weniger beruhigende Entwicklungen in den Hintergrund treten. Und nur wenige Beobachter machten sich die Mühe, intensiv unter die Motorhaube der US-Volkswirtschaft zu blicken, um herauszufinden, was dort wirklich geschah.

Wie sich – und zwar für viele in der Gesellschaft auf sehr schmerzhafte Weise – zeigte, schritt die von den Zentralbanken geförderte besondere Wirtschafts- und Finanzära schneller voran als die Fähigkeit der Institutionen, sie analytisch zu erfassen. Also kann man nicht wirklich sagen, dass die Zentralbanker die neue Parade von wirtschaftlichem Wohlergehen und Finanzliberalisierung angeführt hätten. Eher verloren sie in dieser Zeit die Kontrolle über kompliziert verschuldete Blasen-Volkswirtschaften, die zur Grundlage für immer übertriebenere Kreditwünsche, unverantwortliche Kreditvergabe und extrem laxes Risikomanagement wurden. Sie gerieten also konsistent und deutlich ins Hintertreffen bei einer Schuldenparade, die später eine riesige Aufräumaktion erfordern sollte.

Wie ich in meinem ersten Buch vom Herbst 2007 schrieb,[21] hatten die Zentralbanken versäumt, ihr Verständnis von Wirtschafts- und Finanzentwicklungen ausreichend weiterzuentwickeln. So wie viele andere waren sie einem Gefühl der Selbstzufriedenheit erlegen, das zumindest in ihren Augen durch die damalige Vorstellung von einer »großen Moderation« der Wirtschaft gerechtfertigt war. Außerdem gingen sie davon aus, dass der Finanzsektor von raffinierten Teilnehmern des Privatsektors kontrolliert werde, die über verbesserte Instrumente zur Risikominderung verfügten. Deshalb, so glaubten die Zentralbanker, würden sie auf zwei wichtigen Gebieten ihrer gesellschaftlichen Verantwortung mehr Gutes bewirken können als früher: bei der kosteneffizienten Lenkung von Ressourcen in Richtung produktiver Einsatzmöglichkeiten und beim richtigen Umgang mit den damit einhergehenden Risiken.

Vom früheren Fed-Präsidenten Alan Greenspan bis zu Timothy Geithner, der zunächst Präsident der New York Fed und später US-Finanzminister war: Viele Vertreter des öffentlichen Sektors räumten später ein, nicht nur die Fragilität des Bankensystems unterschätzt zu haben, sondern auch die sich anbahnende Hypothekenkrise sowie das Versagen von Risikomanagementsystemen und das Ausmaß, wie all das miteinander zusammenhing.

Heute ist unübersehbar klar, dass die Zentralbanken bei der Deregulierung von Finanzaktivitäten übermäßig großzügig waren. Weitgehend tatenlos sahen sie zu, wie große Teile von komplexen Finanzgeschäften in den Sektor der Schattenbanken abwanderten, dem es an richtiger Aufsicht fehlte und der von wenig externer Regulierung sowie unzureichender interner Disziplin geprägt war. Zwar profitierten die Banken von den vom Steuerzahler finanzierten Sicherheitsnetzen, doch Regulierer und Aufsichtsbehörden kümmerten sich immer weniger um die komplizierten Risiken, die Banken in ihren Bilanzen anhäuften.[22]

Diese Unaufmerksamkeit war ein weit verbreitetes Phänomen. In einem freimütigen Interview mit *Business Insider* über die »großen Sachen«, bei denen er im Lauf seiner Karriere falschlag, erklärte der Ökonom und Nobelpreisträger Paul Krugman, er habe »keine Ahnung von der Fragilität des Bankensystems« gehabt«.[23] Und damit stand er ganz gewiss nicht allein.

Tatsächlich betraf das Problem die Mehrheit der Ökonomen und Finanzkommentatoren. Noch gravierender wurde es durch ein Versagen, das bis heute anhält: die Unfähigkeit von konventionellen ökonomischen Ansätzen, auch die Finanzbranche sowie wichtige Erkenntnisse aus der Verhaltenswissenschaft angemessen zu berücksichtigen.

In einer nachdenklichen Rede im Januar 2014, die auch eine Einschätzung des aktuellen Wissensstands bei der Fed enthielt, sagte William Dudley, President und Chief Executive Officer der New York Federal Reserve: »Wir haben noch immer keine guten makroökonomischen Modelle entwickelt, die einen realistischen Finanzsektor berücksichtigen.«[24]

Im Rückblick ist zu erkennen, dass die Wahrnehmung der Zentralbanken in der goldenen Zeit verzerrt war – nicht nur hinsichtlich der Aktivitäten der Banken, sondern auch in Bezug auf die allgemeine Wirtschaftsentwicklung, Kreditwürdigkeit, Regulierung und Aufsicht. Infolgedessen sahen und behandelten sie die Branche der Finanzdienstleister nicht mehr als das, was sie ist, nämlich ein Diener der Realwirtschaft. Stattdessen sahen sie zu, wie die Branche in eine einzigartige Position gehoben wurde, die sich später als unrealistisch, nicht durchhaltbar und sehr schädlich für das allgemeine wirtschaftliche Wohlergehen erwies.

Dank nachlässiger Aufsicht und Regulierung konzentrierte sich ein großer Teil des Bankensektors nicht mehr auf seine traditionelle Rolle als Diener der Realwirtschaft, der Ersparnisse einsammelt, sie auf kostengünstige Weise zu den produktivsten Investitionsmöglichkeiten leitet und die dabei entstehenden Risiken angemessen handhabt. Stattdessen versuchten die Banken, einen unabhängigen und getrennten Status zu erreichen, der reichlich Dollars in ihre Kassen spülen sollte. Doch damit waren sie der Realität weit voraus und ignorierten sie vielleicht sogar. Denn das Vorhaben wurde unterminiert von falschen Anreizen, umfassendem Versagen sowie exzessiv kurzfristigen Motivationen und Verhaltensweisen.

Selbst die übliche Bezeichnung für die ganze Branche veränderte sich – von »Finanzdienstleistungen« zu nur noch »Finanzen«. Und um alles noch schlimmer zu machen, wurde die Branche in manchen Kreisen dazu erhoben, für eine überlegene Phase in der historischen Entwicklung des Kapitalismus zu stehen, die jede andere reife Volkswirtschaft, die etwas auf sich hält, ebenfalls anstreben sollte.

Der historische Prozess der Wirtschaftsentwicklung wurde nicht mehr so verstanden, dass er nur die unterschiedlichen Wertschöpfungsstufen Landwirtschaft, Industrie, Fertigung und Dienstleistungen umfasst. Plötzlich galt als die höchste Stufe des kapitalistischen Erfolgs das »Finanzwesen«.

Eine immer größere Zahl von Ländern konkurrierte darum, zum »Finanzzentrum der Welt« zu werden oder kleinere Offshore-Zentren zu etablieren. Und einige derjenigen, die das nicht direkt versuchen konnten, waren gern bereit, Teile ihres einheimischen Finanzsektors dafür zu vermieten.

Gestärkt und ermächtigt durch diese neue Betrachtungsweise und weiter unterstützt durch Finanzinnovationen wie Kreditverbriefung, begannen Banken eine ganze Reihe von neuen Aktivitäten (bei denen es häufig um den Handel mit immer komplexer strukturierten Papieren untereinander sowie um das Abschieben jener Papiere auf andere Häuser ging, die noch weniger davon verstanden). Im Rückblick ist heute auch den Banken selbst klar, dass sie bei zu vielen dieser Aktivitäten Risiken eingingen, die sie nur teilweise verstanden, ihnen aber zu lukrativ erschienen, um sich davon fernzuhalten. Allgemeiner gesagt, entfernte sich ihr operativer Fokus immer weiter von grundlegenden wirtschaftlichen Funktionen.

Banken waren nicht die Einzigen, die sich an diesem Fest der Hebelung, Kredite und Schuldenfreudigkeit beteiligten. Wie Atif Mian und Amir Sufi in ihrem Buch *House of Debt* (dt.: *Das Schuldenhaus*) darlegen, war dieses Phänomen ausgesprochen weitverbreitet, sodass ihm auch Haushalte (und, wie ich ergänzen würde, Unternehmen) zum Opfer fielen.[25]

Der neu ermöglichte Zugang zu »exotischen« Kreditvehikeln, die bis dahin bestehende Hürden für teure und für manche schwer zu bekommende Kredite verschwinden ließen, verführte zu viele Haushalte zu Finanzaktivitäten, die sie sich kaum leisten konnten, und zu Risiken, die sie wirklich nicht verstanden; zu den neuen Instrumenten zählten Eigenheim-Hypotheken und Refinanzierungen ohne Einkommensprüfung sowie ohne Vorabgebühren oder Anzahlungen, die sich so strukturieren ließen, dass die meisten Kosten erst später anfielen. In diesem Prozess gingen viele Kunden höhere Rückzahlungsverpflichtungen ein, als sie an Einkommensströmen generieren konnten. Um sich ein Stück von einem Immobilienmarkt zu sichern, der scheinbar nur an Wert gewinnen konnte, nahmen zu viele Haushalte Hypothekenkredite auf, die sie sich gar nicht leisten konnten, was später zu einer ungewöhnlichen Kombination aus Zwangsversteigerungen, Insolvenzen und Armut führte.

Auch Regierungen waren gegen dieses gesellschaftliche Problem nicht immun. Viele von ihnen, darunter die am wenigsten kreditwürdigen, die sich weitere Schulden eigentlich kaum leisten konnten, wurden von Geldgebern verführt, die bereitwillig Finanzierungen zu immer günstigeren

Konditionen anboten. Die Kreditfabriken des Privatsektors arbeiteten fieberhaft, und die Vorstellung von angemessener Kreditwürdigkeit wich dem Wunsch, das Kreditvolumen immer weiter nach oben zu treiben. Dadurch fasste eine verrückte Kultur von Risikotoleranz und verringerter Risikoaufschläge Fuß. Selbst die am schlechtesten regierten Länder waren in der Lage, hohe Schulden zu Bedingungen (bei Zinsen und Laufzeit) aufzunehmen, die sich nicht mehr stark von denen für die am besten regierten unterschieden (Abbildung 1 zeigt, wie sehr der Risikoaufschlag für griechische Staatsanleihen gegenüber deutschen viele Jahre lang niedrig blieb).

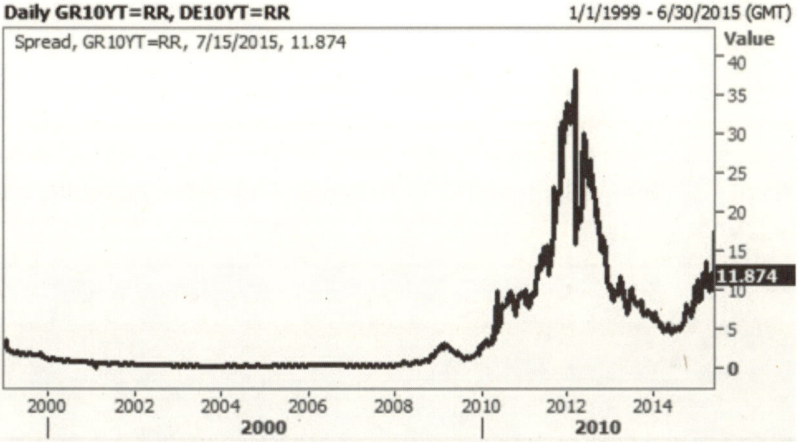

Abbildung 1: Zinsunterschied zwischen griechischen und deutschen Staatsanleihen (Quelle: Thomson Reuters)

Die Folge war eine Generation, die sich in die falsche Vorstellung verliebte, statt Einkommen könnten Kredite den Weg zu einem höheren Lebensstandard und nationalem Wohlstand bereiten. Schulden wurden von einer Brücke, die man nur mit Vorsicht benutzen sollte, zu einem Anspruch. Eine Finanzblase nach der anderen bildete sich und wurde nicht bekämpft. Die Zentralbanken sahen im Wesentlichen von der Seitenlinie aus zu, zufrieden mit der Vorstellung, dass Banken und institutionelle Anleger reif und verantwortungsbewusst genug seien, die Risiken rechtzeitig zu begrenzen. Sie glaubten an eine Selbstregulierung dieser einflussreichen Marktteilnehmer, und sie vertrauten darauf, dass die Märkte in der Lage sind, sich zur richtigen Zeit und geordnet aus eigener Kraft zu korrigieren.

Mark Carney, Gouverneur der Bank of England, hat die Lehren aus dieser außergewöhnlichen Zeit gezogen und auf der Konferenz »Inclusive Capitalism« im Jahr 2014 eine wichtige Beobachtung erläutert: »Die Antworten beginnen damit, dass wir erkennen, dass Finanzkapitalismus kein Ziel an sich ist, sondern ein Mittel zur Förderung von Investitionen, Innovation, Wachstum und Wohlstand. Im Bankgeschäft geht es im Kern um Vermittlung – um das Zusammenbringen von Kreditnehmern und Sparern aus der Realwirtschaft. Im Vorfeld der Krise beschäftigten sich Banken zunehmend nur noch mit sich selbst statt mit der Wirtschaft, mit Transaktionen statt Beziehungen und mit Gegenparteien statt Kunden. Neue Instrumente, die anfangs entwickelt worden waren, um die Kredit- und Absicherungsbedürfnisse von Unternehmen zu erfüllen, wurden rasch zu Werkzeugen, um Wetten auf finanzielle Entwicklungen zu erhöhen.«[26]

Irgendwann war es nur noch eine Frage der Zeit, bis all das zu einem weiteren Beispiel für die berühmt einfache, aber elegante Formulierung von Herbert Stein über nicht nachhaltige Entwicklungen werden würde: »Wenn etwas nicht auf Dauer weitergehen kann, wird es aufhören.« Und als es tatsächlich aufhörte, geschah das auf eine abrupte und unglaublich schädliche Weise.

Kapitel 6

Eine Kette von Fehlern

»Jeder hat einen Plan, bis er eine aufs Maul bekommt.«
– MIKE TYSON

»Wir leben in einer Zeit, in der das Unwahrscheinliche zum Unvermeidlichen werden kann.«
– JIM DWYER, PULITZER-PREISTRÄGER

Statt den entscheidenden Sieg über die Unsicherheiten des Konjunkturzyklus zu markieren, schuf das goldene Zeitalter der Zentralbanken letztlich die Grundlage für eine historisch beispiellose Periode exzessiver und unverantwortlicher Risikobereitschaft. Das wirtschaftliche und finanzielle Chaos, das daraufhin entstand, war so massiv, dass es die Vorstellung einer großen Moderation in der Wirtschaft und von raffiniertem Risikomanagement im Privatsektor komplett diskreditierte. Gleichzeitig ging auch der Glaube an die alles beherrschenden Zentralbanken verloren, zusammen mit ihrem einwandfreien Ruf.

Ab 2007 wurde zunehmend klar, dass von der Finanzbranche abhängige Volkswirtschaften zu weit gegangen waren – sie hatten den Banken zu viel Vertrauen geschenkt, ihnen zu viele Möglichkeiten eingeräumt und sie nur nach dem Prinzip »wenige Eingriffe« kontrolliert, in der Annahme, sie würden sich schon angemessen selbst regulieren. Das galt nicht nur für die USA und Großbritannien, die sich in einem wilden Kampf um die Vorherrschaft von New York oder London als wichtigstes globales Finanzzentrum verstrickt hatten. Es galt auch für Länder wie Dubai, Island, Irland, die Schweiz und andere, die versuchten, den Begrenzungen ihrer kleinen Binnenwirtschaften zu entgehen, indem sie ihre Finanzinstitute mehr Schulden machen und ins internationale Geschäft einsteigen ließen.

Ebenfalls wurde allmählich klar, zunächst nur langsam und dann mit erschreckend zunehmendem Tempo, dass die nationalen Behörden sich in eine hässliche Zwickmühle hatten drängen lassen: Entweder mussten sie Missetäter aus der Finanzbranche mit öffentlichem Geld retten oder eine finanzielle Katastrophe zulassen, die für die bereits geschwächte Realwirtschaft noch größere Probleme verursacht hätte.

Die ersten Anzeichen für Probleme wurden in den ersten Augustwochen des Jahres 2007 erkennbar. Damals meldete die große französische Bank Paribas einen Verlust und führte Beschränkungen für die Auszahlung von Kapital bei einigen ihrer Investmentfonds ein. Der Schock war spürbar, da er zwei der Elemente mit sich brachte, die Marktteilnehmer verständlicherweise am meisten fürchten – tatsächlich werden sie sogar weitaus mehr gefürchtet als starke Kursverluste: Erstens wurde der Zugriff auf Kundengelder eingeschränkt, weil die Bank die gewünschte, erwartete und für selbstverständlich gehaltene Liquidität nicht mehr bereitstellen konnte, und zweitens zog diese Disruption auch andere Bereiche des Marktes in Mitleidenschaft, indem sie ihr normales Funktionieren unterminierte.

Unter ihrem erfahrenen Präsidenten Jean-Claude Trichet erkannte die EZB die Gefahr und reagierte schnell und entschlossen. Tatsächlich gelang es ihr, die unmittelbare Bedrohung in den Griff zu bekommen. Das war die gute Nachricht. Die weniger gute lautete, dass weder die EZB noch die Gemeinschaft der Zentralbanken insgesamt in der Lage schienen, die volle Bedeutung des Paribas-Schocks zu erkennen. Denn der war nicht etwa isoliert und betraf nicht nur dieses eine Institut, sondern war ein Anzeichen für etwas viel Größeres und Bedeutenderes: die Entstehung eines potenziell katastrophalen Tsunami.

Wenn es überhaupt eine Reaktion der Zentralbanken gab, dann fiel sie zu vorsichtig und zu unsystematisch aus. Sie war lediglich taktisch angelegt, und es fehlte ihr sowohl an einer analytischen Fundierung als auch an den umfassenderen Folgemaßnahmen, wie sie bei einem gut durchdachten strategischen Vorgehen üblich sind. Im Rückblick zeigte sich auch daran, wie sehr es den Zentralbanken (und dem Großteil der Gesellschaft) immer noch an ausreichendem Verständnis für die Realitäten vor Ort mangelte. Und das gilt nicht nur für Bereiche, die sich ihrer formellen aufsichtsrechtlichen Zuständigkeit entzogen hatten, sondern auch für andere Aktivitäten, die sich direkt vor ihren Augen als verantwortliche Kontrolleure abspielten.

Zunehmend fanden sich Zentralbanken gefangen zwischen einander widersprechenden internen und externen Darstellungsweisen. Nach außen strahlten sie ein Gefühl der Ruhe aus und betonten die viel zitierten Äußerungen von Fed-Chef Bernanke über die Robustheit des US-Immobilienmarkts und der darin massiv engagierten Banken und Spezialinstitute. Intern aber mussten sie eine Aufholjagd unter gefährlichen Umständen beginnen. Im Verlauf des nächsten Jahres wurde dies immer offensichtlicher und fand seinen Höhepunkt in einer Kette von Fehlern, die nur wenige Politiker und Marktteilnehmer jemals wieder vergessen werden.

Die zweite spürbare Erschütterung folgte im März 2008. Bear Stearns, eine der am besten etablierten und angesehensten Investmentbanken der USA, geriet an den Rand eines totalen Zusammenbruchs. Den Kern des Problems bildeten erneut komplexe Finanztechnik und extrem stark gehebelte Positionen, zu denen noch mangelndes Verständnis, nachlässige Aufsicht und angesichts der extremen Risiken, die mit alldem einhergingen, schlampige Bilanzierungspraktiken hinzukamen. Und erneut waren dramatische Aktionen vonseiten der Zentralbanken – in diesem Fall durch die Federal Reserve unter Präsident Bernanke – erforderlich, um die Ruhe wiederherzustellen, bevor die Lage später wirklich außer Kontrolle geriet.

Anders als die Notreaktion der EZB sieben Monate zuvor, die in Form von Liquiditätsinjektionen erfolgt war, nutzte die Fed für ihre Intervention stärker den öffentlichen Haushalt. Entscheidend war, dass sie eine (gegen Verluste abgesicherte) finanzielle Unterstützung für eine Zwangsheirat zwischen der scheiternden Bear Stearns und der robust aufgestellten JP Morgan Chase zur Verfügung stellte.

Die Hoffnung der Zentralbanken war, dass diese beiden sehr plötzlichen und verstörenden Schocks, zusammen mit dem außergewöhnlichen Charakter der politischen Reaktion darauf, die Banken dazu bringen würden, geordnet ihre Risiken abzubauen. Stattdessen aber schienen die Institute dem zum Opfer zu fallen, was Ökonomen als »Moral Hazard« bezeichnen: der Neigung, mehr Risiken einzugehen, weil man von einer Unterstützung durch einen effektiven und entschlossenen Versicherungsmechanismus ausgeht.

Es gibt vielleicht kein besseres Beispiel für dieses Phänomen als das, was Chuck Prince, damals CEO der Citigroup als einer der größten und bekanntesten Banken weltweit, der *Financial Times* in einem auf Seite 1 veröffentlichten Interview sagte. Auf die Frage nach kommenden Problemen antwortete er: »Wenn die Musik aufhört, wird die Lage hinsichtlich Liquidität kompliziert sein. Aber solange die Musik noch spielt, muss man aufstehen und tanzen. Wir tanzen noch.«[27] Als die Musik tatsächlich aufhörte, verlor Prince seinen Job, und Citi ging beinahe pleite.

Letztlich waren hier ganz altmodisch blinde Flecken der menschlichen Wahrnehmung, falsche Denkweisen, kognitive Enge, Überheblichkeit und institutionelle Starrheiten am Werk. Deren potenziell verheerende Auswirkungen wurden noch vergrößert durch exzessive Risikobereitschaft in Zusammenhang mit falschen finanziellen Anreizen, klassischen Principal-Agent-Problemen und exzessiv kurzfristigem Denken. Das Ergebnis waren sich auftürmende Verschlechterungen der Lage, die viel schneller voranschritten als die Fähigkeit des Gesamtsystems, das Problem richtig zu verstehen und Korrekturen einzuleiten. Und so dauerte es nicht mehr lange, bis die Folgen erschreckend offensichtlich für alle wurden.

Ab dem Sommer 2008 ging es nicht mehr nur darum, eine Krise zu verhindern. Die Welt wurde vollständig in einen Krisenmanagement-Modus gezwungen – in einem Ausmaß und mit einer Intensität, die nur wenige in unserer modernen Weltwirtschaft noch für möglich gehalten hätten.

Eine derartige wirtschaftliche Schieflage hatte es seit der Großen Depression nicht mehr gegeben. Sie widersprach tief sitzenden Überzeugungen über die Effizienz und die Fähigkeit zur Selbstregulierung des modernen Kapitalismus. Sie stellte enorme Anforderungen an die Krisenmanager, die das volle Ausmaß der Probleme noch immer nicht verstanden hatten. Und sie hatte mit Führungskräften im Privatsektor zu tun, die entweder zu stolz oder zu blind gewesen waren, um zu realisieren, wie intensiv vor ihren Augen und unter ihrer Führung unverantwortliche Geschäfte betrieben wurden.

So kam es zu vielen Verwerfungen bei Banken einschließlich einiger spektakulärer Pleiten wie dem ungeordneten Zusammenbruch von Lehman Brothers im September 2008. Dadurch wurde jedem rasch unübersehbar und erschreckend klar, dass das Finanzwesen die Welt an den Rand einer schweren mehrjährigen Depression getrieben hatte. Im Zuge dieses Prozesses veränderte sich auch die öffentliche Wahrnehmung der Zentralbanken: Statt als die Kraft hinter nachhaltigem Wohlstand wurden sie jetzt als unabsichtliche Komplizen gesehen, die unverantwortlichen Finanzmanagern erlaubt hatten, das Schicksal heutiger und kommender Generationen aufs Spiel zu setzen.

Die plötzliche öffentliche Unzufriedenheit einschließlich Vorwürfen, die Aufsichtsbehörden hätten sich von der Finanzbranche vereinnahmen lassen,[28] wurde begleitet von panischer Angst unter Zentralbankern. Denn denen fehlte es nicht nur an Ersthelfer-Werkzeugen für diesen Notfall, sie hatten auch nur lückenhafte Informationen über bedeutende Verflechtungen in Wirtschaft und Finanzwesen.

Die Protokolle der Fed-Sitzungen im Jahr 2008 (1865 Seiten an Unterlagen, die 2014 für die Öffentlichkeit freigegeben wurden) lieferten später »eines der detailliertesten Porträts der Angst und der Verwirrung, die im Herbst 2008 herrschten«, schreibt der Journalist Robin Harding. »Beim Zusammenbruch von Lehman Brothers tat sich die U. S. Federal Reserve schwer, die Gefahren für die Weltwirtschaft zu verstehen.«[29]

Zu dem Ringen darum, das volle Ausmaß des Unheils zu erfassen, kam noch die Notwendigkeit, bei einer Reihe von Themen radikal umzudenken – eine Wende, die viele etablierte und tief verwurzelte Überzeugungen infrage stellte.

Die Protokolle der Sitzungen aus dem Jahr 2009, veröffentlicht im März 2015, lassen massive Sorgen und tiefen Pessimismus bei Vertretern der Federal Reserve erkennen, während sie versuchten, mit einer Wirtschaft zurechtzukommen, in der sich eine »Krise à la Japan« zu entwickeln drohte.[30] Die heutige Fed-Chefin Yellen nahm damals noch in ihrer Eigenschaft als Präsidentin der San Francisco Fed an den FOMC-Sitzungen teil. Eine schnelle, V-förmige Erholung sei unplausibel, merkte sie an, und »selbst eine langsame U-förmige Erholung unwahrscheinlich«. Mit aggressiven geldpolitischen Maßnahmen, so Yellen weiter, »versuchen wir verzweifelt, mit dem Fahrrad einen Berg hochzukommen, statt auf das Gaspedal eines starken Sportwagens zu treten«.

Zu Beginn der Krise unterlief einer recht großen Zahl von Fed-Vertretern der Fehler, auf die falschen Risiken zu achten. Wie die Protokolle zeigen, machten sie sich viel mehr Sorgen über Inflationsgefahren statt über die Möglichkeit eines »plötzlichen Stopps« im Finanzwesen, der die Welt an den Rand von etwas wirklich Unheilvollem zu bringen drohte.

In einem Artikel für *The Atlantic* nahm der Autor Matthew O'Brien eine einfache, aber sehr aufschlussreiche Wortzählung in den Fed-Protokollen aus der Zeit vor dem Lehman-Zusammenbruch vor. Wie er feststellte, wurde darin viel häufiger das Wort »Inflation« erwähnt als »systemische Risiken/Krise« – bei der FOMC-Sitzung im Juni 2008 betrug das Verhältnis 468 zu 35, im August 322 zu 19. Noch bemerkenswerter: »Bei der Sitzung am 16. September 2008 [am Tag nach der Lehman-Pleite] gab es 129 Erwähnungen von Inflation und nur 4 von systemischen Risiken/Krisen.«[31]

Dies wiederum hing damit zusammen, dass in einem historisch beispiellosen Ausmaß unterschätzt wurde, wie sehr ein bis dahin weithin bewundertes und hoch entwickeltes Finanznetzwerk von einem Effizienzfaktor/Risikominderer zu einem komplexen Verbreiter/Verstärker für finanzielles und wirtschaftliches Chaos werden konnte.

Demzufolge taten sich Zentralbanker – sowohl national als auch in globaler Koordination – schwer damit, die richtigen Schutzschalter zu betätigen, wenn sie denn welche hatten. Doch als sich die Probleme immer weiter ausbreiteten, fanden sie kaum noch genügend Schalter, und wo der Hauptschalter war, wussten sie nicht einmal annähernd.

Im Herbst 2008 hatte Ben Bernanke, Präsident der Federal Reserve als der mächtigsten Zentralbank der Welt, keine Wahl, als vor den US-Kongress zu treten und dort vor massivem wirtschaftlichem Unheil zu warnen, das auf die USA und die Welt zukomme. Gemeinsam mit Finanzminister Hank Paulson bettelte er vor den Abgeordneten mehr oder weniger darum, in Rekordzeit bis dahin undenkbar hohe Summen freizugeben, um ein Finanzsystem zu stabilisieren, das all seine Verankerungen verloren hatte und jetzt überall weiteren Schaden anrichtete. Angeblich soll

Minister Paulson sogar auf die Knie gegangen sein, um für seinen umstrittenen und teuren Rettungsplan die Unterstützung von Nancy Pelosi, der Sprecherin des Repräsentantenhauses, zu bekommen.[32]

Eine schockierte und verängstigte weltweite Öffentlichkeit begann sich die Frage zu stellen, wie die Zentralbanken hatten zulassen können, dass die Lage dermaßen außer Kontrolle geriet und derart verzweifelt und gefährlich wurde. Bei vielen früher routinemäßigen Aktivitäten in Wirtschaft und Finanzwesen kam es jetzt zu disruptiven plötzlichen Stopps. Menschen wie ich bekamen sehr viele Anrufe, nicht nur von fassungslosen Parlamentariern, sondern auch von ganz normalen Bürgern und Familien – unter anderem Anfragen für Vorträge an Schulen, in öffentlichen Büchereien und an anderen Orten, wo ich erklären sollte, was gerade passiert und warum.

Konfrontiert mit potenziellem Chaos, das bis dahin viele für unwahrscheinlich, wenn nicht sogar undenkbar gehalten hatten, schienen manche Zentralbanker »herumzuzappeln wie ein Fisch auf dem Trockenen«. Selbst die qualifizierteren unter ihnen waren »bestürzt über das Tempo und die Neuartigkeit der Ereignisse, die sich vor ihren Augen abspielten«.[33] Und das war noch, bevor es ihnen gelang, Ausmaß und Intensität der Probleme vollständig zu erfassen.

Das vierte Quartal 2008 brachte einen der dramatischsten Einbrüche bei Produktion und Handel der Neuzeit. Die Arbeitslosigkeit schoss in die Höhe. Allein in den USA gingen 8 Millionen Jobs verloren (Abbildung 2). Der internationale Handel kam beinahe komplett zum Erliegen (Abbildung 3), was den Einbruch bei der Wirtschaftsaktivität noch verschärfte. Neue Bankbürgschaften waren fast unmöglich zu bekommen. Selbst erfolgreiche Unternehmen mit soliden Bilanzen stellten fest, dass sie kein kurzfristiges Kapital mehr aufnehmen konnten.

Die Preise für eine sehr große Bandbreite an Finanzanlagen gerieten in tiefe Luftlöcher. Gleichzeitig waren viele Marktteilnehmer, die in der Lage gewesen wären, rasch freie Mittel zum Einsatz zu bringen, um von den Schnäppchenpreisen zu profitieren, nicht mehr dazu bereit – auch wenn sie die Kurse noch wenige Wochen zuvor als unglaublich günstig und historische Gelegenheit betrachtet hätten.

Schon damals sah es also katastrophal aus, doch erst später stellte sich heraus, wie schlimm die Lage wirklich war. Und selbst all das war nichts im Vergleich zu dem, was passiert wäre, wenn sich der »plötzliche Stopp« fortgesetzt hätte. Denn weit unterhalb der sichtbaren wirtschaftlichen und finanziellen Disruptionen verbarg sich eine deutlich weniger offensichtliche Schwäche, die eine der wichtigsten Achillesfersen von Marktwirtschaften und der vernetzten Weltwirtschaft darstellt: die Erosion des Vertrauen in das Zahlungs- und Abwicklungssystem.

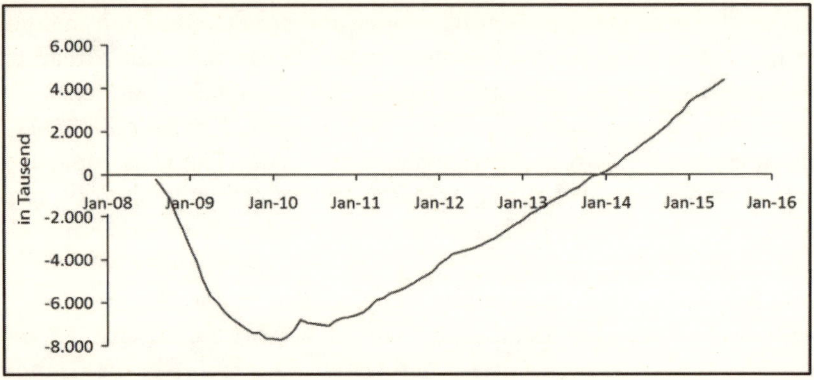

Abbildung 2: Jobverluste in den USA durch die Finanzkrise (Quelle: Bureau of Labor Statistics 2015)

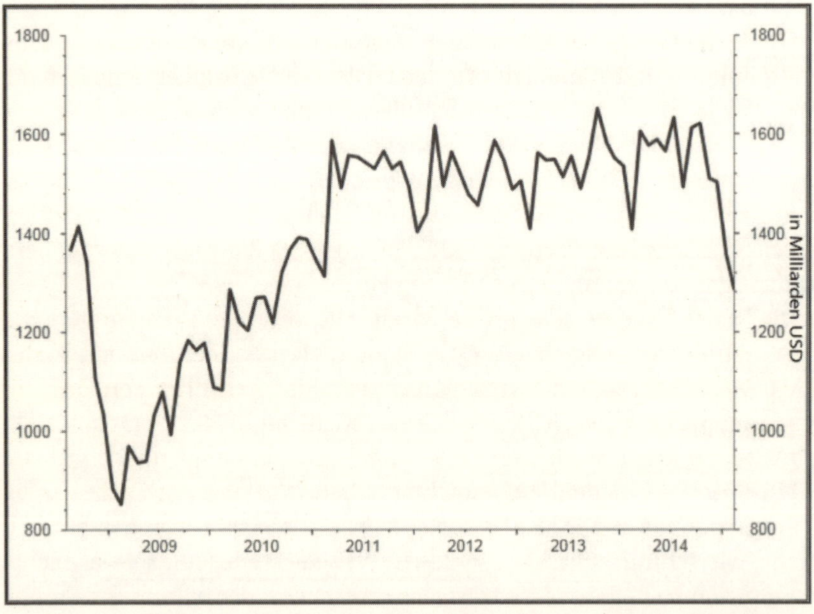

Abbildung 3: Einbruch des internationalen Handels (Quelle: Thomson Reuters)

Ich lebe in Kalifornien, also in einer autobegeisterten Kultur mit einer Schwäche für Drive-in-Restaurants (und jetzt sogar Drive-in-Starbucks). Um zu erklären, was in diesen dramatischen Tagen passierte, bietet sich also eine einfache Analogie an. In dieser Zeit ließen die ungeordnete Pleite von Lehman Brothers und ihre Nachwirkungen das gesamte Gerüst der Schuldenhebelung zusammenstürzen, was die Welt an den Rand an einer verheerenden mehrjährigen Depression brachte. Es war eine Situation, aus der kein Land der Welt hätte unbeschadet hervorgehen können.

Stellen Sie sich also vor, ein Kunde bestellt bei seinem lokalen McDonald's-Drive-in ein Big-Mac-Menü. Nachdem er die Bestellung aufgegeben hat, wird er zu zwei Fenstern geleitet – eines zum Bezahlen (Zahlung) und das zweite für das Entgegennehmen der Bestellung (Abwicklung). Zwischen beiden liegen nur ein paar Meter. Doch der Kunde erinnert sich daran, dass es vor kurzem eine Insolvenz gab, bei der Kunden einer anderen Fast-Food-Kette zwischen den beiden Fenstern hängengeblieben waren – sie hatten bezahlt, aber ihr Essen nicht bekommen. Also verlangt er eine Abwicklung sofort bei der Zahlung, auf die das System jedoch nicht ausgelegt ist. Denn es geht davon aus, dass ein gewisses Maß an Vertrauen vorhanden ist.

Der Kunde ist nicht bereit, das Risiko der paar Meter zwischen Zahlung und Abwicklung auf sich zu nehmen, also weigert er sich, zu bezahlen. Er hat Hunger, fährt letztlich aber ohne Essen weiter – dabei hätte er sowohl Zugang dazu als auch genügend Geld dafür gehabt. Und auch das Restaurant erleidet einen Schaden. Es ist gezwungen, ein einwandfreies Menü wegzuwerfen, das eigentlich genau richtig für den Kunden gewesen wäre.

Im Grunde löste genau das die Kette von Marktversagen aus, die zuvor als undenkbar gegolten hatte und deren Auswirkungen so katastrophal waren. Wer in einem Handelssaal direkt mit diesem Geschehen Kontakt hatte, war verblüfft darüber, wie schwierig es wurde, selbst die einfachsten Finanztransaktionen vorzunehmen, etwa das Einzahlen von Geld ins Finanzsystem und der Austausch von Sicherheiten höchster Qualität.

Ich erinnere mich noch sehr lebhaft an den Tag, als die Instabilität den US-Geldmarkt erreichte. Ein großer Fonds war gezwungen, »den Dollar zu brechen« (er konnte Anteilsrückgaben seiner Kunden also nicht mehr zum Nennwert auszahlen). Tatsächlich waren die Märkte schon so dysfunktional geworden, dass ich am kalifornischen späten Nachmittag meine Frau anrief und sie bat, zum Geldautomaten zu gehen und dort den für uns zulässigen täglichen Höchstbetrag abzuheben (ich glaube, es waren 500 Dollar). Als sie mich nach dem Grund fragte, sagte ich, ich hätte das Gefühl, dass die Banken mit einer gewissen Wahrscheinlichkeit am nächsten Tag nicht öffnen würden.

Ich denke nicht, dass mir das zu dieser Zeit viele geglaubt hätten. Schließlich waren die USA kein fragiles Entwicklungsland mit unreifen Finanzinstitutionen und einer schlecht geführten Zentralbank. Wir lebten in einem reifen kapitalistischen Land mit einem hoch entwickelten Finanzsystem, einer mächtigen Zentralbank und Regeln für Handelsunterbrechungen im Krisenfall.

Erst viele Monate später wurden meine Sorgen von den öffentlichen Erinnerungen von Fed-Präsident Bernanke und Finanzminister Paulson bestätigt; Bernanke zum Beispiel sprach von »sehr, sehr dunklen Stunden«.[34] Tatsächlich waren die USA und mit ihnen ein Großteil des Rests der Welt der Verhängung eines »Bankfeiertags« sehr nahe gekommen. Beinahe also hätte das Finanzsystem geschlossen werden müssen, um es anschließend auf geordnete Weise neu zu eröffnen.

Außerdem diskutierten Mitglieder des Wirtschaftsteams der US-Regierung, wie Finanzminister Geithner in seinem Buch über die Krise erwähnte, »offen« über die Verstaatlichung von großen Banken. Und dies war nur eines von mehreren Themen, über die erhebliche »Uneinigkeit« herrschte. Letztlich lautet die Botschaft des Buchs allerdings, dass sich »diese Uneinigkeiten nicht als bedeutend erwiesen« hätten.[35]

Als Folge von finanzieller Unverantwortlichkeit erlitt also die ganze Welt schwere Schäden und stand gefährlich nahe daran, noch tiefer ins Unglück abzurutschen. Damit war es nur noch eine Frage der Zeit, bis es zu massiven Schuldzuweisungen kommen würde. Auch die Zentralbanken sollten sich Kritik gegenübersehen, auch wenn sie nur – unabsichtlich – zu naiven Helfern für die eigentlichen Übeltäter geworden waren.

Kapitel 7

Die Wiederauferstehung der Zentralbanken: nachhaltig oder ihr letztes Aufbäumen?

»Die beste Möglichkeit, die Zukunft vorherzusagen, besteht darin, sie zu erfinden.«

– ALAN KAY

»In den vergangenen gut drei Jahren hatten Zentralbanken kaum eine Wahl, als etwas nicht Nachhaltiges zu tun, um das nicht Nachhaltige zu bewahren, bis andere etwas Nachhaltiges tun, um die Nachhaltigkeit wiederherzustellen.«

– MOHAMED A. EL-ERIAN

Konfrontiert mit all diesem Chaos und der Gefahr, dass es noch schlimmer kommen könnte, wechselten die Zentralbanken von ihrem Laissez-faire-Modus zu einer hochgradig interventionistischen »Was-auch-immer-erforderlich-ist«-Haltung. Es war eine dramatische Wende.

In Zusammenarbeit mit ihren Kollegen in Regierungsfunktionen – ein Phänomen, das sich schon mit dem dramatischen gemeinsamen Auftritt von Bernanke und Paulson bei der Parlamentsführung angedeutet hatte – fuhren sie alles auf, was sie hatten und was ihnen einfiel, um ein enorm dysfunktionales Finanzsystem zu stabilisieren.

Die Gelddruckmaschinen liefen auf Hochtouren. Eine Unzahl von Notfall-Finanzierungsfenstern wurde geöffnet, um die Injektion von Geld ins Finanzsystem zu ermöglichen, und zwar aus fast jeder beliebigen Richtung. Von allen Seiten wurden Garantien für staatliche Schulden und Kredite ausgesprochen. Alle großen US-Banken bekamen direkte Unterstützung von der Regierung, ebenso viele der kleineren.

Es war ungefähr das Gleiche, wie verzweifelt alles Mögliche an die Wand zu werfen und darauf zu hoffen, dass irgendetwas davon kleben bleibt. Und nach einer heiklen Phase gelang das allmählich tatsächlich.

Die beispiellose Bereitstellung von Liquidität und die direkte Einmischung in die Märkte spielten eine entscheidende Rolle dafür, die Drähte des Marktsystems wieder miteinander zu verbinden und das Vertrauen wiederherzustellen. Es begann mit dem Zahlungs- und Abwicklungssystem und breitete sich aus auf die Reparatur von weiteren Quellen der Dysfunktionalität. Kreditlinien wurden allmählich wieder eingerichtet, und weil zunehmend mehr Marktteilnehmer bereit waren, sich wieder zu engagieren, konnte sich das System langsam, aber sicher normalisieren und heilen. Im Zuge dessen bildete die Wirtschaftsaktivität nach ihrer Abwärtsspirale einen stabilen Boden aus, von dem aus sie sich wieder erholen konnte, wenn auch frustrierend langsam und zäh.

Durch die mutigen und innovativen Interventionen der Zentralbanker ist der Welt ein wahrhaft schreckliches Ergebnis erspart geblieben, das für die aktuelle Generation verheerend gewesen wäre und auch das Wohlergehen kommender Generationen noch schwer beeinträchtigt hätte. Nachdem die Zentralbanken dafür kritisiert worden waren, dass sie über ein hochgradig unverantwortlich agierendes Bankensystem gewacht hatten, erholten sich ihr Ansehen und ihre Reputation allmählich wieder. Schließlich hatten sie die Welt vor einer furchtbaren Katastrophe bewahrt.

Außerdem hatten sie der Politik Zeit erkauft, damit die ihrer Verantwortung gerecht werden konnte. Getrieben von dem, was auf dem Spiel stand, kamen die Regierungschefs der Welt im April 2009 zu einem G20-Gipfel zusammen – ich würde jederzeit darauf wetten, dass dieses Treffen als Beispiel für effektive globale Koordinierung in die Geschichtsbücher eingehen wird. Gemeinsam versprachen die G20, die Politik ihrer Zentralbanken mit zusätzlichen haushaltspolitischen Maßnahmen zu unterstützen, und vergrößerten die multilateralen Finanzierungsmöglichkeiten.

Nachdem die unmittelbare Gefahr einer mehrjährigen weltweiten Depression abgewendet war, begann die Weltwirtschaft sich zu erholen. In einer bis dahin noch nie gesehenen Vorgehensweise wurde diese Erholung von den systemisch wichtigen Volkswirtschaften der Schwellenländer angeführt. Die ließen sich vom Zusammenbruch der westlichen Welt nicht etwa völlig aus der Spur bringen – obwohl es bis dahin oft hieß, wenn der Westen eine Erkältung hat, würden manche Schwellenländer im Krankenhaus landen, einige sogar auf der Intensivstation. Doch für viele Beobachter überraschend wurden sie stattdessen, angeführt von China, zu einer robusten Lokomotive für eine Weltwirtschaft, die strukturell noch immer von den übermäßig verschuldeten Industrienationen behindert wurde.

In den dunklen Monaten nach dem Lehman-Zusammenbruch im September 2008 zeigten sich die Zentralbanken entschlossen. Dadurch haben sie mehr erreicht, als nur eine totale wirtschaftliche, finanzielle und gesellschaftliche Zerstörung zu verhindern: Sie schrieben zugleich ein neues Regelbuch, das später, im Juli 2012, noch einmal genutzt werden konnte, um den Zusammenbruch der Eurozone als der zentralen Komponente des historischen Integrationsprojekts in Europa abzuwenden.

Dieses Mal war es an EZB-Präsident Mario Draghi, zu erklären, dass die Zentralbank bereit sei, »alles zu tun, was erforderlich ist, um den Euro zu erhalten«.[36] Um das zu unterstreichen und um jegliche Zweifel an seinem entschlossenen Festhalten an dem »Was-auch-immer-erforderlich-ist«-Prinzip und den entsprechenden Erwartungen auszuschließen, fügte er rasch hinzu: »Und glauben Sie mir, es wird ausreichen.«

Vielleicht weil sich die Finanzmärkte noch an die Folgen der »Was-auch-immer-erforderlich-ist«-Haltung der Fed erinnerten, wirkten Draghis Worte Wunder. Allein sie reichten aus, um die Ordnung wiederherzustellen und die Eurozone vom Rand einer hässlichen und teuren Fragmentierung zurückzuholen. Die Zentralbank musste dafür keinerlei eigenes Geld zum Einsatz bringen. Die gesamte Schwerarbeit übernahmen stattdessen die privaten Marktteilnehmer.

Der Zaubertrick bewirkte deutlich mehr als nur die Wiederherstellung der Ruhe an den Finanzmärkten, die kurz davorgestanden hatten, das Ende der europäischen Währungsunion zu erzwingen. Er krempelte die Machthierarchie in der Eurozone um und beförderte die EZB in eine führende, wenn nicht die dominante Position. Wie Jack Ewing und Binyamin Appelbaum, zwei angesehene Finanzjournalisten, in der *New York Times* anmerkten, sah es sogar so aus: »In gewisser Hinsicht steht Draghi auf dem Höhepunkt seiner Macht. Mit seinem ›Was-auch-immer-erforderlich-ist‹-Versprechen hat er die Märkte beruhigt und die Eurozone vom Abgrund zurückgeholt. Damit hat er sich moralische Autorität verschafft, die er dann nutzte, um eine Erweiterung der Zuständigkeiten der Europäischen Zentralbank zu erreichen.«[37]

Ohne Zweifel haben sich die Zentralbanken als mächtige Krisenmanager etabliert. Und noch mehr: Als die Politiker nach dem Gipfel in London ihre Konzentration zu verlieren schienen, weil die extremsten Aspekte der Krise schwanden, erwiesen sich diese Institutionen nicht nur als effektiv, sondern auch als die einzige politische Stelle, die wirklich handelte, wie Christian Noyer von der Banque de France anmerkte. Doch statt uneingeschränkten Jubel auszulösen, wurde diese dominante politische Stellung (für mich und andere) mit der Zeit zu einem kritischen Punkt.

Was als vorübergehende Intervention gedacht gewesen war, dauerte letztlich viel, viel länger, als irgendjemand vermutet hätte – einschließlich der Zentralbanker selbst. Die Erholung der Wirtschaft fiel kontinuierlich schwächer aus, als von ihnen erwartet, was zunehmende Sorgen nicht nur über die Wirksamkeit der Stimulierungsmaßnahmen, sondern auch über das Vorgehen beim späteren Ausstieg daraus weckte. Immerhin mussten die Erwartungen des Marktes gesteuert werden, die Zentralbankbilanzen blieben aufgebläht, und all das musste mit anderen staatlichen Stellen (insbesondere den für die Haushaltspolitik zuständigen) koordiniert werden.[38]

Im Jahresbericht 2014 der Bank für Internationalen Zahlungsausgleich (auch bekannt als die Zentralbank der Zentralbanken) wurden diese Problempunkte offen zusammengefasst. Sie schrieb von der Aussicht auf einen »holprigen Ausstieg«, denn den Zentralbanken werde es »schwerfallen, eine reibungslose Normalisierung sicherzustellen«.[39] Mit dem unsauberen Ende für ihre Währungsanbindung, die dazu dienen sollte, die Anfälligkeit der Schweiz für die Eurozonenkrise zu verringern, wurden diese Befürchtungen ein paar Monate später, im Januar 2015, von der Schweizerischen Nationalbank bestätigt.

Statt von finanzieller Normalisierung zu einem echten Aufschwung überzugehen, blieb die Eurozone in einem Bereich mit mehreren 1-Prozent-Werten stecken: geringes Wirtschaftswachstum von 1 Prozent, niedrige Inflation von 1 Prozent und das allgemeine Problem in den Industrienationen, dass die obersten 1 Prozent der Bevölkerung den überwältigenden Großteil der Einkommens- und Vermögenszuwächse auf sich vereinen.

Wer zu dieser Zeit erkannte, wie nah die Region einer massiven finanziellen Zersplitterung und wirtschaftlichen Implosion gekommen war, dem erschien diese 1-Prozent-Zone gar nicht so schlecht. Doch je länger die europäische Wirtschaft in ihr verharrte, desto größer wurden die Risiken für eine erneute Rezession, hohe strukturelle Arbeitslosigkeit, Deflation, politischen Extremismus und das Schwinden des gesellschaftlichen Zusammenhalts.

Weil andere politische Organe hartnäckig langsam reagierten, hatte die EZB keine andere Wahl, als immer weiter in das Feld experimenteller Geldpolitik vorzudringen. Im Januar 2014 hatte sie Geschichte geschrieben, als sie etwas tat, wozu sich bis dahin noch keine Zentralbank außerhalb einer schweren Finanzkrise durchgerungen hatte: Sie senkte den Zinssatz für Bankeinlagen in den negativen Bereich. Im Januar 2015 ging sie sogar noch weiter und versprach umfangreiche Käufe von Wertpapieren am freien Markt, die ihre Bilanz um 1 Billion Euro vergrößern sollten.

Auf seiner Titelseite vom 23. Januar rief das *Wall Street Journal* daraufhin eine »neue Ära« aus (Abbildung 4). Tatsächlich hatte die EZB ein umfangreiches und im Prinzip zeitlich unbegrenztes Programm zur quantitativen Lockerung (*quantitative easing*, QE) verkündet. Damit bestätigte sie die Möglichkeit, den Kanal der Vermögenseffekte als Mittel gegen Deflationserwartungen und schwaches Wachstum zu nutzen. Und um seine Entschlossenheit zu betonen, erklärte Präsident Draghi in der EZB-Pressekonferenz, man sei auch bereit, Anleihen mit negativen Renditen (ja, negativen) zu kaufen, was die Zentralbank dann tatsächlich tat.

Für eine Zentralbank, die in der Vergangenheit für ihre Weigerung bekannt war, auch nur einen Zentimeter von der orthodoxen alten Linie abzuweichen, war das eine spektakuläre Aussage – zumal ihr für geldpolitische Entscheidungen zuständiger Rat stets schwierige politische Kompromisse finden muss, die auch von den notorisch konservativen Deutschen mitgetragen werden.[40]

Während alldem freuten sich die Märkte über das anhaltende Engagement der Zentralbanken, die dadurch zu den besten Freunden der Anleger wurden. Nach vielen Wiederholungen dieses Vorgehens prägte Tracy Alloway, damals Reporterin bei der *Financial Times,* dafür den Ausdruck »Zentralbanken-Kult«.[41]

THE WALL STREET JOURNAL.

DOW JONES

FRIDAY, JANUARY 23, 2015 - VOL. CCLXV NO. 18

WSJ.com

What's News

Business & Finance

What It Takes | The ECB's bond-buying plan jolted markets

How many dollars one euro buys

ECB's balance sheet

Stock index performance

10-year government-bond yields

Bond Buys Usher In New Era

European Central Bank Launches $1 Trillion-Plus Plan; Focus Shifts to Governments

Saudi Monarch Abdullah Is Dead

Abbildung 4: Titelseite des *Wall Street Journal* vom 23.1.15 (Bildquelle: *Wall Street Journal*)

Durch wiederholte Konditionierung hatten sich Anleger angewöhnt, jedes Mal mit einer Intervention der Zentralbanken zu rechnen, wenn es ein merkliches Luftloch bei den Kursen an den Märkten gab oder sich die Wirtschaftsbedingungen wieder verschlechterten. Damit wurden selbst vernünftige Kurskorrekturen am Markt durch die fundierte Erwartung unterdrückt, dass Anleger bei Schwäche stets zugreifen sollten. Und wenn sie das taten, wurden sie ordentlich dafür belohnt.

Wiederholter und deshalb verlässlicher (zumindest in den Augen der meisten Anleger) Aktivismus der Zentralbanken ließ zwei der wirkungsmächtigsten Ausdrücke im Wörterbuch des Marktes wieder aufleben: »Goldilocks« (in etwa: Traumwirtschaft) und »große Moderation«. Angetrieben wurde ihre Renaissance von einem langen Zeitraum mit extrem niedrigen Zinsen – er war sogar so lang, dass der höchst angesehene Fed-Vizevorsitzende Stanley Fischer beim CEO Council des *Wall Street Journal* anmerkte: »Wir haben uns fast schon angewöhnt, zu denken, dass null der natürliche Wert für die Zinsen ist. Dabei ist er alles andere als das.«

Ebenfalls hatten sich die Märkte an lange Zeiträume mit ungewöhnlich niedriger Volatilität sowie an eine langsam erstarkende US-Wirtschaft und eine Zentralbank gewöhnt, die ihre Bereitschaft erklärt, »geduldig« zu sein. All das wurde als Signal für eine noch längere Zeit mit relativer wirtschaftlicher und finanzieller Ruhe verstanden, unabhängig davon, wie künstlich sie aufrechterhalten werden musste. Und ganz natürlich verführte dieses Umfeld Anleger dazu, mehr Risiken einzugehen. Unter anderem nahmen sie Kredite auf und hebelten ihre verfügbaren Mittel, um stärker bei mehreren Risikofaktoren am Markt engagiert sein zu können.

Weil »der Trend ein Freund« war, und das immer wieder, und weil die Kursvolatilität so sehr unterdrückt wurde, waren Anleger unweigerlich versucht, »mit dem Markt zu gehen« – und zwar nicht nur in immer luftigere Höhen, sondern auch dann noch, als vernünftigerweise mit einer »Wende« zu rechnen gewesen wäre. Schließlich hatten die Zentralbanken dafür gesorgt, dass sich Korrekturen stets als klein und vorübergehend erwiesen und rasch wieder rückgängig gemacht wurden. »Rationales Blasen-Reiten« wurde salonfähig, und der Anreiz dafür wurde noch verstärkt durch eine Branche, die in Bezug auf ihre absolute wie relative Performance immer kurzfristiger dachte und in der stets die Gefahr schneller Kapitalabflüsse bestand, weil nur wenige Endanleger bereit sind, ihre Renditeerwartungen nach unten anzupassen.

Für manche Anleger zeigte das Verhalten der Finanzmärkte wieder einmal zu wenig Beachtung für die wichtigen Erkenntnisse des amerikanischen Volkswirts Hyman Minsky, der mit seiner »Hypothese der finanziellen Instabilität« bekannt geworden war.[42] In kapitalistischen Volkswirtschaften, so hatte Minsky argumentiert, folgen auf Perioden mit finanzieller Stabilität unweigerlich Zeiträume mit erheblicher Instabilität.

Das Ausmaß des hier wirkenden Moral Hazard wurde immer offenkundiger. Ich weiß noch, dass ich im Oktober 2014 verwirrt darüber war, wie die Rückkehr von ein wenig Volatilität an den Markt dafür sorgte, dass angesehene Marktteilnehmer nach einem »QE4«-Programm der Fed riefen. Sie wollten also ein weiteres Programm mit umfangreichen Wertpapierkäufen, um Volatilität am Markt zu unterdrücken und die Kurse wieder künstlich zu stützen.

Zur Einordnung: In dieser Zeit legte das Wirtschaftswachstum in den USA zu und entwickelte sich (sehr langsam) in eine Richtung, die nicht mehr nur die Bessergestellten begünstigte; pro Monat (und zwar zwölf davon in Folge) entstanden damals mehr als 200.000 neue Jobs im Land. Das Verbrauchervertrauen nahm zu, und die Fed befand sich im allerletzten Stadium eines klar kommunizierten Ausstiegs aus QE3. Trotzdem brauchte es nichts weiter als ein bisschen Volatilität, ausgelöst durch Entwicklungen in anderen Teilen der Welt, um Rufe nach einem weiteren großen Kaufprogramm der Fed laut werden zu lassen.

Noch absurder wurde diese Situation dadurch, dass sich die direktesten Ziele für ein mögliches QE4 – die Zinsen für Staatsanleihen, neue Hypotheken und Eigenheimrefinanzierungen – bereits auf historisch niedrigen Niveaus befanden.[43] Die Banken liefen über vor Liquidität und hielten hohe Überschussreserven bei der Fed. Nichts sprach dafür, dass die anstehenden Zwischenwahlen Washington weniger dysfunktional machen und es in die Lage versetzen würden, endlich eine umfassende politische Reaktion zustande zu bringen, zu der die Fed eine Brücke hätte bauen können. Und auf jeden Fall hatte die überwältigende Mehrheit der amerikanischen Unternehmen und Haushalte bereits begonnen, vom jähen Fall der internationalen Ölpreise zu profitieren.

Trotzdem gab es eine ansehnliche Zahl von Personen, die es ganz natürlich fanden, ein QE4 zu verlangen. Die diesem Wunsch zugrunde liegende Verhaltenskonditionierung spricht Bände über eine hässliche Realität, mit der sich viele Zentralbanken in aller Welt jetzt auseinandersetzen müssen.

Diese Episode war eine Erinnerung daran, wie mehrere vorige Versuche, die experimentellen Elemente der Geldpolitik zu beenden, letztlich dazu geführt hatten, dass die Zentralbanken noch tiefer in sie hineingezogen wurden. Natürlich war es nicht so, dass sich die Zentralbanker dieses Problems nicht bewusst gewesen wären – das waren sie sehr wohl. Tatsächlich hatten mehrere von ihnen die Märkte in ruhigen Phasen vor kommender Volatilität gewarnt, darunter Mark Carney, Gouverneur der Bank of England. »Der Unterschied zwischen den Erwartungen des Marktes und der geldpolitischen Entscheidungsträger könnte große Auswirkungen auf die Volatilität im Finanzsystem haben«, sagte er im Januar 2015 auf dem Weltwirtschaftsforum in Davos.[44]

Und je länger die experimentelle Geldpolitik fortgesetzt wurde, desto besorgter wurde ich über die zunehmende Gefahr, dass die Zentralbanken von einem Teil der Lösung – eigentlich sogar dem einzigen bedeutenden und wirksamen Teil der Lösung – zum Teil des Problems werden könnten.

Die Bevölkerung wurde unterdessen immer unzufriedener mit dem Finanzsektor und seinen Regulierern – dafür sorgten enttäuschende Wirtschaftsdaten, wachsende Sorgen um Ungleichheit und dazu der Kursanstieg an den Finanzmärkten, die sich deutlich von der langsameren Entwicklung auf den Einkaufsstraßen abkoppelten (mehr dazu im nächsten Teil dieses Buchs). Dahinter stand weitaus mehr als bloße »Rettungsmüdigkeit«: Eine Rolle spielten (und spielen noch immer) auch tief verwurzelte Wut und ein erhebliches Vertrauensdefizit gegenüber den Zentralbanken. Denn die hatten nicht nur die exzessive Risikobereitschaft der Banken erst möglich gemacht, sondern anschließend Billionen von Rettungsdollars in den Finanzsektor gepumpt und auf diese künstliche Weise eine enorme Erholung an den Finanzmärkten herbeigeführt, von der statt der normalen Menschen auf der Main Street ebenfalls im Übermaß die Wall Street profitierte.

Tatsächlich gab es sehr wenig Verständnis für die folgende, durchaus korrekte Beobachtung von Finanzminister Timothy Geithner in seinem Buch über die Krise: »Der Präsident wusste, dass er die Wirtschaft insgesamt nicht reparieren konnte, ohne zunächst das Finanzsystem zu reparieren. Banken sind wie das Herz-Kreislauf-System der Wirtschaft, für ihr alltägliches Funktionieren so unverzichtbar wie das Stromnetz. Keine Volkswirtschaft kann ohne ein funktionierendes Finanzsystem wachsen.«[45]

Doch so sehr die »Reparatur« der Banken auch vorankam, die Realwirtschaft lahmte auf nationaler, regionaler und globaler Ebene weiterhin.

Die wichtigsten Aspekte der Misere, die große Bedeutung für das Wohlergehen heutiger und kommender Generationen haben, lassen sich in zehn Handlungsfelder einteilen, die ich im nächsten Teil vorstellen möchte.

TEIL III

VOM »WAS« ZUM »UND JETZT?«

»Was also sollen wir tun? Etwas. Irgendetwas. Hauptsache, wir sitzen nicht einfach nur da. Wenn wir etwas falsch machen, fangen wir von vorne an und versuchen etwas anderes. Wenn wir warten, bis wir alle Unsicherheiten berücksichtigt haben, ist es vielleicht schon zu spät.«

– LEE IACOCCA

Kapitel 8

Die zehn großen Herausforderungen

»Der Virus der radikalen geldpolitischen Intervention ist in den politischen Blutkreislauf der Welt eingedrungen.«

– JIM GRANT[46]

Die jüngste Achterbahnfahrt der Zentralbanken hängt zusammen mit zehn beunruhigenden Entwicklungen, die zusammen als Einleitung für den Übergang dieses Buchs vom *Was* zum *Wie, Was kommt als Nächstes, Warum* und *Na und* dienen. Dabei geht es nicht nur um die Zentralbanken selbst, sondern auch um die Zukunft der gesamten Weltwirtschaft.

Nachdem sie im Vorfeld der Finanzkrise sozusagen am Steuer eingeschlafen waren, reagierten diese mächtigen Institutionen auf beeindruckende Weise und halfen der Welt, einer globalen Depression zu entgehen. Dann wurden andere Politiker mit besseren Werkzeugen ihrer Verantwortung nicht gerecht, was die Zentralbanken zwang, sich noch länger mit lückenhaften und unvollkommenen Instrumenten zu behelfen. Dadurch sind die Ergebnisse schlechter ausgefallen als das, was erwartet wurde und auch erforderlich gewesen wäre, und die mutige und beeindruckende Reaktion der Zentralbanken kann nur zum Teil als erfolgreich angesehen werden. Und ganz gewiss ist sie nicht ohne unbeabsichtigte Folgen geblieben.

Tatsächlich ist es den Zentralbanken gelungen, die Ausbreitung verheerender Wirtschafts- und Finanzkrisen zu hemmen und auf diese Weise enormes menschliches Leid zu verhindern. Tatsächlich haben sie den Volkswirtschaften geholfen, einen Boden zu finden und von dort aus wieder zu wachsen, wenn auch nur zögerlich. Und tatsächlich haben sie die Banken gezwungen, sich zu restrukturieren und zu besinnen, und Zeit für die Gesundung von Unternehmen und Haushalten erkauft.

Angesichts all dessen sollten wir dankbar sein für ihren Mut, ihre Innovationen und ihre Entschlossenheit. Doch vor dem Hintergrund des »The-only-game-in-town«-Syndroms sollten wir nicht überrascht darüber sein, dass es den Zentralbanken nicht gelungen ist, das herbeizuführen, was die westlichen Volkswirtschaften – und die ganze Welt – am dringendsten brauchen: hohes, dauerhaftes und inklusives Wachstum zusammen mit echter Finanzstabilität. Infolgedessen waren die Maßnahmen der Zentralbanken für die Wall Street tatsächlich weitaus nützlicher als für die Realwirtschaft.

Die Zeitschrift *The Economist* hat es im Mai 2014 gut zum Ausdruck gebracht: »Niedrige Zinsen und geringe Volatilität haben auf die Preise von Vermögenswerten mehr Auswirkungen als auf reale Investitionen und bergen die Gefahr, Finanzblasen entstehen zu lassen, lange bevor eine Volkswirtschaft wieder Vollbeschäftigung erreicht.«[47]

Noch weiter ging die Bank für Internationalen Zahlungsausgleich (BIZ), die warnte, Finanzbooms könnten in den Industrienationen »den Feenstaub von eingebildetem Reichtum« verteilen.[48] Und ein Artikel im *Wall Street Journal* beschäftigte sich mit dem »Dilemma für Anleger« und hielt fest: »Geldanlage ist in diesen Tagen wie Einkaufen bei [dem Nobelkaufhaus] Neiman Marcus: Fast alles ist teuer.«[49]

Sowohl die BIZ als auch das *Wall Street Journal* berichteten von einer Sorge, die von vielen anderen geteilt wurde. Die Finanzmärkte normalisierten sich und eilten von Rekord zu Rekord, und dabei hatten sie sich recht weit von den langsamer anziehenden Fundamentaldaten abgekoppelt. Konkret hatte das unkonventionelle Vorgehen der Zentralbanken auf die Finanzmärkte viel größere Wirkung als auf die Realwirtschaft, sodass die Kurse auf Niveaus gestiegen waren, die deutlich über dem lagen, was durch die fundamentalen Bedingungen in der Wirtschaft und bei Unternehmen gerechtfertigt gewesen wäre. Je stärker diese Entkoppelung wurde, desto größer wurden die damit einhergehenden Belastungen für den gesellschaftlichen Zusammenhalt, die politische Geschlossenheit und die multilaterale Koordination.

Sie hatten getan, was sie konnten, doch noch war offen, ob die Zentralbanken Erfolg dabei haben würden, ihre Volkswirtschaften zurück auf einen nachhaltigen Pfad des inklusiven Wachstums und der dauerhaften Finanzstabilität zu bringen, und ob es ihnen gelingen würde, ihren Modus der Hyperaktivität aufzugeben, der seinerseits wirtschaftliche Probleme und finanzielle Instabilität zu verursachen drohte.

Noch heute ist nicht klar, wie die Welt mit dem zunehmenden »Auseinanderlaufen« der Geldpolitik der Zentralbanken mit der größten systemischen Bedeutung zurechtkommen wird (manche von ihnen, wie die EZB und die Bank of Japan, dürften ihre Stimulierung noch weiter beschleunigen, andere wie die Federal Reserve werden allmählich den Fuß vom Gas nehmen). Zudem könnte man sagen, dass die Zentralbanken immer stärker als »quasi-fiskalische« Organe auftreten und immer weniger als rein geldpolitische Institutionen. Vor diesem Hintergrund wird sich noch zeigen müssen, wie viel politisches Risiko für ihre hart erkämpfte Unabhängigkeit von den Regierungen und die wichtige operative Autonomie, die ihnen dadurch ermöglicht wird, sie sich eingehandelt haben.

So sehr wir es uns auch anders wünschen mögen: Acht Jahre nach dem großen Ausbruch der weltweiten Finanzkrise werden die Industrienationen weiter von zehn bedeutenden Problemen geplagt, deren schädliche Auswirkungen viele Gesichter haben und die sich auf besorgniserregende Weise selbst verstärken. Die Konsequenzen beschränken sich nicht auf die direkt betroffenen Länder. Selbst die erfolgreichsten Schwellenländer und Unternehmen in ihnen tun sich in dem von den zehn Herausforderungen geprägten neuen Umfeld schwer. Und angesichts all der beweglichen Teile und komplexen wechselseitigen Abhängigkeiten in der Weltwirtschaft sollten wir eine Anmerkung von Fed-Chef Bernanke aus dem Jahr 2010 ernst und uns stärker zu Herzen nehmen: Die experimentelle Politik der Zentralbanken, so sagte er, bedeute eine Mischung aus »Vorteilen, Kosten und Risiken«, die »ungewöhnlich unsichere Aussichten« mit sich bringe.

Je länger andere politische Institutionen brauchen, um wie die Zentralbanken ihrer Verantwortung bei der Wirtschaftssteuerung gerecht zu werden, desto größer wird die Gefahr, dass die Kollateralschäden und unerwünschten Konsequenzen durch unsere lang anhaltende Abhängigkeit von unkonventioneller Geldpolitik deren Vorteile überwiegen. Zu fürchten ist hier weniger das traditionelle Problem – ein steiler Anstieg der Inflation. Eher geht es um den Zielkonflikt zwischen sofortigem Wachstum und zukünftiger Finanzstabilität. Larry Summers hat es in einem Beitrag zu einem wichtigen E-Book, erschienen bei CEPR Press, über säkulare Stagnation so formuliert: »Wahrscheinlich werden wir einen Preis in Form von Finanzstabilität zu zahlen haben.«[50]

Wir Sie bald sehen werden, beschränken sich die vorliegenden Herausforderungen nicht auf Wachstum, Preisbildung und Finanzstabilität. Sie reichen deutlich weiter, nämlich bis zu Fragen von Ungleichheit, weltweiten Ungleichgewichten und Arbeitslosigkeit. Und ohnehin bereits schwierige wirtschaftliche und finanzielle Aspekte bekommen durch noch heiklere geopolitische, innenpolitische und gesellschaftliche Themen zusätzliche Brisanz.

Kapitel 9

Die Suche einer Generation: dauerhaftes inklusives Wachstum

»Wir wollen nicht deshalb zum Mond, weil es einfach ist, sondern weil es schwierig ist.«

– JOHN F. KENNEDY

Problem 1: Wiederholt unzureichendes und unausgewogenes Wirtschaftswachstum, das sich aus zyklischen/längerfristigen/strukturellen Belastungen ergibt, lässt erkennen, wie sehr es vielen Industrienationen noch immer an geeigneten Wachstumsmodellen fehlt.

Wie in Abbildung 5 zu sehen, haben sich die Industrienationen seit der globalen Finanzkrise enorm schwergetan, Wirtschaftswachstum zu erreichen. Und ohne Wachstum wird es für sie noch schwieriger, die Lebensstandards zu erhöhen, Armut zu verringern und in die Zukunft zu investieren.

Beim Bruttoinlandsprodukt (BIP) in der Eurozone und in Japan gibt es gewaltige Schwierigkeiten, wieder die Wachstumsraten von vor der Krise im Jahr 2008 zu erreichen. Großbritannien und den USA ist es besser ergangen. Sie wachsen stärker, denn sie profitieren von günstigeren nationalen und geopolitischen Umständen, beispielsweise von dem stärker unternehmerischen Charakter der flexibleren und optimistischeren Gesellschaft in Amerika oder der britischen Fähigkeit, überproportional hohe Investitionen aus bestimmten Teilen der Welt anzuziehen, und einer weniger ausgeprägten Anfälligkeit für die Auswirkungen der geopolitischen Spannungen in der Ukraine und Teilen des Nahen Ostens. Doch selbst diese Wachstumsraten liegen deutlich unter dem, was sowohl wünschenswert als auch möglich wäre.

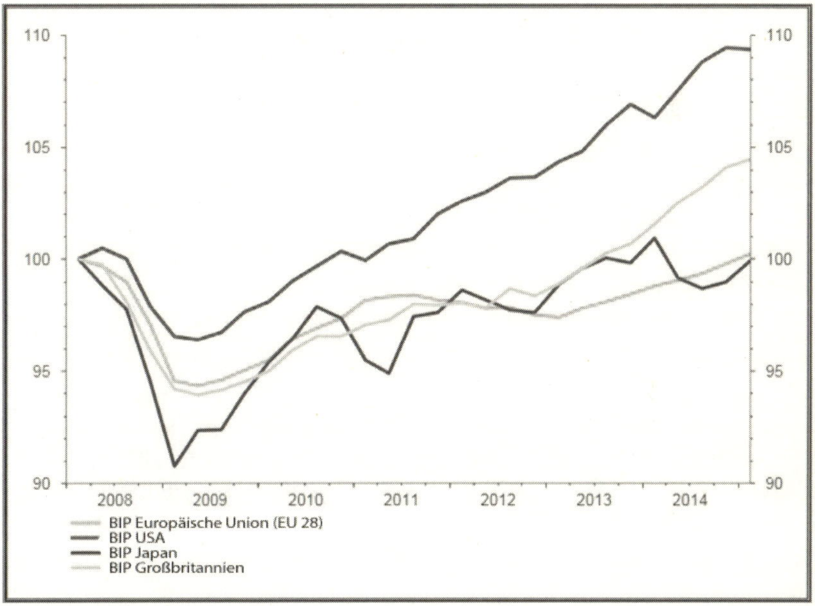

Abbildung 5: BIP-Entwicklung in den USA, in Großbritannien, in Japan und in der EU (Quelle: Thomson Reuters)

Dieses insgesamt enttäuschende Ergebnis lässt eine unschöne Realität erkennen: Zu vielen Industrienationen fehlt es an den richtigen Wachstumsmotoren. Überraschend ist das nicht, denn zuvor hatten sie eine tiefe Abhängigkeit von einem nicht nachhaltigen Ansatz entwickelt, bei dem Finanztechnik und Kreditansprüche an die Stelle echter Wachstumstreiber getreten waren. Und um alles noch schlimmer zu machen: Statt Bemühungen um Besserung zu fördern, hat die anhaltend schwache

Wirtschaftsentwicklung der jüngsten Vergangenheit es noch schwieriger gemacht, den Konsens zu erreichen, der erforderlich ist, um die Wachstumsmotoren grundlegend und dauerhaft zu überarbeiten.

Wie ich schon 2013 argumentiert habe, ist eine ziemlich lange Liste von Ländern mit der Altlast schlecht gestalteter, unzureichender und stotternder Wachstumsmotoren aus der Krise hervorgegangen: »Manche Länder (zum Beispiel Griechenland und Portugal) haben zur Ankurbelung der Wirtschaftsaktivität auf schuldenfinanzierte Staatsausgaben gesetzt. Andere (denken wir an Zypern, Island, Irland, Großbritannien und die USA) haben es mit nicht nachhaltigen Anstiegen beim Verschuldungsgrad von Finanzinstituten versucht, die bestimmte Aktivitäten des Privatsektors finanzieren sollten (z. B. Wohnimmobilien) – fast völlig ungeachtet der zugrunde liegenden Fundamentaldaten. Wieder andere (China und Korea) machten sich die scheinbar unendlich voranschreitende Globalisierung und den florierenden internationalen Handel zunutze, um Marktanteile zu gewinnen. Und eine letzte Gruppe von Ländern hat sich einfach an China angehängt.«[51]

All diese Wachstumsimpulse zurückzusetzen und neu abzustimmen, sodass sie zu den heutigen weltweiten Realitäten passen, wird eine Weile dauern. In den einfacheren Fällen erfordert es Zeit für die Heilung und nur leichte Anpassungen am aktuellen Wachstumsmodell. In vielen anderen Fällen aber ist eine grundlegende Neugestaltung der Modelle oder ein Umstieg auf vollkommen neue nötig. Zu diesen zählen Länder wie Griechenland, das kaum Chancen auf eine Rückkehr zu Wohlstand hat, wenn es dort nicht zu einer weitreichenden Neudefinition der Art und Weise kommt, wie sich Wachstum erreichen und teilen lässt – und zwar nur dann, wenn man zusätzlich davon ausgeht, dass die Schuldenlast des Landes deutlich verringert wird.

Je länger es unserer Weltwirtschaft an genügend unterschiedlichen Wachstumsmotoren mangelt, desto größer wird die Versuchung (und die Wahrscheinlichkeit) dafür, dass manche Länder versuchen, Wachstum von anderen zu »stehlen«, statt sich aus eigener Kraft darum zu bemühen. Wie in der alten Zeit werden einige als wichtigstes Mittel dafür ihre Wechselkurse einsetzen.

Indem sie ihre Währungen abwerten, versuchen Länder, Marktanteile von anderen Staaten zu gewinnen, denn ihre Exporte werden dadurch billiger und Importe teurer. Tatsächlich ist dies mit der erwähnenswerten

Ausnahme der USA und (bis August 2015) Chinas das Mittel, zu dem die überwältigende Mehrheit der Volkswirtschaften der Welt zuletzt gegriffen hat – große wie kleine, manche bewusst und manche unbewusst. Und bislang waren die USA als eine relativ geschlossene Volkswirtschaft, in der Außenhandel einen eher kleinen (allerdings wachsenden) Anteil des BIP ausmacht, das einzige bedeutende Land, das dazu bereit war, eine deutliche Aufwertung seiner Währung hinzunehmen, und es sich leisten konnte, Wachstumsimpulse auf andere Länder zu übertragen. Doch auch für sie gibt es Grenzen dabei, vor allem weil sich ihre Unternehmen im internationalen Wettbewerb zunehmend schwertun.

Die Manipulation von Währungen ist (unter den meisten Umständen) ein Nullsummenspiel – manche sprechen sogar von einem versteckten Währungskrieg. Außerdem hatten die Industrienationen (einzeln und als Kollektiv) bekanntlich bislang nur mäßigen Erfolg darin, ein »Abheben« der Wirtschaft zustande zu bringen, sodass in ihnen eine gewisse Müdigkeit in Bezug auf Anpassungen und Reformen entstanden ist. Zu beobachten ist dies in Teilen der Eurozone sowie in bestimmten Segmenten der japanischen Gesellschaft und in den Schwellenländern. Als nachvollziehbare Folge davon waren manche Regierungen versucht, zu den alten, erschöpften Wachstumsansätzen zurückzukehren (wie in Brasilien), ohne sich um deren begrenzte Wirksamkeit sowie die potenziellen Kollateralschäden und unerwünschten Konsequenzen zu kümmern.

Ein besonders akutes Problem ist dies für Länder, die immer noch mit gewaltigen Schuldenlasten zu kämpfen haben. Denken wir an Griechenland, wo die Bekämpfung des dramatischen BIP-Einbruchs (Abbildung 6), wie oben erwähnt, eine Komplettrenovierung des Wachstumsmodells erfordert. Hier handelt es sich um ein Land, in dem die Schwierigkeiten der vergangenen sieben Jahre den gesamten Fortschritt zunichtegemacht haben, den die ärmeren Menschen in seiner Bevölkerung in den 28 Jahren zuvor erreicht hatten.[52] Insofern ist nicht weiter überraschend, dass die Mehrheit der griechischen Bürger kaum Erleichterung durch die Aktivitäten der Regierung unter Antonis Samaras in den Jahren 2012 bis 2014 verspürte, die das Haushaltsdefizit verringern, die Steuerverwaltung verbessern, Ausgabenineffizienzen reduzieren, das Handelsdefizit verringern, das Bankensystem stärken sowie Transparenz und Verantwortlichkeit der Regierungsarbeit erhöhen sollten.

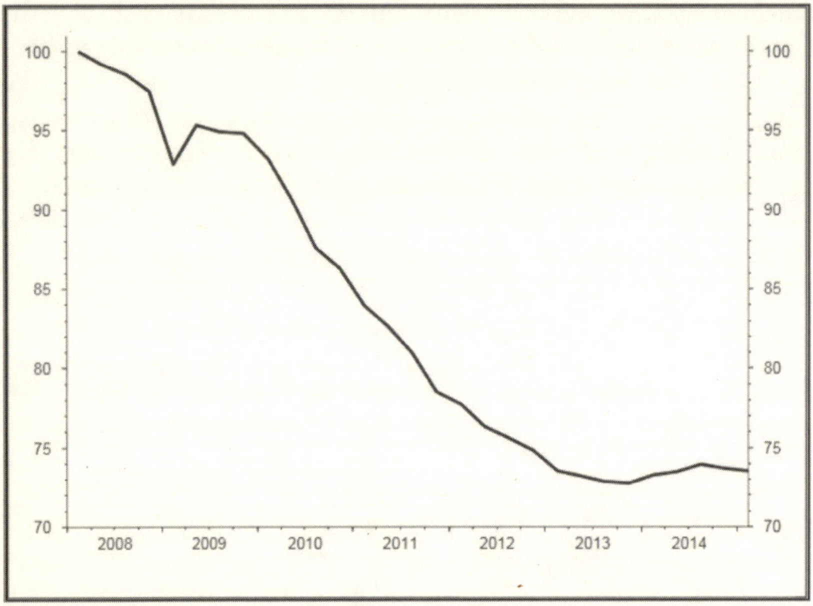

Abbildung 6: BIP in Griechenland (2008 = 100) (Quelle: Thomson Reuters)

Die meisten dieser Maßnahmen erforderten bedeutende Opfer vonseiten einer Bevölkerung, die schon vorher von Arbeitslosigkeit und Lohnkürzungen hart getroffen worden war. Weil sie sich kaum dagegen wehren und obwohl sie es sich am wenigstens leisten können, mussten die Armen des Landes die schwersten Lasten tragen. Wenig überraschend entschieden sich die Bürger bei den Parlamentswahlen 2015 deshalb für etwas, was sie für einen völlig anderen Ansatz unter einer von Syriza, der »Koalition der Radikalen Linken«, geführten Regierung hielten. Doch selbst diese neue, schwungvolle Regierung, angeführt von dem charismatischen und geschickten Premierminister Alexis Tsipras, tat sich schwer damit, dem bestehenden System die Stirn zu bieten und die erforderliche politische Wende herbeizuführen. Nach monatelangen quälenden Verhandlungen, Kapitalverkehrskontrollen, einer Volksabstimmung, wiederholten »Wer-zuckt-zuerst«-Spielen und einer dreiwöchigen Schließung der griechischen Banken war die Regierung gezwungen, mehr desselben zu tun – der sogenannte »Weitermachen-und-so-tun-als-ob«-Ansatz (*extend and pretend*).

Unzureichendes Wachstum war auch für Italien und natürlich Japan (Abbildung 7) ein hartnäckiges Problem. Tatsächlich ist es sogar so weit verbreitet, dass selbst Länder wie etwa Deutschland, die es geschafft haben, Reformen umzusetzen und dem Locken des Finanzwesens zu widerstehen, Schwierigkeiten haben, sich von dem, was um sie herum geschieht, nicht in Mitleidenschaft ziehen zu lassen.

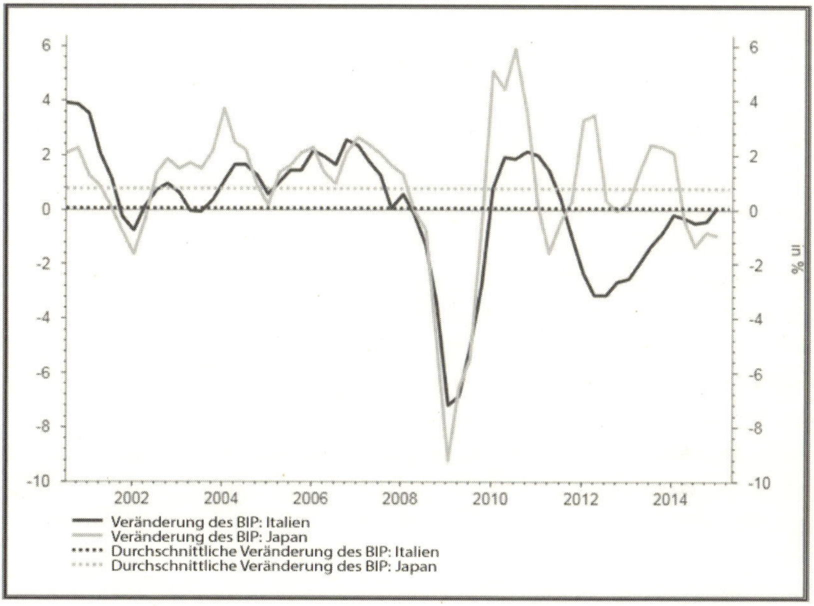

Abbildung 7: Wachstum in Italien und Japan in den vergangenen 15 Jahren (Quelle: Thomson Reuters)

Nachdem sie anfangs auf rein zyklische Hemmnisse für einen kraftvollen Aufschwung nach der Krise fixiert gewesen war, hat die Zunft der Ökonomen inzwischen eine analytische Aufholjagd zu dieser Realität begonnen. Es war interessant zu beobachten, wie sich die Konsensmeinung verändert hat. Meine früheren Kollegen bei PIMCO und ich hatten natürlich beste Voraussetzungen dafür.

Wie viele von Ihnen wissen dürften, hat PIMCO nach mehreren Runden an Diskussionen unter seinen Anlageexperten im Mai 2009 erstmals das Konzept der »neuen Normalität« formuliert.[53] Die Idee dahinter war recht einfach und zeigte unsere Einschätzung zu den Nachwirkungen der massiven finanziellen und wirtschaftlichen Ungleichgewichte, die zur globalen Finanzkrise geführt hatten.[54]

Einfach ausgedrückt, glaubten wir nicht mehr daran, dass die Industrienationen nach der Finanzkrise wieder zu ihren traditionellen Zyklen zurückfinden würden.[55] Tatsächlich schrieb ich im Mai 2014 in einem Artikel, in dem ich auf die Entwicklung des Konzepts der neuen Normalität zurückblickte: »Ähnlich wie in einem alten Sketch von Monty Python sollte sich die Krise als deutlich mehr als eine ›Fleischwunde‹ erweisen. Statt eines raschen Sprungs zurück zum Wachstum (die gummibandartige ›V‹-förmige Erholung) blieb die Wirtschaftsaktivität anhaltend träge und die Arbeitslosigkeit ungewöhnlich hoch.«[56]

Nachdem mir der Ausdruck »neue Normalität« im Januar 2009 eingefallen war, stellte ich ihn in einer Sitzung des Anlageausschusses meinen Kollegen vor. Um zu prüfen, ob sich noch besser verdeutlichen ließe, dass dieser Aufschwung kein konventioneller sein würde, spielten wir etwas mit verschiedenen Kombinationen von »neu« und »Normalität« sowie mit ähnlichen Konzepten (wie »stabiles Ungleichgewicht«) herum. Nachdem wir mehrere Kombinationen probiert hatten, darunter auch die »neue Abnormität«, entschieden wir uns für die ursprüngliche »neue Normalität«. Mit diesem Ausdruck wollten wir signalisieren, dass dieser ungewöhnliche Zustand vermutlich längere Zeit anhalten würde – tatsächlich für mindestens fünf Jahre (was für Vorhersagen in der Welt des Anlagemanagements übrigens eine Ewigkeit ist).

Wie sich später herausstellte, waren wir nicht die Ersten, die diesen Ausdruck benutzten. Rich Miller, ein renommierter Wirtschaftsreporter bei Bloomberg News, hatte ihn schon vor uns verwendet. Mir war das nicht bewusst gewesen, aber ich wurde von ihm später in seiner wunderbar konstruktiven und freundlichen Art darauf hingewiesen.

Das Konzept der neuen Normalität fand zunächst nicht viel Anklang. Tatsächlich durchlief es die klassischen Stadien: Erst wurde es lächerlich gemacht, dann gab es Widerstand dagegen, und erst am Ende wurde es akzeptiert. Ich erinnere mich noch daran, wie ich besonders irritiert darüber war, als eine Person aus dem öffentlichen Sektor es im Jahr 2009 als »idiotisch« bezeichnete.

Trotz des ungeheuren Ausmaßes der anhaltenden wirtschaftlichen Verwerfungen waren viele noch Geiseln des konventionellen Denkens in

Zyklen, das der Politik viele Jahrzehnte über gute Dienste geleistet hatte – man hing also der Vorstellung an, dass sich Industrienationen in Konjunkturzyklen um einen relativ robusten und stabilen Wachstumspfad herum entwickeln. Daraus ergab sich der irrige Glaube, dass dem steilen Abschwung der Jahre 2008 und 2009 eine wie am Gummiband gezogene Erholung folgen würde.

Zunächst wurde die Reaktion, die ich aus offiziellen Kreisen auf das Konzept der neuen Normalität in den Industrienationen erfuhr, noch skeptischer. Denn ich erklärte, beim Formulieren der richtigen Antwort darauf sei die Politik gut beraten, die Erfahrungen der Schwellenländer zu beachten und von ihnen zu lernen. Schließlich waren diese Volkswirtschaften lange Zeit über stärker von längerfristigen und strukturellen Faktoren geprägt als von zyklischen.

Was mir damals nicht klar war: All das zeigte in Wirklichkeit nur die Schwierigkeiten, die der Apparat der politischen Entscheidungsfindung sowie andere Bereiche der Gesellschaft damit hatten, sich an neue Umstände anzupassen. Selbst als allmählich unübersehbar wurde, dass die Industrienationen tatsächlich vor einer ungewöhnlichen Herausforderung standen, wurde unser Konzept noch als »zu fatalistisch« bezeichnet. Das war es aber nicht. Das Argument lautete schlicht, dass Politiker anders denken und eine offenere Einstellung entwickeln müssen, wenn sie zu einer echten Erholung ihrer Volkswirtschaften beitragen wollen.

Und so blieb die anfängliche Reaktion deutlich hinter dem zurück, was nötig gewesen wäre. Wertvolle Zeit ging verloren. Als die politischen Entscheidungsträger 2012 und 2013 endlich anfingen zu begreifen, war das politische Umfeld nicht mehr günstig für die dringend erforderliche mutige und ganzheitliche Reaktion. Gleichzeitig taten viele Meinungsführer Erkenntnisse aus anderen Teilen der Welt weiterhin als irrelevant ab, und zwar nicht nur solche aus den Schwellenländern.

Zu Beginn der Krise hatten viele Ökonomen und Politiker aus dem Westen selbstbewusst gesagt, es könne bei uns »nicht zu japanischen Verhältnissen kommen«.[57] Tatsächlich hatten nicht wenige von ihnen der japanischen Regierung zuvor überzeugt erklärt, was sie hätte tun können und noch tun könne, um verlorene Jahrzehnte zu verhindern. Allerdings unterschätzten die Experten dabei gravierend, wie schwierig es ist, nach einer Blase wieder zu einem Aufschwung zu kommen – wie ich im Jahr 2011 schrieb, schulden sie Japan deshalb eigentlich eine Entschuldigung.[58]

Wenn man sich vor Augen führt, wie sehr die schwache Erholung nach der Krise in Europa und Amerika weiterhin negativ überraschte, dürfte sich eine ganze Reihe von ihnen heute sehr geläutert fühlen.

Nach alldem kam es im Jahr 2014 jedoch zu einem recht breiten Bewusstseinswandel. Als Reaktion auf überwältigende Belege für wirtschaftliche Mittelmäßigkeit nach der Krise erreichten die Erkenntnisse zur neuen Normalität doch noch den Mainstream. Im Zuge dessen wurden zwei alternative Bezeichnungen dafür ins Spiel gebracht – eine davon raffinierter, die andere prägnanter.

In einer eindrucksvollen Rede im Februar 2014 stellte Larry Summers das Konzept einer »säkularen Stagnation« vor;[59] die enttäuschende Wirtschaftsentwicklung in den Jahren zuvor habe bedeutende strukturelle Komponenten, die dazu führen könnten, dass sie noch länger anhält, argumentierte er. Anfangs begrenzt auf Ökonomen- und Politikerkreise, gewann Summers' Formulierung im April 2015 an Popularität. Auslöser dafür war eine ungewöhnliche Blog-Diskussion zwischen Summers und dem früheren Fed-Chef Bernanke – auch diese drehte sich um die relative Bedeutung von längerfristigen/strukturellen Faktoren auf der einen und zyklischen auf der anderen Seite.

Sechs Monate zuvor hatte sich Christine Lagarde, Chefin des Internationalen Währungsfonds und frühere französische Finanzministerin, für eine bodenständigere Formulierung entschieden: Bei Vorträgen vor den Jahresversammlungen von IWF und Weltbank in Washington, D. C. wählte sie für das Phänomen der neuen Normalität den Ausdruck »neue Mittelmäßigkeit«.[60]

Doch egal wie man es nennt – für dieses ungewöhnliche und besorgniserregende Phänomen wurden unterschiedliche Erklärungen vorgebracht. Sie reichten von der Schwierigkeit, aus einer Liquiditätsfalle zu entkommen, und den problematischen Aspekten einer Bilanzrezession bis zu veränderten Produktivitätstrends, Mangel an Infrastrukturinvestitionen, den Folgen von hohen Altschulden, demografischen Entwicklungen und dem »Rennen gegen die Maschine«. All dies sind tatsächlich Faktoren, die erstens das aktuelle Wachstum einer Volkswirtschaft unter seinem Potenzial halten und zweitens auch das zukünftige Wachstumspotenzial verringern. Darüber hinaus gab es einige Versuche, diese Faktoren in umfassenden analytischen Modellen für säkulare Stagnation zu formalisieren, zum Beispiel von Gauti Eggertsson und Neil Mehrotra, die ein interessantes neokeynesianisches Modell mit Berücksichtigung mehrerer Generationen vorschlugen.[61]

Aufbauend auf den Überlegungen des renommierten US-Ökonomen Alvin Hansen erklären Eggertsson und Mehrotra, warum konventionelle Mechanismen der Selbstkorrektur nicht immer eine echte Erholung auslösen.[62] Der Hauptgrund dafür ist ein Überangebot an Ersparnissen, das durch einen dauerhaften Entschuldungsschock, langsameres Bevölkerungswachstum und zunehmende Ungleichheit entsteht. Dadurch wird das Wachstum immer wieder gebremst, was dazu führen kann, »dass die üblichen Regeln der Ökonomie auf den Kopf gestellt werden«. Auf dieser Grundlage zeigen die Autoren, warum auch eine »permanente Konjunkturschwäche« möglich ist.

Die inländischen Schwierigkeiten der einzelnen Volkswirtschaften wurden noch verstärkt durch globale Interaktionen, bei denen unter anderem Probleme eine Rolle spielten, unterschiedliche Umstände und Vorgehensweisen der einzelnen Länder miteinander in Einklang zu bringen. Kurz nachdem der damalige Fed-Präsident Bernanke das neue Stadium des Fed-Aktivismus signalisiert hatte, beobachtete Martin Wolf im Oktober 2010 in der *Financial Times*, die USA würden versuchen, »anderen Ländern mit der Notenpresse ihren Willen aufzuzwingen. Die USA werden diesen Krieg gewinnen, auf die eine oder andere Weise: Entweder sie inflationieren den Rest der Welt oder sie erzwingen einen Anstieg der nominalen Wechselkurse der anderen Währungen gegenüber dem Dollar.«[63] Entweder würde die experimentelle Stimulierungspolitik der Fed also als Beispiel dienen, dem andere Länder sofort folgen, oder sie würde die Ausnahme bleiben, was eine Abschwächung des Dollar gegenüber anderen Währungen zur Folge haben und den USA die Möglichkeit geben würde, Wachstum von anderswo zu stehlen.

Martin Wolf behielt recht, wobei allerdings beide Möglichkeiten eintraten, und zwar nacheinander. Anfangs schloss sich nur die Bank of England der Fed an, während die Bank of Japan und die EZB stillhielten. Infolgedessen verlor der Dollar zunächst deutlich an Wert gegenüber Euro und Yen. Dadurch gerieten andere Länder unter Druck, was dazu beitrug, dass erst die Bank of Japan und dann auch die EZB ebenfalls mit unkonventionellen Maßnahmen begannen.

Insgesamt hatten die USA Erfolg damit, sich vom Rest der Welt abzusetzen. Aber ihr Ausbruch reichte nicht aus, um zur Lokomotive für die gesamte Weltwirtschaft zu werden. Später versuchten andere Länder, mit den USA das zu machen, was diese mit ihnen gemacht hatten (also de facto den Wechselkurs als Instrument ihrer Politik zu benutzen), und die Wachstumslücke wurde kleiner. Währenddessen entwickelte sich das weltweite Wirtschaftssystem jedoch nicht so, dass globale Prosperität und Finanzstabilität wiederhergestellt worden wären.

Diese Entwicklungen und Beobachtungen lassen das ungewöhnliche Risiko einer noch längeren Konjunkturschwäche in den Industrienationen erkennen. Wenn es darum geht, daraus konkrete Handlungsempfehlungen abzuleiten (was man durchaus tun sollte), besteht natürlich stets die Gefahr, zu stark zu vereinfachen. Trotzdem zeigen sie, dass die vier folgenden, weiter oben bereits erwähnten politischen Defizite sämtlich gleichzeitig angegangen werden müssen: 1) fehlende Strukturreformen zur Überarbeitung der Wachstumsmotoren, 2) das Missverhältnis zwischen Ausgabenfähigkeit und -bereitschaft bei der Gesamtnachfrage, 3) anhaltende Schuldenüberhänge, welche die bestehende und neue Produktionskapazität schwächen, und 4) das unvollendete regionale Integrationsprojekt in Europa zusammen mit weiteren multilateralen Engpässen.

Meiner Meinung nach würde sich, wenn man eine große Zahl von Ökonomen in einem Raum zusammenbrächte, eine überwältigende Mehrheit finden, die diese vier politischen Schlussfolgerungen als valide ansieht – auch wenn es unterschiedliche Meinungen über ihre relative Bedeutung geben könnte. Der Mangel an Einigkeit in diesem Punkt wäre aber gewiss keine Rechtfertigung dafür, auf umfassende politische Maßnahmen gänzlich zu verzichten, insbesondere wenn man an das verstörende Beispiel der zwei »verlorenen Jahrzehnte« in Japan denkt, das hinter alldem lauert.

Nicht nur die Dynamik des Wachstums in der Realwirtschaft muss analytisch noch genauer untersucht werden. Gleichzeitig bemühen sich Ökonomen darum, auch die Preisdynamik besser zu verstehen – konkret geht es hier um die Analyse der anhaltenden disinflationären Kräfte, die von der Basis einer ohnehin bereits niedrigen Inflation (der sogenannten *lowflation*) aus die schädlichen Wirkungen von exzessiver Verschuldung und wenig Wachstum noch verstärken.

Je mehr Menschen für die Zukunft mit sinkenden Preisen rechnen, desto höher ist die Wahrscheinlichkeit, dass sie weitere Ausgaben verschieben. Also unterminieren sie das Interesse von Unternehmen daran, ihre Produktionskapazität zu erhöhen und in neue Anlagen zu investieren.

Ebenfalls versuchen Ökonomen herauszufinden, wo sich die »neutralen« Zinssätze (also die Höhe der Leitzinsen, die sich mit stabiler Inflation vereinbaren lassen) einpendeln dürften, wenn die Industrienationen endlich der Liquiditätsfalle entkommen sind und wieder eine höhere Gleichgewichtswachstumsrate erreichen. Allgemein herrscht Einigkeit darüber, dass die neuen Gleichgewichtszinsen unter ihren historischen Durchschnitten liegen dürften. Über die Frage, wie sehr, gehen die Meinungen jedoch noch weit auseinander.

Die fieberhafte Aufholjagd beschränkt sich nicht auf Ökonomen. Auch die Zentralbanken – und zwar nicht nur in Europa und Japan, wo schädliche Disinflation entweder bereits Realität ist oder ein hohes Risiko dafür besteht – beteiligen sich daran. Denn die Fed befindet sich in einer ähnlichen Lage. In einer Rede im April 2014 äußerte Präsidentin Yellen die Sorge, dass die traditionellen Ansätze der Zentralbanken möglicherweise nicht ausreichen werden, um inflationäre Faktoren zu verstehen und vorherzusagen.[64] Dabei bildet Inflation den Kern der Ziele dieser Zentralbanken, ob im Rahmen eines einzelnen Mandats (wie bei der EZB) oder eines dualen (wie bei der Fed). Wenn ihre Vertreter den Prozess der Preisbildung nicht mehr richtig verstehen, können sie kaum noch darauf vertrauen, ihren Aufgaben gerecht werden zu können.

Und dies war nur eines von vielen komplizierten Themen, mit denen sich Yellen bei ihrem Amtsantritt Anfang 2014 auseinandersetzen musste. Auch ihre drei unmittelbaren Vorgänger hatten sich schon bald nach Beginn ihrer Amtszeit bewähren müssen: Paul Volcker im Kampf gegen hohe Inflation, Alan Greenspan beim »Schwarzen Montag« (dem Einbruch des Aktienmarkts am 19. Oktober 1987) und Ben Bernanke in der globalen Finanzkrise. Keiner von ihnen aber hatte es mit einer solch breiten Ansammlung an Problemen zu tun, wie es bei Yellen war (und noch heute der Fall ist).

Ich schrieb zu dieser Zeit über das, was sie als neue Fed-Chefin erben würde: »Es ist vielleicht nicht gerade ein vergiftetes Geschenk (...), doch Yellen übernimmt eine Federal Reserve, die, wenn auch zumeist unbeabsichtigt, eine Reihe von bedeutenden und ungewöhnlichen Abkoppelungen zugelassen hat.«[65] Und die Konsequenzen davon reichen weit über das Wohlergehen nur der USA oder anderer Industrienationen hinaus.

Das Ausbleiben von nominalem BIP-Wachstum in den Industrienationen hat auch den Schwellenländern das Leben deutlich erschwert – was nicht nur an deren internen Problemen liegt, sondern auch zeigt, wie schwierig es ist, in einem globalen Finanzsystem zurechtzukommen, das durch unkonventionelle Geldpolitik unweigerlich verzerrt und immer wieder von beunruhigenden Ausbrüchen finanzieller Instabilität erschüttert wird. Beispiele dafür sind das »Taper Tantrum« von Mai und Juni 2013, der »Flash Crash« bei US-Staatsanleihen im Oktober 2014, der Schweizer Währungsschock von Januar 2015 oder die Volatilität bei den deutschen Anleihezinsen im August 2015. All das warf ein Schlaglicht auf die kombinierten Auswirkungen des ungeordneten Ausstiegs aus mit Schulden finanzierten Positionen, wenig Risikoappetit bei Börsenmaklern und anderen Intermediären sowie einer Tendenz mancher Privatanleger, bei Anzeichen für Probleme sofort zum Ausgang zu drängen.

Vertreter Brasiliens und Indiens haben sich über dieses Thema besonders deutlich geäußert, was nachvollziehbar ist. Denn vor dem Hintergrund des schwachen Wachstums in den Industrienationen und nur partieller politischer Reaktionen darauf wurden ihre Volkswirtschaften zum Opfer von volatilen und disruptiven Kapitalströmen, die viel mehr mit Entwicklungen im Ausland zu tun hatten als mit den betroffenen Ländern selbst. Die Rede ist hier von »Touristen-Dollars«, einem wichtigen Thema, das noch immer von Relevanz ist. Lassen Sie es mich deshalb so erklären, wie ich es in einem Vortrag beim Peterson Institute for International Economics versucht habe.

In Zeiträumen mit hohen Kapitalzuflüssen, ausgelöst durch eine Kombination aus schwachem Wachstum in den Industrienationen, robustem Risikoappetit und hochgradig stimulierender Zentralbankpolitik, werden Schwellenländer zum Ziel für eine enorme Anzahl an grenzüberschreitend investierenden Crossover-Fonds, deren Mittel ich auch als Touristen-Dollars bezeichne. Weil diese Fonds so viel Geld zu verwalten haben, sind die Summen, die sie in Schwellenländern investieren, für sie selbst vergleichsweise gering – aber immer noch um ein Vielfaches höher als das, was besser informierte Spezialfonds (die ich als die »Einheimischen« bezeichne) dort einsetzen. Und sie lassen sich dabei von einer anderen und volatileren Mischung von Überlegungen leiten.

Diese Art von Kapital wird weniger »angezogen« von relativ tiefgehendem Wissen über die Fundamentaldaten der Zielländer, als eher in sie »gedrückt« durch die Aussicht auf niedrige Renditen auf den traditionelleren Betätigungsfeldern dieser Fonds in den Industrienationen.

Zudem kommen diese Mittel statt von spezialisierten Mandaten meist aus allgemeiner ausgerichteten Anlagevehikeln, für die üblicherweise Vergleichsmaßstäbe gelten, die an den Finanzmärkten der Industrienationen orientiert sind. Auf der Jagd nach höheren Erträgen und/oder möglichen Kursgewinnen wagen ihre Anlagemanager den »Crossover« zu kleineren (und meist nicht in ihrem Vergleichsindex enthaltenen) Marktsegmenten.

Wenn sie erst einmal da sind, dauert es nicht lange, bis sich zeigt, dass diese Crossover-Gelder auf weniger Überzeugung beruhen und weniger Ausdauer haben als die von Spezialfonds. Insofern verhalten sie sich häufig eher wie Touristen als wie Einheimische.

Beim ersten Anzeichen für Instabilität neigen sie im Grunde dazu, zum Flughafen zu rasen, um schnell wegzukommen; dies kann selbst dann passieren, wenn die ursprüngliche Quelle der Instabilität wenig mit den Schwellenländern selbst zu tun hat (so war es zum Beispiel beim »Taper Tantrum« im Mai und Juni 2013, als die Finanzmärkte verstört waren von der Aussage des Fed-Präsidenten Bernanke, die Zentralbank könne bald mit dem Zurückfahren ihrer Unterstützung durch QE-Programme beginnen).

Touristen-Anleger neigen meist dazu, Geld nur für begrenzte Zeit in Schwellenländern zu investieren. Sie haben eine klare Vorliebe für ihre Heimatmärkte und reagieren auf unerwartete Nachrichten häufig übertrieben.

Die daraus entstehenden Schwankungen bei den Kapitalzu- und -abflüssen können die Finanzmärkte in der Welt der Schwellenländer leicht überfordern. Zur Erinnerung: Diese Kapitalströme richten sich nicht hauptsächlich nach den Fundamentaldaten der einzelnen Länder. Eher sind sie das Produkt von Kreditfabriken in der westlichen Welt und der dortigen Zentralbankpolitik. Und gemessen an der Aufnahmekapazität des lokalen Finanzsystems sind sie eben riesig.

Soweit ich weiß, hat noch kein Schwellenland eine überzeugende politische Antwort auf diese Herausforderung gefunden – und zwar nicht etwa deshalb, weil es nicht versucht wurde. Damit ist ihre Wirtschaftsentwicklung erheblichen Belastungen ausgesetzt.

Niemand hat sich wohl deutlicher und kenntnisreicher über diese Themen geäußert als Raghuram »Raghu« Rajan, der hoch angesehene und kluge ehemalige (bis September 2016) Gouverneur der indischen Zentralbank, dessen beeindruckende Laufbahn eine Professur an der University of Chicago, die Leitung der Forschungsabteilung beim IWF und eine frühe Warnung vor der Finanzkrise (bei keinem weniger passenden Anlass als der Zentralbanken-Konferenz 2006 in Jackson Hole) umfasst. Mit seinen Überlegungen hat er frischen Wind in die höchsten Ebenen des weltweiten politischen Dialogs gebracht.

Zwei Episoden sind besonders erwähnenswert, denn sie zeigen eindrücklich, wie Rajans Kollegen in der Zentralbankenwelt auf Aussagen von ihm reagierten, durch sie in die Defensive gerieten.

Im April 2014 fand eine Konferenz der Brookings Institution statt – eine von vielen, die im Umfeld der Frühjahrstagungen von IWF und Weltbank in Washington abgehalten werden. Dort warnte Rajan vor den negativen Nebenwirkungen der experimentellen Geldpolitik in den Industrienationen auf die Schwellenländer.[66] Diese Bemerkungen waren eigentlich nicht besonders ungewöhnlich, und Rajan war gewiss nicht der Erste, der auf das Problem hinwies.

Trotzdem reichten seine Äußerungen aus, um eine ziemlich heftige Reaktion von Bernanke auszulösen, der im Publikum saß. Seit Anfang des Jahres war er nach dem Ende seiner Amtszeit als Fed-Präsident Distinguished Fellow in Residence bei der Brookings Institution.

Rajan antwortete seinerseits darauf. Weil die Diskussion im Internet übertragen wurde, wurde die Welt Zeuge eines in der höflichen Welt der Zentralbanken ziemlich ungewöhnlichen Ereignisses: Beinahe wäre es zu einem offenen Streit zwischen zwei hoch angesehenen Zentralbankern aus verschiedenen Ländern gekommen.

Bernanke wiederholte die Argumente, die schon zuvor von anderen Vertretern der Industrienationen vorgebracht worden waren. Dabei lag die Betonung darauf, dass es sich bei der verfolgten Geldpolitik um »inländische Maßnahmen« zur Erreichung »inländischer Ziele« handele; Erfolg bei diesen Zielen werde höheres Wachstum bringen, was gut für alle sei, und wenn es negative Auswirkungen auf Schwellenländer gebe, dann sei es Sache der dortigen Behörden, mit rechtzeitigen politischen Anpassungen darauf zu reagieren (mehr dazu etwas weiter unten).

Die zweite Episode spielte sich im Oktober 2014 bei dem am Anfang dieses Buchs erwähnten Symposium der Banque de France ab. Wieder saß Gouverneur Rajan auf dem Podium, und erneut machte er einige bemerkenswert überlegte Aussagen über strukturelle Probleme für Zentralbanken und die Volkswirtschaften der Industrienationen im Allgemeinen. Doch seine Bemerkungen wurden nicht etwa zum Auslöser für eine dringend benötigte Diskussion über dieses Thema. Stattdessen wurde Rajan höflich übergangen und vom Moderator als Mitglied der »BIZ-Brigade« bezeichnet; dies war eine Anspielung auf die Arbeit der Bank für Internationalen Zahlungsausgleich, die sich in den Jahren zuvor auf die besorgniserregenden Nebenwirkungen unkonventioneller Geldpolitik konzentriert hatte, beispielsweise auf die Verzerrung des Zusammenhangs zwischen Märkten und Fundamentaldaten, ohne dass dies ein wirksames Gegenmittel gegen unzureichendes Wachstum gewesen wäre.[67]

Ob es daran lag, dass die hohen und volatilen Touristen-Kapitalströme schlicht zu hoch sind, oder daran, dass die Schwellenländer nicht fähig oder nicht bereit sind, ihre eigene Politik richtig anzupassen: Die Folge war langsameres Wachstum in den Schwellenländern insgesamt, und zwar so sehr, dass dieser wichtige Teil der Weltwirtschaft nicht mehr als robuste Wachstumslokomotive für den Rest der Welt dienen kann. Dabei hatten sie diese Rolle nach der Finanzkrise 2008 gut ausgefüllt, was sehr hilfreich dabei war, die Abwärtsrisiken für die Industrienationen zu verringern. Mittlerweile jedoch gibt es in den meisten der systemisch wichtigen Schwellenländer entweder eine Wachstumsverlangsamung (etwa in China, Indien und der Türkei), oder sie stecken schon in der Rezession (wie Brasilien und Russland), sodass sie selbst zu einer Belastung für das weltweite Wachstum geworden sind.

Insgesamt lässt sich sagen: Aus der schwierigen Jagd der Industrienationen nach Wachstum ist ein allgemeines Wachstumsdefizit für die ganze Welt geworden. Währenddessen wurde die Suche nach neuen Wachstumsmotoren noch schwieriger, der Einsatz ist höher und die Konsequenzen beschränken sich nicht mehr auf wirtschaftliche und finanzielle: Wie ich später in diesem Buch noch erläutern werde, haben sie mittlerweile auch bedeutende gesellschaftliche, politische, institutionelle und geopolitische Dimensionen.

Das geringere Wachstum in den Schwellenländern insgesamt ist nicht das einzige wichtige Thema in diesem Zusammenhang. Hinzu kommt eine weitere Komplikation, nämlich zunehmend unterschiedliche Aussichten für die Zukunft, sowohl innerhalb der als auch zwischen den Bevölkerungen der einzelnen Länder.

Einige der besser regierten Volkswirtschaften wie etwa Indien arbeiten hart daran, bessere Wachstumstreiber zum Zuge kommen zu lassen, und stürmen voran. Andere traditionell gut gelenkte Volkswirtschaften wie

China bemühen sich um eine weiche Landung mit niedrigeren Wachstumsraten, während sie ihren Entwicklungsprozess zu mehr Reife intensivieren. Unabhängig von internen wie externen Gegenwinden wird das Wachstum in beiden dieser Fälle inklusiver werden, da es weiterhin Menschen aus der Armut holt – allerdings nicht schnell genug, um eine augenfällige Ungleichheit bei Einkommen und Vermögen zu verhindern.

Andere Länder wie etwa Brasilien sehen sich mit dem alten und schwierigen Problem der Stagflation konfrontiert, also einer unschönen Kombination aus geringer Zunahme der Einkommen und hoher Inflation. Die falsche Mischung bei den politischen Reaktionen auf die vorliegenden Herausforderungen ist in solchen Fällen nicht nur keine Stütze für das Wachstum, sondern führt sogar zu weiteren Preisanstiegen, die noch mehr Druck auf die Bevölkerung ausüben, insbesondere auf ihre ärmeren Teile. Gleichzeitig wird es immer schwieriger, die Situation zu bereinigen, denn Stagflation heizt gesellschaftliche Unzufriedenheit an, und der steigende Wert des »Elendsindex« (die Summe aus Arbeitslosigkeit und Inflationsrate) macht das ohnehin schon schwierige politische Umfeld noch komplizierter.

Zur nächsten Gruppe zählen Länder wie Russland und Venezuela. Sie haben mit einer Wirtschaftsrezession, noch ausgeprägterer Währungsinstabilität und sich ausbreitenden finanziellen Disruptionen zu kämpfen – die sämtlich die Wirtschaftsaktivität ganz grundlegend beeinträchtigen. Als einfaches, aber aufschlussreiches Beispiel dafür kann die Entscheidung von Apple aus dem Dezember 2014 dienen, seine Verkäufe in Russland auszusetzen; »extreme Schwankungen beim Wert des Rubel« hätten eine Überprüfung der Preispolitik und -festlegung erforderlich gemacht, teilte das Unternehmen mit.

Die allgemeine Wachstumsverlangsamung spielt sich zu einer Zeit ab, in der mehrere Volkswirtschaften einen Teil der erheblichen Widerstandsfähigkeit, die sie sich im Vorfeld der Finanzkrise 2008 verschafft hatten, bereits wieder verbraucht haben. Von dieser Widerstandsfähigkeit hatten sie selbst und auch die Weltwirtschaft bis dahin deutlich profitiert.

Nicht nur einmal in der Vergangenheit haben Schwellenländer selbst verschuldete Schulden- und Finanzkrisen durchgemacht. Beispiele sind das verlorene Jahrzehnt für Lateinamerika in den 1980er Jahren, die mexikanische Tequila-Krise 1994 und 1995, die Asienkrise 1997, die Zahlungsunfähigkeit von Russland in 1998 und von Argentinien in 2001 und die

Brasilien-Krise 2002. Anschließend begannen viele dieser Länder umfassende Programme zur »Eigenversicherung« mit unterschiedlichen Kombinationen von fünf Schlüsselelementen, die noch heute relevant sind:

- Aufbau großer Finanzpolster in Form von Devisenreserven,
- Einführung flexiblerer Wechselkurse,
- Verringerung der Währungsinkongruenz zwischen Schulden und Vermögenswerten/Einnahmen (von Ökonomen auch als die »Erbsünde« bezeichnet),
- Rückzahlung eines Teils der Schulden und Refinanzierung eines anderen Teils zu günstigeren Bedingungen mit längeren Laufzeiten und niedrigeren Zinsen, und
- Einleiten von institutionellen Veränderungen, um eine verantwortungsbewusstere Wirtschaftspolitik und mehr Reaktionsfähigkeit zu ermöglichen.

Mit anderen Worten: Nachdem sie eine Reihe von kleinen Herzinfarkten erlitten hatten, gewöhnten sich viele Schwellenländer an, mehr Sport zu treiben, sich gesünder zu ernähren und öfter zu Vorsorgeuntersuchungen zu gehen. Als dann der große Herzinfarkt – in Form der globalen Finanzkrise 2008, ausgehend von den USA – kam, waren sie viel besser dafür aufgestellt, ihn zu überstehen. Und sie schafften mehr als nur das. Sie erholten sich schnell wieder (und zwar mit Sicherheit schneller, als die meisten Leute erwartet hatten, sowie deutlich überzeugender als andere Länder in der westlichen Welt).

Seit dieser Zeit aber brauchen die Schwellenländer ihre Reserven an Widerstandsfähigkeit zunehmend auf. Um es mit einer anderen Analogie, dieses Mal aus der Welt der Autos, zu sagen: Sie befinden sich auf einer langen und unruhigen Reise, auf der sie Schlaglöchern ausweichen müssen, die teils vom Westen, teils von ihnen selbst geschaffen wurden; den Reservereifen haben sie schon aufgezogen, und bis zur nächsten Werkstatt sind es noch viele Kilometer.

Die Finanzpolster in den Schwellenländern sind mittlerweile aufgrund gesunkener Reserven und höherer Verschuldung von Unternehmen, bei denen nach Analysen von BIZ-Mitarbeitern erhebliche Währungsinkongruenzen bestehen, weniger robust geworden.[68] Gleichzeitig scheint die Politik in zu vielen dieser Länder abgelenkt zu sein. Entweder werden die kommenden Herausforderungen unterschätzt, oder man ist mit sinnlosen Schuldzuweisungen beschäftigt.

Neben ihrer verringerten Widerstandskraft fällt auf, dass zu viele Schwellenländer politisch weniger agil geworden sind: Sie versagen beim Übergang in die nächsten Phasen einer verantwortungsbewussten Wirtschaftssteuerung, die Mikroreformen erfordern – sogenannte Strukturreformen der zweiten Generation, die technisch schwieriger umzusetzen sind und tendenziell auf stärkeren Widerstand von Interessengruppen stoßen. Trotzdem sind sie entscheidend, um das Wachstum in Gang zu halten und den Entwicklungsprozess voranzubringen.

Infolgedessen dürfte sich am schwächeren Wachstum in den Schwellenländern auf absehbare Zeit nicht viel ändern, wenn es nicht zu einem kräftigen Aufschwung in den Industrienationen kommt. Gleichzeitig gilt: Je gehemmter das Wachstum in den Schwellenländern, desto schwieriger wird auch der erhoffte Aufschwung in den Industrienationen. Alles zusammen macht die Weltwirtschaft weniger dynamisch und deutlich anfälliger für politische Fehler und Unfälle am Markt.

Kapitel 10

Verhindern, dass Arbeitslose ihre Beschäftigungsfähigkeit verlieren

»Leider denken nur sehr wenige Regierungen an Jugendarbeitslosigkeit, wenn sie Entwicklungspläne für ihr Land entwerfen.«
– KOFI ANNAN

Problem 2: In viel zu vielen Industrienationen ist die Arbeitslosigkeit immer noch zu hoch; darüber hinaus wird dieses Problem immer stärker zu einem festen Bestandteil der Struktur dieser Volkswirtschaften und damit deutlich schwieriger zu lösen.

Unzureichendes Wachstum macht es Ländern schwerer, ihre Probleme mit Arbeitslosigkeit zu überwinden. Dies gilt insbesondere für manche Teile Europas, in denen eine allgemein hohe Arbeitslosenquote mit alarmierenden Werten speziell bei jungen Menschen einhergeht (Abbildung 8).

In zu vielen Ländern sind die Zahlen schrecklich. Anfang 2015 hatte zum Beispiel Griechenland immer noch mit einer Arbeitslosenquote von 25 Prozent in der Gesamtbevölkerung und von 50 Prozent unter jungen Menschen zu kämpfen. Exzessiv hohe Arbeitslosigkeit in anderen Volkswirtschaften der Eurozone – zum Beispiel in Frankreich, Italien oder Spanien – hat den Durchschnitt für die Region insgesamt auf mehr als

10 Prozent getrieben, und das trotz Beschäftigungsrekorden in Deutschland, der größten Volkswirtschaft der Region.

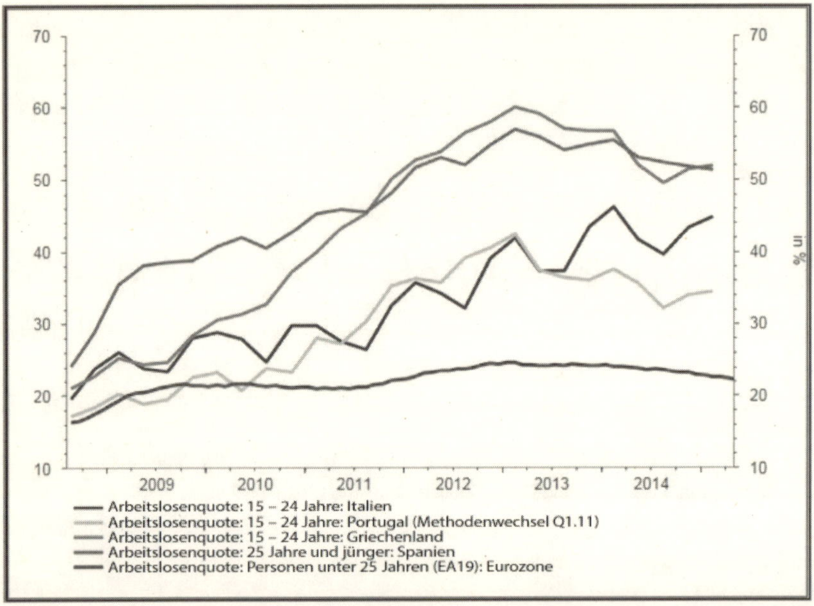

Abbildung 8: Arbeitslosenquote unter jungen Menschen in einigen europäischen Ländern (Quelle: Thomson Reuters)

Die USA sind bei der Verringerung der Arbeitslosigkeit zwar besser vorangekommen, doch auch dieser Prozess erwies sich als ungewöhnlich langwierig. Es dauerte mehrere Jahre, bis die Wirtschaft genügend Schwung bekommen hatte, um letztlich dynamischer als irgendwo sonst im Westen neue Stellen entstehen zu lassen. Trotzdem bleiben hohe Langzeitarbeitslosigkeit, exzessive Jugendarbeitslosigkeit und auffällige Ungleichheit in Bezug auf Bildung und Herkunft bestehen. Die damit einhergehenden Gefahren kann man kaum zu sehr betonen.

Erinnern wir uns: Schlichte Demografie führt dazu, dass jedes Jahr Menschen neu auf den Arbeitsmarkt kommen. Wenn die beunruhigend hohe Jugendarbeitslosigkeit anhält, bedeutet das, dass für diese Gruppe junger Menschen die Gefahr besteht, nicht nur arbeitslos zu sein, sondern überhaupt nicht mehr beschäftigungsfähig. Dies ist eine höchst bedeutsame und verheerende Entwicklung. Sie erhöht die Gefahr, dass Europa nicht nur ein »verlorenes Jahrzehnt« bevorstehen könnte, sondern vielleicht die noch alarmierende Aussicht auf eine ganze »verlorene Generation«. Dies wiederum würde nicht nur den gesellschaftlichen Zusammenhalt gefährden, sondern auch die Funktionsfähigkeit von Demokratien.

Beginnen wir mit den wirtschaftlichen Auswirkungen. Ohne Zweifel bedeutet anhaltend hohe Arbeitslosigkeit ungenutzte Produktionsmöglichkeiten, erhöht den Druck auf den Staatshaushalt und verstärkt das Problem der unzureichenden gesamtwirtschaftlichen Nachfrage. Und sie belastet die sozialen Sicherungsnetze, die in vielen Fällen bereits heute stark beansprucht sind.

Diese Probleme betreffen zudem nicht nur das Hier und Jetzt. Angesichts negativer Rückkopplungsmechanismen zwischen zu wenig Wachstum und hoher Arbeitslosigkeit werden sie sich auch in Zukunft noch bemerkbar machen.

Zu wenig Wachstum macht es deutlich schwieriger, neue Stellen zu schaffen und eine gute Bezahlung für diejenigen aufrechtzuerhalten, die das Glück haben, noch beschäftigt zu sein. Unzureichende Arbeitsplatzzuwächse und Lohnzurückhaltung wiederum verringern sowohl das tatsächliche als auch das potenzielle Wachstum, was Wachstum in der Zukunft noch schwieriger macht. Wie der Fed-Vizevorsitzende Stanley Fischer in seiner Rede über die »Große Rezession« im August 2014 in Stockholm erklärte, verstärkt ein schwacher Arbeitsmarkt die Sorgen in Bezug auf das längerfristige Produktionspotenzial einer Volkswirtschaft.[69] Dies gelte auch dann, wenn hartnäckig »beträchtliche Unsicherheit« in Bezug auf das relative Gewicht von strukturellen und längerfristigen Hemmnissen für mehr Arbeitsplätze und höhere Löhne besteht.

Zu den wirtschaftlichen Problemen kommen noch finanzielle, geopolitische, politische und gesellschaftliche Faktoren hinzu.

Langzeitarbeitslosigkeit macht es für Einzelpersonen wie für die Gesellschaft als Ganzes schwieriger, Schuldenlasten abzutragen – unter anderem von daher kommen die anhaltenden Schuldenüberhänge in Teilen Europas und die zunehmenden Sorgen über Studentenkredite in den USA. Zusammen mit zunehmender Ungleichheit (siehe das nächste Problem) ist das ein Faktor, der schwere Schäden an der sozialen Integrität und dem Wohlergehen der Gesellschaft anrichtet. Wie ich noch erläutern werde, verkompliziert Langzeitarbeitslosigkeit zudem die geo- und die innenpolitische Landschaft, führt zu Entfremdung und fördert extreme und auf ein einzelnes Thema ausgerichtete Parteien, die Gesellschaften zumindest anfangs eher zerreißen, als sie verantwortungsbewusst zu regieren. Tatsächlich ist genau dieses Phänomen in Europa bereits zu beobachten – ob beim Sieg von Syriza in Griechenland oder bei den Zugewinnen von extremistischen Parteien in Dänemark, Frankreich und Spanien, um nur einige zu nennen. All das bedeutet reale und unmittelbare Gefahren für die nationalen und regionalen politischen Entscheidungsprozesse.

Kapitel 11

Der Dreiklang der Ungleichheit

»Armut führt zu Armut, in Generation nach Generation, denn sie wirkt sich auf das Gehirn aus.«

– MADELINE OSTRANDER

»Weil der Einsatz dieser neuen Instrumente andere Auswirkungen haben kann als konventionelle Geldpolitik, insbesondere in Bezug auf die Vermögensverteilung und die Allokation von Ressourcen, ist es wichtiger geworden, diese Auswirkungen zu identifizieren, zu bewerten und wenn nötig abzumildern.«

– MARIO DRAGHI

Problem 3: Angetrieben von einer ungewöhnlichen Kombination aus zyklischen, längerfristigen und strukturellen Faktoren, war die Zunahme der Einkommens- und Vermögensungleichheit innerhalb von Ländern zuletzt so ausgeprägt, dass sie mittlerweile auch die Chancen vieler Menschen verschlechtert.

Damit kommen wir automatisch zum dritten Problem: der enormen Zunahme bei etwas, was ich als den Dreiklang der Ungleichheit bezeichnen möchte – bei der Ungleichheit von Einkommen, Vermögen und Chancen innerhalb von Ländern.

Zunehmende Ungleichheit ist nichts Neues – seit Jahrzehnten bildet sie ein festes Merkmal einer ganzen Reihe von Ländern einschließlich der USA. Zuletzt aber ist sie deutlich gravierender geworden. Nach Daten der Organisation für wirtschaftliche Zusammenarbeit und Entwicklung (OECD) sieht es sogar wie folgt aus: »Die Einkommensungleichheit befindet sich auf dem höchsten Stand des letzten halben Jahrhunderts«, und »das Durchschnittseinkommen der reichsten zehn Prozent der Bevölkerung in den OECD-Staaten ist rund neunmal so hoch wie das der ärmsten zehn Prozent; vor 25 Jahren lag dieses Verhältnis noch beim Siebenfachen«.[70]

Diese ohnehin bereits große Diskrepanz wird noch größer, wenn man als Spitzengruppe nur die reichsten 5 Prozent und 3 Prozent definiert; und mit den obersten 1 Prozent oder 0,1 Prozent nimmt sie extreme Ausmaße an.

Sehen wir uns zur Veranschaulichung einige Daten für die USA an, zunächst zum Vermögen.

Im Jahr 2013 befanden sich 22 Prozent des Vermögens im Land im Besitz der obersten 0,1 Prozent, ein dreimal so hoher Anteil wie vor 40 Jahren. Die reichsten 3 Prozent besaßen 54 Prozent des Gesamtvermögens. Wenn man noch den Anteil des Rests unter den reichsten 10 Prozent abzieht, bleiben für die übrigen 90 Prozent der US-Bürger nur 25 Prozent übrig.[71]

Auch bei den Einkommen war in den letzten Jahren eine drastische Verschlechterung zu beobachten. 95 Prozent der Einkommenszuwächse seit der Finanzkrise fanden bei den 1 Prozent der US-Amerikaner mit den höchsten Einkommen statt (im langjährigen Durchschnitt von 1979 bis 2007 waren es 54 Prozent). In 19 Bundesstaaten hat sich das oberste Prozent sogar 100 Prozent oder mehr von den Zuwächsen gesichert (in dem Sinn, dass andere stagnierende oder sinkende Einkommen hatten).[72]

Dieses Phänomen der zunehmenden Ungleichheit bei Einkommen wie Vermögen innerhalb von Ländern kommt in einer Zeit, in der die globale Ungleichheit, also die Unterschiede zwischen reichen und armen Staaten, zurückgegangen ist. Zu beobachten ist es sowohl in Industrienationen als auch in Schwellenländern. Und es geht mit mehr einher als nur zunehmenden Anteilen für die Reichen und insbesondere die Reichsten der Reichen – gleichzeitig hat sich eine eklatante Aushöhlung der Mittelschicht ereignet. Wie die Redaktion von *The Atlantic* angemerkt hat: »Die zunehmende Kluft zwischen den Reichsten Amerikas und allen anderen bedeutet, dass die Gruppe, die traditionell die Mitte bildete und ein Leben weder in Luxus noch in Armut lebte, geschrumpft ist.«[73]

Ausgeprägter wurde die Ungleichheit in den Jahren seit der Finanzkrise durch den starken Kontrast zwischen der schwachen Entwicklung in der Realwirtschaft auf der einen und der kräftigen Erholung an der Wall Street auf der anderen Seite; hinzu kam noch der anhaltende und historisch beispiellose Anstieg des Anteils der Unternehmensgewinne am BIP, der inzwischen ein Rekordniveau erreicht hat. Im Zuge dessen hat sich die öffentliche Diskussion verschoben. Ungleichheit wird nicht mehr als unvermeidliches Ergebnis eines marktbasierten Systems angesehen, das eine wichtige Rolle als Anreiz und Belohnung für harte Arbeit und Unternehmertum spielt. Stattdessen herrscht die Sorge, dass exzessive Ungleichheit der Gesellschaft auf mehrere Arten Schaden zufügen kann, die sich obendrein gegenseitig verstärken.

Weiter oben habe ich erklärt, wie die Reichen von der Erholung an der Wall Street und dem stetigen Anstieg der Kurse von Finanzanlagen profitieren. Parallel dazu dauerte es nicht lange, bis der Anteil der Unternehmensgewinne am BIP einen Rekord nach dem anderen erreichte. Die Löhne dagegen stagnierten in einem Großteil der Industrienationen, vor allem in Ländern mit anhaltend hoher Arbeitslosigkeit. Selbst in den USA, wo es, wie im vorigen Kapitel erwähnt, durch beeindruckend viele neue Jobs im Jahr 2014 (in dem 3,1 Millionen Stellen neu entstanden) letztlich doch einen merklichen Rückgang der Arbeitslosenquote gab, verlief die Erholung bei den Löhnen frustrierend langsam.

Analysen der Federal Reserve, wie zum Beispiel ihre umfangreichen Daten zur Finanzlage der Verbraucher, sind nur eine von vielen Quellen, die bestätigen, dass es in den USA einen ungewöhnlichen und erheblichen Anstieg der Ungleichheit gegeben hat. Demnach ist »das gesamte Durchschnittseinkommen von Familien von 2010 bis 2013 real gerechnet um 4 Prozent gestiegen, aber das Medianeinkommen um 5 Prozent gesunken, was eine zunehmende Konzentration der Einkommen in diesem Zeitraum bedeutet«. Zudem ereignete sich der beträchtliche Einkommenszuwachs der wohlhabendsten Haushalte in einer Zeit, in der »Familien am unteren Ende der Einkommensverteilung anhaltende Rückgänge ihrer durchschnittlichen Realeinkommen verzeichneten«.[74]

Die Realität der zunehmenden Ungleichheit zeigt sich auch an der Diskrepanz zwischen Haushalten von Weißen und von Minderheiten. Nach Daten der Fed ist das Realeinkommen der Minderheiten von 2010 bis 2013 um 9 Prozent gesunken, während es bei Weißen mit nicht lateinamerikanischer Abstammung fast unverändert blieb.

In einer Studie auf der Grundlage von Fed-Daten haben Rakesh Kochhar und Richard Fry vom Pew Research Center genauer untersucht, wie sehr diese Ungleichheit »seit dem Ende der großen Rezession entlang von rassischen und ethnischen Linien zugenommen hat«.[75] Demnach steht der Vermögensunterschied zwischen weißen und schwarzen Haushalten auf dem höchsten Niveau seit 1989; im Jahr 2010 lag der Median bei Weißen um das Achtfache über dem von Schwarzen, 2013 war es das Dreizehnfache. Auch die Lücke gegenüber Lateinamerikanern hat sich, wenn auch nicht so deutlich, vergrößert: vom Neunfachen auf das Zehnfache.

Einige längerfristige, strukturelle und zyklische Faktoren verstärken die Ungleichheit bei Einkommen, Vermögen und Chancen noch weiter.

Die strukturellen Faktoren reichen vom veränderten Charakter des technischen Fortschritts, der jetzt besser qualifizierte Personen begünstigt, bis zum Siegeszug des »Der-Gewinner-bekommt-alles«-Prinzips bei Investitionen und zu einem politischen System, das Wohlhabende bevorzugt (manche sagen sogar, sie hätten es für sich vereinnahmt). Was währenddessen durch Abwesenheit glänzte, waren konventionelle politische Maßnahmen zur zyklischen Umverteilung. Politische Polarisierung macht aktive Haushaltspolitik so gut wie unmöglich, sodass Transferzahlungen und andere Unterstützungen für Arme an Gewicht verloren haben (beispielsweise hat der US-Kongress in keinem der letzten fünf Jahre aktiv einen Jahreshaushalt verabschiedet, obwohl dies eine der grundlegendsten Aufgaben der Legislative in der Wirtschaftspolitik ist). In Europa wiederum hat der reale wie wahrgenommene Zwang zur staatlichen Sparsamkeit den Sozialbereich besonders schwer getroffen und so die legitime Umverteilungsfunktion von Regierungen weiter geschwächt.

Diese Hemmnisse für zyklische Reaktionen auf längerfristige Kräfte der Ungleichheit wurden – wenn auch unabsichtlich – noch vergrößert durch die unkonventionelle Geldpolitik der Zentralbanken. Wie bereits erwähnt, kommt die Erweiterung ihrer Bilanzen tendenziell eher den Wohlhabenden zugute, da diese einen überproportional hohen Anteil der

Finanzanlagen besitzen, die von den Maßnahmen der Geldpolitik unterstützt werden.

Angesichts all dessen ist nicht weiter überraschend, dass es mittlerweile einiges Interesse an diesem Thema gibt. Erinnern wir uns daran, wie im Jahr 2014 ein dickes Wirtschaftsbuch über Ungleichheit (fast 700 Seiten und gespickt mit Analysen und historischen Erörterungen), geschrieben von dem französischen Ökonomen Thomas Piketty, an die Spitze der Bestsellerlisten schoss, was zu reichlich Gesprächen, Podiumsdiskussionen und Interviews führte.[76] Bei der Jahresversammlung von IWF/Weltbank 2014 in Washington war Ungleichheit das häufigste Thema in den vom offiziellen Sektor, Branchenverbänden und Think-Tanks veranstalteten Seminaren.

Zunehmend wird erkannt, dass die Auswirkungen von Ungleichheit mittlerweile wahrscheinlich nicht mehr nur eine Frage der Fairness sind und auch nicht mehr nur das gesellschaftliche, geopolitische und politische Wohlergehen gefährden: Gleichzeitig lässt sie negative wirtschaftliche Rückkopplungsschleifen entstehen, die es den Industrienationen deutlich erschweren, ihrer allgemeinen wirtschaftlichen Misere zu entkommen.

Wie ich in einer Kolumne im Oktober 2014 argumentiert habe,[77] lässt sich die ökonomische Bedeutung von Ungleichheit auf den positiven Aspekt begrenzen, dass sie als Anreiz für harte Arbeit, Innovation und Unternehmertum wirkt. Ab einer gewissen Grenze, so scheint mir, fängt sie jedoch an, die wirtschaftliche Dynamik zu untergraben und damit auch Investitionen, Beschäftigung und Wohlstand zu schaden. Die Gründe dafür sind in grundlegenden makroökonomischen Mustern zu finden, die mit den oben aufgeführten Daten zusammenhängen.

Wohlhabende Haushalte geben tendenziell einen kleineren Teil ihres zusätzlichen Einkommens aus (Ökonomen sprechen hier von einer geringeren Grenzneigung zum Konsum). Wenn also der Großteil der Zugewinne bei dieser Gruppe anfällt, führen Einkommenszuwächse nicht einmal mehr annähernd zu einem so hohen Anstieg der Nachfrage wie in der Vergangenheit. Dadurch wird das allgemeine Problem der unzureichenden Gesamtnachfrage noch verschärft, was wiederum die strukturellen Reformen behindert, die für eine mit der Zeit steigende Produktivität erforderlich wären. Das bedeutet: Ungleichheit bei Einkommen und Vermögen wird von einem dynamischen Bestandteil des marktwirtschaftlichen Systems zu einem Faktor, der es untergräbt.

Auch die Verteilung von Chancen gibt zunehmend Anlass zur Sorge. Die familiäre Herkunft bestimmte zuletzt immer stärker über die Höhe des Einkommens und Vermögens in der nächsten Generation, was mit hartnäckiger Jugendarbeitslosigkeit, Gesundheitsfragen und Bildungsabschlüssen zusammenhängt. Je größer die Ungleichheit, desto größer wird die Lücke beim Zugang zu Bildungschancen und zur Gesundheitsversorgung, die wiederum beide starken Einfluss auf die Chancen auf einen Arbeitsplatz und ein höheres Einkommen haben. Wenn man noch Erkenntnisse aus der Hirnforschung hinzunimmt, laut denen sich Armut negativ auf die Hirnfunktion von Kindern auswirken kann,[78] ist leicht zu erkennen, dass hier eine echte Gefahr für langfristige Tragödien besteht.

Die Zentralbanken sind nicht deshalb zum Teil dieser komplizierten und emotionalen Debatten geworden, weil sie es wollten, sondern weil sie gezwungen waren, auf einen relativ kleinen Satz an geldpolitischen Werkzeugen zurückzugreifen, die unbeabsichtigt das Problem der Ungleichheit verschärfen. Tatsächlich lautet die entscheidende Frage nicht, ob ihre unkonventionellen Maßnahmen zur Ungleichheit beigetragen haben (das ist der Fall). Eher geht es darum, ob dieses unerwünschte Ergebnis schwerer wiegt als die für die Zukunft zu erwartenden wirtschaftlichen Vorteile.

Bislang haben sich meine Ausführungen auf die Folgen einer Zentralbankpolitik konzentriert, die steigende Kurse an den Finanzmärkten anstrebt, um über diesen Umweg für mehr Wachstum und Beschäftigung zu sorgen. Zunächst einmal hat dies den ohnehin bereits augenfälligen Kontrast zwischen der rapide verbesserten Situation an den Börsen und der Stagnation in der Realwirtschaft noch verstärkt. Tatsächlich erinnern die Auswirkungen der quantitativen Lockerungsprogramme an das, was der *New-York-Times*-Kolumnist Frank Bruni in seiner Besprechung des Dokumentarfilms *Ivory Tower* über Universitäten schrieb: »Die besten Universitäten strahlen heller als je zuvor und sind wie Porsches. Mit ihnen kann man schnell und weit vorwärtskommen, doch nur wenige Glückliche dürfen sich hinter das Steuer setzen.«[79]

Es gibt jedoch noch einen zweiten Aspekt, der ebenfalls erwähnenswert ist: die direkten Auswirkungen von über lange Zeit massiv gedrückten Zinsen auf das Einkommen von Kreditnehmern und -gebern.

Niedrige Zinsen – und insbesondere künstlich niedrige Zinsen – sind eindeutig von Vorteil für große Netto-Kreditnehmer und -Schuldner, während sie Netto-Kreditgebern und -Gläubigern schaden. Am stärksten profitiert haben davon also zumeist die Regierungen, gefolgt von Unternehmen außerhalb des Finanzbereichs. Und die Summen, die hier im Spiel sind, sind erheblich. In einem Ende 2013 veröffentlichten Fachbeitrag schätzten Analysten des McKinsey Global Institute die Ersparnis für die Regierungen in der Eurozone, Großbritannien und den USA in der Zeit von 2007 bis 2012 auf insgesamt 1,6 Billionen Dollar; bei den Nichtfinanz-Unternehmen sollen es 710 Milliarden Dollar gewesen sein.[80]

Den privaten Haushalten in diesen Ländern aber ist es weniger gut ergangen. Am stärksten negativ betroffen waren Sparer, also üblicherweise Haushalte von älteren Personen, die auf Einnahmen aus festverzinslichen Wertpapieren mit kurzer Laufzeit (wie Einlagenzertifikate) angewiesen sind oder für ihren Ruhestand neue Lebensversicherungen abschließen wollen. Tatsächlich haben die sinkenden Zinsen die Branche nicht nur dazu veranlasst, ihre Garantiezahlungen zu verringern – manche Anbieter sind sogar ganz aus dem Rentengeschäft ausgestiegen.

Insgesamt ist Ungleichheit zu einem tief verwurzelten Problem geworden, dessen negative Folgen leicht zu einem sich selbst erhaltenden Teufelskreis werden können. So gesehen ist es kein Wunder, dass sich die Zentralbanken in einer ausgesprochen unbequemen Lage befinden, denn sie sind zu einer Politik gezwungen, die bestimmte Aspekte der Ungleichheit kurzfristig noch gravierender macht. All das wäre auf lange Sicht nicht von großer Bedeutung, wenn es nicht zwei verstörende Tatsachen gäbe: Noch hat das geldpolitische Vorgehen nicht zu dauerhaften Zuwächsen bei Einkommen und Löhnen geführt, die als Ausgleich für die negativen kurzfristigen Auswirkungen dienen könnten; und es ist eine verbreitete (und verständliche) Protestbewegung gegen die zunehmende Ungleichheit auf dem Vormarsch, die das Risiko birgt, den Zentralbanken in Zukunft massive Probleme zu bereiten.

Kapitel 12

Das hartnäckige Vertrauensdefizit

»Vertrauen kehrt, wie die Seele, niemals zurück, wenn es einmal gegangen ist.«

– PUBLILIUS SYRUS

Problem 4: Der Verlust der Glaubwürdigkeit von Institutionen ist Teil eines allgemeineren Vertrauensschwunds in Politiker und das »System« insgesamt.

Um wirtschaftliche Prosperität zu erreichen und zu bewahren, kommt es entscheidend auf die Glaubwürdigkeit von Institutionen an. Tatsächlich ist sie oft der wichtigste Faktor, der stabile und reife Volkswirtschaften von volatilen und unberechenbaren unterscheidet. Und in den vergangenen Jahren hat die Glaubwürdigkeit vieler Institutionen schweren Schaden genommen.

Es ist schwierig, der Öffentlichkeit zu erklären, warum Regierungen und Zentralbanken tatenlos zusahen, wie aus einem unverantwortlichen Umgang mit Risiken im Finanzsektor eine Krise und anschließend eine lang anhaltende Mittelmäßigkeit wurde. Noch schwieriger zu erklären ist, warum sie dann Banken mit Billionen von Dollar retteten – schließlich hatten genau diese Institute die Krise selbst verursacht. Und fast unmöglich zu verteidigen ist die Tatsache, dass nur sehr wenige Banker für ihr verantwortungsloses Verhalten bestraft wurden.

Hinzu kommt, dass weiterhin neue Informationen über Fehlverhalten von Banken öffentlich werden. Fast ein Jahrzehnt nach dem Beginn der Finanzkrise werden noch immer Strafen verhängt, unter anderem für Manipulationen an den Devisenmärkten und beim LIBOR, einem wichtigen, von Banken berechneten Referenzzinssatz. Neue Untersuchungen lassen unterdessen erkennen, wie sehr manche Banken Regeln umgingen, während andere selbst die grundlegendsten Aspekte von Kundenservice und Risikomanagement missachteten.[81]

Über dieses Phänomen hat sich unter anderem der frühere Fed-Präsident Bernanke geäußert. Kurz nach dem Ende seiner Amtszeit Anfang 2014 merkte er an: »Die natürliche Reaktion des Normalbürgers auf der Straße lautet: ›Warum werden die gerettet und nicht ich?‹ Indem wir einen Zusammenbruch des Systems verhindern, schützen wir die Wirtschaft und auch Sie. Aber das ist ein kompliziertes Argument, und ich glaube, wir haben es nicht immer so gut erklärt, wie es möglich gewesen wäre.«[82]

Der frühere US-Finanzminister Timothy Geithner ging noch weiter. Er erkannte, wie schwierig es ist, der Öffentlichkeit die Gründe für die Rettungspakete klarzumachen, und reagierte recht aggressiv auf Vorwürfe, sie würden Banken dazu bringen, später erneut unverantwortlich zu agieren. Den Aussagen von Menschen, die er in seinem Buch als »Moral-Hazard-Fundamentalisten« bezeichnete, maß er wenig Bedeutung zu.[83]

Eine geschäftige Gruppe von Politikern in den USA hat die anhaltende Verärgerung im Land erkannt und setzt sich nicht nur dafür ein, die Risiken im Bankensektor noch stärker zu verringern. Sie drängt auch auf mehr Informationen darüber, wie die Federal Reserve, die de facto die wichtigste Aufsichtsbehörde für die US-Banken darstellt, operiert. Damit brachte sie selbst die allgemein wenig streitlustige neue Fed-Chefin Yellen dazu, in einer Kongressanhörung im Juli 2014 zu warnen, mehr Kontrollen über die Zentralbank könnten »ein schwerer Fehler« sein.[84]

Trotzdem wird dieses Phänomen so bald nicht verschwinden, zumal sich in diesem Punkt Parlamentarier von beiden Seiten des politischen Spektrums einig sind, wenn auch aus unterschiedlichen Gründen.

Die Republikaner in den USA stören sich meist an der Einmischung der Fed in die Märkte und der Tatsache, dass ihre Bilanz bis Anfang 2015 auf 4 Billionen Dollar angewachsen ist. Zudem sprach der frühere

Fed-Vizevorsitzende Donald Kohn im Dezember 2013 von einem »Portfolio, das fast unbegrenzt wachsen könnte«, und sagte, es gebe »eine gewisse Berechtigung für das Unbehagen in Bezug auf die möglichen Auswirkungen davon auf die Finanzstabilität«;[85] ähnlich hatte sich schon Jeremy Stein geäußert, als er noch Mitglied des Board of Govenors der Fed gewesen war. Themen wie diese sorgten dafür, dass wichtige Parlamentarier wie der texanische Republikaner Jeb Hensarling, Vorsitzender des Finanzdienstleistungsausschusses im Repräsentantenhaus, mit der »rigorosesten Untersuchung und Kontrolle der Federal Reserve in ihrer Geschichte« drohten.[86]

Auf der anderen Seite des Spektrums fürchten die Demokraten, dass die Fed den Finanzmärkten zu nahesteht und vor allem die Banken viel zu freundlich behandelt. In einer Anhörung im Bankenausschuss des US-Senats sagte Senatorin Elizabeth Warren aus Massachusetts zu Bill Dudley, dem Präsidenten der New York Fed: »Sie müssen das korrigieren, Mr. Dudley, oder wir werden jemanden holen, der dazu bereit ist.« Diese Bemerkung war insofern besonders auffällig, als der Kongress bei Berufungen für die New Yorker Fed gar kein Mitspracherecht hat.[87]

Andere Länder haben nach weiteren Möglichkeiten gesucht, das unverantwortliche Eingehen von Risiken durch Banken zu verhindern. Im Dezember 2014 schrieben die Niederlande vor, dass Banker einen Eid leisten müssen, laut dem sie »danach streben, das Vertrauen im Finanzsektor aufrechtzuerhalten und zu fördern, so wahr mir Gott helfe«. Liz Alderman, Chefkorrespondentin der *New York Times* für Europa, schrieb dazu: »Die Sünder im Bankensystem scheinen von Regulierern und Strafverfolgern so wenig beeindruckt, dass es ein Land stattdessen mit Abschreckung von weiter oben versucht: der Angst vor Gott.«[88]

All das ist eine Gefahr für die »Marke« des modernen Zentralbankwesens, die sich in den 1980er Jahren in den USA unter dem damaligen Fed-Präsidenten Paul Volcker zu etablieren begann.[89] Volcker erklärte öffentlich einen Krieg gegen hohe und lähmende Inflation, errang einen längerfristigen Sieg über die Preisinstabilität, stellte das Ansehen der Fed wieder her und machte sie zu einer Art Mythos. Gefestigt wurde dieser Mythos in der langen Amtszeit von Alan Greenspan. Wie weiter oben erwähnt, wurden die Fed und ihr »Maestro« bald dafür gefeiert, dass sie eine scheinbar dauerhafte Zeit mit wirtschaftlicher Prosperität, niedriger Inflation und finanzieller Stabilität herbeigeführt hatten.

Doch wie in der Privatwirtschaft ist eine starke Marke auch bei Zentralbanken untrennbar verbunden mit ihrer operativen Effektivität.

Starke Marken sind rund um die Welt bekannt für die Zuverlässigkeit, mit der sie Qualität liefern und das Versprechen guter Ergebnisse erfüllen. Je stärker die Marke, desto wahrscheinlicher ist, dass Konsumenten schon auf bloße Ankündigungen von ihr hin aktiv werden – manchmal sind zum Beispiel Tausende Menschen bereit, Schlange zu stehen, um ein neues Produkt zu bekommen, obwohl sie relativ wenige Informationen darüber haben. In einigen wenigen Fällen kann eine Marke (wie Apple) zudem »Verzückung« bei Konsumenten auslösen, was noch mehr dabei hilft, Innovationen zu verkaufen und Konkurrenten auf Distanz zu halten.[90]

Im Prinzip haben die Zentralbanken ihre hart verdienten Marken jedoch aufs Spiel gesetzt: erst, indem sie darauf verzichteten, die breite Öffentlichkeit von den Gründen für die Rettung unverantwortlicher Banken zu überzeugen, und dann, indem sie massive politische Verantwortung übernahmen, aber die Erwartungen nicht vollständig erfüllten, weil sie nur über begrenzte Werkzeuge verfügten und keine Unterstützung von anderen staatlichen Stellen bekamen. Dies war nicht ihre eigene Entscheidung, sondern geschah aus Notwendigkeit, weil die übrige Politik ihrer Verantwortung nicht gerecht wurde.

Im Fall der EZB wurde die Lage durch einige weitere Faktoren noch verkompliziert. Einer davon ist die Schwierigkeit, Einigkeit in einem Rat zu erzielen, in dem viele Länder (die Vergangenheit, Gegenwart und Zukunft jeweils unterschiedlich interpretieren können) vertreten sind. Ein weiterer Faktor sind immer wieder aufgeworfene Fragen über die rechtliche Zulässigkeit bestimmter Maßnahmen. Und ebenfalls nicht hilfreich war, dass die Zentralbank, so wie andere Mitglieder der eigens für das Krisenmanagement gebildeten Gruppe für die Eurozone, unter einem recht sperrigen, komplexen und bisweilen gestörten »Troika«-Arrangement arbeiten musste; darin kamen drei Institutionen (EZB, Europäische Kommission und IWF) zusammen, die unterschiedlich starken Einfluss auf die Wirtschaft und unterschiedliche Mandate haben und außerdem dazu neigen, sich auch in ihrer operativen Vorgehensweise und sogar ihrer Mentalität zu unterscheiden.

Die Liste der institutionellen Probleme ist damit noch nicht zu Ende. Nachdem sie einen längeren Zeitraum der Finanzrepression ertragen mussten, erkannten die Sparer allmählich, dass sie geopfert wurden, um die Banken und die Wirtschaft zu sanieren, was aufgrund von unvollständigen politischen Reaktionen auf beiden Seiten des Atlantiks nötig wurde. Dabei geht es nicht nur um nicht vorhandene und in manchen Fällen sogar negative Zinsen für die wichtigsten Sparformen mit geringem Risiko wie Staatsanleihen, Sparkonten oder Einlagenzertifikate. Es geht auch darum, dass eine zunehmende Zahl von Finanzdienstleistern, die wie zum Beispiel Lebensversicherungen eine langfristige Absicherung anbieten, ihre Renditezusagen senken müssen, weil sie durch das Umfeld ultraniedriger Zinsen allmählich in die Verlustzone geraten.

All das ergibt eine explosive Mischung, weil das politische System erkennbar nicht in der Lage ist, angemessen zu reagieren. Wie oben bereits angesprochen: Wie soll man erklären, dass es der US-Kongress seit mittlerweile fünf Jahren in Folge nicht geschafft hat, einen neuen Haushalt zu verabschieden? Oder wie soll man erklären, dass unsinniges politisches Taktieren die US-Regierungsarbeit für fast drei Wochen unterbrochen und die USA als einen Produzenten von globalen öffentlichen Gütern mehrmals an den Rand einer technischen Zahlungsunfähigkeit gebracht hat? Ausgerechnet in einer Zeit, in der die Politik gefragt wäre, haben Kennzahlen für die Produktivität des US-Kongresses, wie beispielsweise die Zahl der verabschiedeten Gesetze, Rekordtiefstände erreicht.

Vor diesem Hintergrund sollte nicht überraschend sein, dass bei der General Social Survey des NORC, einer unabhängigen Forschungsstelle an der University of Chicago, im Jahr 2014 nur noch 5 Prozent der Amerikaner angaben, sie hätten »großes Vertrauen in den Kongress«; für die Exekutive erreichte dieser Wert 11 Prozent.

Insgesamt unterstreicht all das ein allgemeineres Problem, das in den letzten Jahren deutlich gravierender geworden ist und angemessenes Wirtschafts- und Finanzmanagement massiv behindert: eine Erosion der Glaubwürdigkeit der wirtschaftlichen Institutionen und der Politiker, die sie überwachen sollen.

Dies ist nicht nur innerhalb der USA der Fall. Wer im Ausland unterwegs ist, dem wird kaum eine Entgegnung einfallen, wenn er Kritik daran zu hören bekommt, dass der Kongress Reformen beim IWF blockiert hat, die von fast jedem anderen Land auf der Welt unterstützt wurden – dabei hätten diese Reformen nichts am Stimmgewicht der USA geändert, keine zusätzlichen Zahlungen erfordert und wurden anfangs sogar von den USA selbst auf den Weg gebracht. Tatsächlich hätten sie im nationalen

Interesse des Landes gelegen. Doch statt nach ihren Vorteilen beurteilt zu werden, scheiterten die Reformen an kleinlichem politischem Gezänk, lähmender Polarisierung und unnötiger Sturheit.

Andere Länder hatten ihre eigenen erheblichen Probleme mit Vertrauensverlust und Beinahe-Unfällen. So hätte London im Jahr 2014 fast ein Referendum verpfuscht, das zum Ausscheiden von Schottland aus dem Vereinigten Königreich geführt und erhebliche Unsicherheit für beide Nationen sowie die Europäische Union bedeutet hätte. In ganz Europa ist unterdessen die Unterstützung für nicht traditionelle und gegen das Establishment gerichtete Parteien stark gestiegen. Mit diesem Thema befasst sich das nächste Kapitel.

Kapitel 13

Nationale politische Dysfunktionalität

»Politische Auflehnung ist – von Syriza in Griechenland bis zur Tea Party in Amerika – derzeit ein Merkmal von vielen westlichen Demokratien.«[91]

– *THE ECONOMIST*

Problem 5: Nationale politische Dysfunktionalität ist noch immer ein Hindernis für die Überwindung der wirtschaftlichen Misere und die Wiederherstellung von echter und dauerhafter Finanzstabilität.

Die gute Nachricht: Die USA haben den schlimmsten Teil der schädlichen politischen Dysfunktionalität, die dort in den letzten Jahren zu beobachten war, aller Wahrscheinlichkeit nach schon hinter sich. Nach den Erfahrungen der Jahre 2012 und 2013[92] scheinen nur noch wenige Politiker dazu geneigt, erneut russisches Roulette mit dem wirtschaftlichen Wohlergehen des Landes zu spielen, indem sie sich weigern, die Schuldenobergrenze anzuheben, und so für eine längere Unterbrechung der Regierungsarbeit sorgen oder eine technische Zahlungsunfähigkeit herbeiführen. Abgesehen davon aber gibt es derzeit leider nur wenig Positives zu berichten.

In den USA tun sich die Parteien ausgesprochen schwer damit, sich auf politische Maßnahmen zu einigen, die das Land voranbringen würden. Selbst Initiativen wie Handelsabkommen und grundlegende Infrastrukturprojekte, die relativ breite Unterstützung auf beiden Seiten genießen, kommen nur im Schneckentempo voran. Der Grund für diesen traurigen Stand der Dinge ist ganz einfach: Viele moderate Politiker fürchten, dass ihre Bereitschaft zu Kompromissen sie bei den nächsten Vorwahlen Stimmen kosten wird. Denn schließlich hängt ihr Wahlerfolg heute in vielen Fällen nicht mehr davon ab, ob sie sich gegen Gegner aus der anderen Partei durchsetzen können, sondern davon, ob sie den Beschuss aus den extremeren Ecken ihrer eigenen Partei überstehen.

Das Gefühl der politischen Verzweiflung wurde noch verstärkt durch die Erkenntnis, dass auch Wahlen die Lage kaum verbessern werden, wenn nicht gerade eine der Parteien einen klaren Sieg bei Exekutive und Legislative erringt. Als Beispiel dafür kann man sich ansehen, was bei den US-Zwischenwahlen im November 2014 passiert ist.

Mit ihrem vernichtenden Sieg über die Demokraten gewannen die Republikaner die Kontrolle über den Senat und bauten ihre Mehrheit im Repräsentantenhaus so deutlich aus wie seit Jahrzehnten nicht mehr. Trotzdem glaubten nur wenige daran, dass dies für eine konstruktive »Kohabitation« mit dem demokratischen Präsidenten Barack Obama ausreichen würde. Stattdessen wurde die bereits vorher hasserfüllte Rhetorik nur wenige Tage nach der Wahl noch um einige Stufen verschärft, und die Parteien warfen sich gegenseitig vor, unkooperativ zu sein und ihre Macht zu missbrauchen. Anschließend wurde das Zerwürfnis noch größer, zu erkennen an einem fast beispiellosen Vorfall: Republikanische Senatoren schickten einen Brief an ein fremdes Land (den Iran) und warnten die dortige Führung, die Vereinbarung über eine Begrenzung ihres Atomprogramms, die sie mit Präsident Obama abschließen wolle, könne bald wieder aufgehoben werden. Das war eine klare Grenzüberschreitung und allgemeiner gesehen ein Schritt, der die US-Außenpolitik in Zukunft komplizierter machen könnte.

Das schmutzige Patt dürfte anhalten, wenn nicht irgendwann eine der beiden Parteien die Kontrolle über beide Kammern des Kongresses und das Weiße Haus gleichzeitig gewinnt. Um das zu verstehen, müssen Sie sich nur anschauen, welche drei Bedingungen im politischen System der USA erfüllt sein müssten, damit eine Chance auf konstruktive

Kohabitation besteht: Die Parteien müssten weitaus weniger den extremeren Ausläufern ihrer politischen Basis verhaftet sein; ihre Führungen müssten darauf vertrauen, dass die jeweils andere Seite bereit und in der Lage ist, ausgehandelte Vereinbarungen auch einzuhalten; und es müsste ernsthaft anerkannt werden, dass viele der Interessen beider Seiten längerfristig gesehen grob übereinstimmen, vor allem wenn man sich darauf konzentriert, gezielt stärker im nationalen Interesse zu handeln. All das bedeutet, dass es auf absehbare Zeit wohl kaum zu einer produktiven Kohabitation kommen wird.

In Europa wiederum gibt es Probleme sowohl innerhalb der Mitgliedsstaaten als auch zwischen ihnen.

Die Region, die sich auf eine immer engere politische Union festgelegt hat, schafft es nicht, eine Einigung bei den Schwierigkeiten zu finden, die der Umsetzung einer gemeinsamen Integrationsvision und der Lösung immer wieder auftretender Probleme in einzelnen Ländern im Wege stehen. Noch immer wachen die Mitgliedsstaaten eifersüchtig über ihre eigenen Interpretationen, so als wären sie Manifestationen einer absoluten Wahrheit statt Teil eines kollektiven Entwicklungsprozesses, der unweigerlich Kompromisse erfordert. Immer wieder präsentieren sie die eigene Deutung ihren eigenen Bürgern, was es für die Eurozone enorm schwierig macht, sich auf einen gemeinsamen Fahrplan für die Zukunft zu verständigen. Dadurch bleibt ihre Architektur lückenhaft und fragil.

Anzeichen für Unzufriedenheit bei den Wählern sind in der gesamten Region weit verbreitet. Der Siegeszug von extremen Parteien bei den Wahlen zum Europäischen Parlament im Jahr 2014 brachte ein Ergebnis, das der französische Premierminister Manuel Valls als »einen Schock, ein Erdbeben, auf das alle verantwortungsbewussten politischen Führungskräfte reagieren müssen«, bezeichnete. Mit dem Ausdruck »verantwortungsbewusste Führungskräfte« meinte er die Mainstream-Politiker, die soeben hatten mit ansehen müssen, wie sie eine große Zahl von Wählern an nicht traditionelle, gegen das Establishment gerichtete Parteien verloren hatten. Ein Beispiel ist der Erfolg des Front National in Frankreich, ebenso die zunehmende Unterstützung für die Alternative für Deutschland (AfD) und die Dansk Folkeparti (Dänische Volkspartei), um nur einige zu nennen.

Und dann wäre da noch der klare Wahlsieg von Syriza bei den Parlamentswahlen 2015 in Griechenland. Dieser war ein besonders lauter Weckruf für die Mainstream-Parteien, weil er die Vorstellung infrage stellte, dass gegen das Establishment antretende Parteien nur bei unbedeutenden Wahlen (wie denen zum Europäischen Parlament) stark hinzugewinnen und die Entscheidung für sie vor allem Ablehnung signalisieren soll (was ein umkehrbares Verhalten wäre, das nicht nur nicht ausreicht, um Wahlen zu gewinnen, sondern auch ausschließlich auf Negativfaktoren beruht und deshalb weder fest verankert noch dauerhaft ist).

Und zuletzt – falls ich Sie überhaupt noch von den Herausforderungen überzeugen muss: Die Politik rund um die Welt ist bei einer Reihe von bedeutenden längerfristigen und strukturellen Transformationen in der Gesellschaft ins Hintertreffen geraten. Diese erheblichen Herausforderungen treffen auf Regierungen, für die es inhärent schwierig ist, sich disruptiv zum Besseren zu wandeln – denn was für Unternehmen und Personen schon nicht einfach ist, ist für Regierungen noch unendlich schwieriger. Einer dieser Faktoren, die eine Reaktion erfordern, ist die massive Urbanisierung und das Entstehen von Megacitys, die ein effektives Abtreten eines Teils der politischen Macht an Städte und Gemeinden noch wichtiger machen. Vielleicht noch wichtiger ist, dass gleichzeitig rasche technische Innovationen Einzelpersonen mehr Möglichkeiten und Einfluss verschafft haben als je zuvor (mehr dazu später in diesem Buch).

Heutzutage sind sehr viel mehr Menschen an sehr viel mehr Orten in der Lage, sich zu vernetzen und einzubringen, und bald werden sie auch viel mehr Produkte selbst herstellen können. Es entsteht eine »Sharing Economy«, in der sehr viel mehr Bürger produktiv unternehmerisch tätig werden und zusammenarbeiten können, unter anderem indem sie vorhandene (aber nicht ausgelastete) Wirtschaftsgüter einsetzen. Zugleich aber ist dies eine Welt, die bestehende Arbeitnehmer verdrängt und die politische Mitte schwächt. Und noch beunruhigender: Es ist eine Welt, die Cyberterrorismus und nicht staatlichen Terrorismus zu einer immer größeren Bedrohung werden lässt.[93]

Regierungen, die darauf hoffen, dass die technische Revolution das Wohlergehen aktueller wie künftiger Generationen materiell verbessern wird, und gleichzeitig den negativen Seiten dieser Entwicklung entgegenwirken wollen, müssen den zwiespältigen Charakter dieser transformativen Innovationen besser verstehen. Klar erkennbar wird er unter anderem an den zwei ganz unterschiedlichen Alternativen, die heute für gefährdete junge Menschen zur Auswahl stehen: Auf der einen Seite können sie beeindruckende Plattformen für Online-Lernen wie die Khan Academy nutzen, um auf motivierende Weise und kostengünstig akademisches Wissen zu erwerben, sich persönlich weiterzuentwickeln und neue Kompetenzen zu erlernen. Auf der anderen Seite aber sind sie relativ leicht erreichbar und beeinflussbar über IS-Videos, die sie für ein Leben in Gewalt und Entwurzelung gewinnen sollen. Und all das spielt sich weitgehend außerhalb der Reichweite von Regierungen ab.

Wir müssen uns über die vor uns liegenden Risiken im Klaren sein. Wenn Politiker beim Umgang mit der Wirtschaft und mit der bereits ansehnlichen Liste von längerfristigen und strukturellen Problemen weiterhin zaudern, wird sich unter Wählern der Eindruck verbreiten, dass es an der Zeit ist, offenbar erschöpfte und fantasielose Führungen durch nicht traditionelle mit mehr Charisma zu ersetzen – und zwar wahrscheinlich sogar dann, wenn es Letzteren zumeist an vollständigen politischen Programmen und Regierungserfahrung mangelt. Einige der neuerdings erstarkenden nicht traditionellen Akteure könnten tatsächlich mit Erfolg neue Wege gehen, doch die meisten von ihnen werden wenig zustande bringen. Und während einige bald wieder schwächer werden und an Bedeutung verlieren dürften, werden andere bleibende Schäden verursachen, indem sie eine Politik der Angst und Vorurteile betreiben, Spaltungen vergrößern und den gesellschaftlichen Zusammenhalt noch weiter schwinden lassen.[94]

Kapitel 14

G-Null: das Abrutschen in ein »internationales Nicht-System für die Wirtschaft«

»Wir leben in einer Welt der G-Null, in der kein einzelnes Land und keine Gruppe von Ländern genügend politischen und wirtschaftlichen Einfluss – oder Willen – hat, um eine wirklich internationale Agenda voranzutreiben.«

– IAN BREMMER

»Derzeit haben wir bei Währungen ein internationales Nicht-System. Niemand muss sich an irgendwelche Regeln halten. Jeder tut das, von dem er glaubt, dass es in seinem eigenen kurzfristigen Interesse liegt. Die eigentliche Schwierigkeit dabei ist: Was – wie beispielsweise ultralockere Geldpolitik – im kurzfristigen Interesse liegen kann, kann später leicht nach hinten losgehen und den eigenen langfristigen Interessen zuwiderlaufen. Und weil lockere Geldpolitik Einfluss auf die Wechselkurse hat, hat sie auch Einfluss auf andere Länder. Fast jedes Land auf der Welt befindet sich im Lockerungsmodus und folgt damit der Fed, und wir haben absolut keine Ahnung, wie das enden wird. Wir befinden uns hier auf vollkommen unkartiertem Gebiet.«

– WILLIAM S. WHITE

Problem 6: Weil nationale Dysfunktionalität die weltweite politische Koordinierung untergräbt, funktionieren traditionelle Beziehungen zwischen Kern- und Peripherieländern nicht mehr, und geopolitische Spannungen eskalieren.

Dass politischer Stillstand, ineffektive Regierungen und ständiger Zank unter regionalen Partnern gute Wirtschaftssteuerung und länderübergreifende politische Koordination verhindern, lässt sich leicht verstehen. Im Zuge dessen werden immer mehr Länder von Opfern der anhaltenden ökonomischen Misere zugleich zu ihren Mitverursachern, was nicht nur schnelle Erholungen verhindert, sondern auch die beängstigende Wahrscheinlichkeit für unschöne »multiple Gleichgewichte« erhöht. Es wird also wahrscheinlicher, dass auf ein schlechtes Einzelergebnis nicht etwa eine Rückkehr zur historischen Norm folgt, sondern noch schlechtere Ergebnisse in der Zukunft.

Sowohl Europa als auch die USA haben mit internen Problemen zu kämpfen, und die Welt der Schwellenländer hat viel von ihrem Vertrauen in die Glaubwürdigkeit und Fairness des multilateralen Systems verloren. Also ist nicht überraschend, dass die weltweite politische Koordination deutlich hinter dem zurückbleibt, was erforderlich wäre. Doch bevor wir uns eingehender damit beschäftigen, möchte ich darauf hinweisen, dass das nicht heißen soll, das globale System sei zuletzt gänzlich ineffektiv gewesen. Eine auffallend positive Entwicklung gab es nach der Krise beim Handel: Wie sich zeigte, hat das regelbasierte internationale Handelssystem sehr dabei geholfen, die Beanspruchungen und Belastungen durch geringes Wachstum und hohe Arbeitslosigkeit zu absorbieren.

Anders als in der Vergangenheit war Handelsprotektionismus zuletzt keine echte Bedrohung für wirtschaftliche Prosperität mehr, zumindest bislang nicht. Dies hat viel damit zu tun, wie sich der internationale Handel entwickelt und zugenommen hat und wie er sich durch die Anreizstrukturen für Staaten und Unternehmen verändert hat.

Die meisten, wenn nicht sogar alle systemisch wichtigen Länder (und viele der systemisch weniger wichtigen) stehen heute sowohl als Konsumenten als auch als Produzenten im Austausch miteinander. Die gleiche stärkere wechselseitige Abhängigkeit gibt es auch im Privatsektor. Viele Unternehmen verzeichnen deutliches Wachstum bei ihren internationalen Umsätzen, und eine relativ große Zahl von ihnen hat inzwischen Teile ihrer Produktion im Ausland angesiedelt.

All das bedeutet, dass die Handelsbeziehungen heutzutage ineinander verschlungen sind wie die Nudeln einer Portion Spaghetti, und es erhöht die Kosten von Protektionismus. Weil auf beiden Seiten der Gleichung derart viele verschiedene Stellen einschließlich privater Haushalte involviert sind, nimmt die Attraktivität von Protektionismus deutlich ab. Das wiederum erschwert es deutlich, politische Allianzen zu schmieden, die sich dafür einsetzen.

Das allerdings ist, neben den unter der Führung des Financial Stability Board (FSB) laufenden Bemühungen um eine Stärkung der globalen Koordination bei der Regulierung für die Finanzbranche, auch fast schon alles, was man an Positivem über die grenzüberschreitende Koordination in Wirtschafts- und Finanzfragen in der heutigen Zeit sagen kann. Und es reicht gewiss nicht aus, um den Druck auszugleichen, der durch die Schwäche im Kern des Systems entsteht.

Das Zentrum der aktuellen Architektur für das globale Wirtschafts- und Finanzsystem bilden noch immer die Industrienationen. Dieser Zuschnitt basiert auf der Annahme, dass diese Volkswirtschaften auf längere Sicht relativ gut und verantwortungsbewusst regiert werden. Dadurch haben sie reichlich Einfluss und müssen auf ihre historischen Ansprüche nicht verzichten – in multilateralen Institutionen zum Beispiel verfügen sie häufig über Vetorechte. Als Gegenleistung sollen sie die globale Wirtschafts- und Finanzstabilität unterstützen.

Inzwischen aber erfüllen die Industrienationen ihre Verpflichtungen aus diesem impliziten Vertrag nicht mehr richtig, sodass eine wachsende Zahl von Ländern an der Peripherie des globalen Systems natürlicherweise Enttäuschung und Angst verspürt. Und nachdem wiederholte Versuche einer Reform der globalen Architektur, darunter auch sehr bescheidene, im Grunde zu nichts geführt haben, kommen noch Ärger und Verbitterung hinzu. All das hat, spieltheoretisch ausgedrückt, die globale Politik zu einem unkoordinierten Spiel gemacht, in dem es den Teilnehmern an Interessenübereinstimmung, gegenseitigem Vertrauen, Verantwortungsbewusstsein und Durchsetzungsmechanismen fehlt. Damit ist so gut wie ausgemacht, dass die Ergebnisse hinter dem zurückbleiben, was unter einer reformierten und modernisierten Architektur sowohl wünschenswert als auch möglich wäre, und so ist es auch tatsächlich.

Weil sie selbst nicht in der Lage sind, den Zuschnitt des globalen Systems zu verändern, aber auch nicht nur passiv zusehen wollen, hat eine

Reihe von Ländern damit begonnen, schrittweise kleinere Kanäle aufzubauen, mit denen sie den alten Kern explizit umgehen wollen. Dies gilt insbesondere für die BRICS-Staaten,[95] eine Ländergruppe, die in kultureller, politischer, geografischer und sprachlicher Hinsicht kaum Gemeinsamkeiten hat. Trotzdem wurde diese Gruppe zum Handeln gebracht durch ihre Unzufriedenheit mit der Art und Weise, wie die Industrienationen das immer noch vom Westen dominierte internationale Währungssystem steuern.[96]

Was als relativ kleine Initiative begann, die sich auf bilaterale Vereinbarungen für den Zahlungsverkehr und ein paar regionale Swap-Arrangements in Asien begrenzte, hat sich mit der Zeit zu etwas Größerem entwickelt.

Von der »neuen Entwicklungsbank« und den mit ihr zusammenhängenden gegenseitigen Kreditlinien, für die sich die BRICS-Staaten auf ihren Gipfeltreffen einsetzten, bis zu der von China vorangetriebenen Asian Infrastructure Investment Bank gibt es mittlerweile (wenn auch im kleineren Maßstab) mehrere Versuche, das zu replizieren, was eigentlich Institutionen wie der IWF und die Weltbank tun sollten. Allerdings ist alles andere als ausgemacht, dass diese Initiativen automatisch auf ein besser gesteuertes globales System hinauslaufen. Stattdessen könnten sie sich als Teil von breiter angelegten Bemühungen erweisen, ein paralleles System aufzubauen, das dem Westen allgemein und insbesondere den USA einen Teil der Macht entzieht.

Dies ist einer der Gründe dafür, warum sich die USA und einige andere Länder den von den Schwellenländern vorangetriebenen Initiativen für neue Institutionen entgegenstellen. Doch ihre Opposition ist nicht mehr so entschlossen wie in der Vergangenheit. So positionierten sich die USA zwar deutlich gegen die Einrichtung der Asian Infrastructure Investment Bank (AIIB), einer von China angeführten Initiative, die mehr Finanzierungsmöglichkeiten für Infrastrukturprojekte in Asien mobilisieren und verteilen soll. Doch dabei mussten sie die unschöne Erfahrung machen, dass ein Verbündeter nach dem anderen ihre Ablehnung der neuen Institution ignorierte. Dies ging so weit, dass sich möglicherweise auch das Kalkül der USA selbst verändert hat[97] – statt zu versuchen, die Initiative zu stoppen, könnte das Land jetzt nach einer gesichtswahrenden Möglichkeit suchen, sie noch zu beeinflussen und mitzugestalten.

Es war nicht das erste Mal, dass die USA starken Widerstand gegen eine aus Asien kommende Initiative leisteten. Inmitten der Krise 1997/1998 wollten mehrere Staaten des Kontinents eine neue Institution – den »Asian Monetary Fund« – schaffen, die besser auf die Bedürfnisse der Region reagieren könnte. Dem vorausgegangen war eine tiefe Enttäuschung über IWF und Weltbank: Bei vielen asiatischen Regierungen hatten sie den Eindruck erweckt, zu unsensibel in Bezug auf die Verhältnisse in den Ländern vor Ort zu sein, zu sehr darauf festgelegt, unangemessene Konditionen für Hilfen vorzuschreiben, und zu sehr beeinflusst von der Ideologie und den Erfahrungen des Westens.

Die USA jedoch fürchteten, eine solche neue Institution könne das Funktionieren des globalen Systems untergraben, also setzten sie sich an die Spitze einer Kampagne, mit der die Initiative gestoppt wurde. Um die Region zu besänftigen, wurde eine Reihe von weniger ambitionierten und lückenhaften Maßnahmen initiiert, unter anderem die Währungsswap-Vereinbarung von Chiang Mai. Für eine neue Institution sahen die großen westlichen Volkswirtschaften damals jedoch keinen Platz, und sie bekamen ihren Willen.

Heute, sechzehn Jahre später, sind weder die USA noch Europa mehr in der Lage, neue Initiativen abzuwürgen, von denen manche deutlich stärker verstreute und weniger geschlossene Gruppen von Ländern zusammenbringen würden. Von daher rühren die zunehmenden Sorgen von internationalen Ökonomen über die Gefahr von mehr globaler Fragmentierung, die zu Spannungen, Konflikten und Ineffizienzen führen kann. Angesichts der Rolle und des Einflusses von China ist zudem nicht damit zu rechnen, dass diese Sorgen bald wieder verschwinden werden, denn das Land ist unter anderem bereit, mit gutem Beispiel voranzugehen, indem es für seine Vorhaben erhebliche finanzielle Ressourcen zur Verfügung stellt.

Wichtig in diesem Zusammenhang ist, dass die laufende Neuordnung der globalen Landschaft nicht nur Staaten betrifft – parallel dazu sind auch bedeutende Veränderungen in der Welt der Unternehmen zu beobachten. In einer interessanten McKinsey-Studie über die »vier großen disruptiven Kräfte« mit Bedeutung für die Gesellschaft erklären die drei Autoren: »Noch im Jahr 2000 hatten 95 Prozent der Unternehmen in den Fortune Global 500 (...) ihren Sitz in den Industrienationen. Bis 2025 aber wird China mehr große Unternehmen beheimaten als die USA oder Europa, und wir erwarten, dass fast die Hälfte der großen Unternehmen weltweit (…) aus den Schwellenländern stammen wird.«[98]

Noch ist nicht klar, was die jüngeren BRICS-Initiativen wie die AIIB und die neue Entwicklungsbank bewirken können und wie effektiv sie sein werden. Wie ich im Juli 2014 erklärt habe,[99] wird dabei viel von ihrer Fähigkeit abhängen, mit sechs typischen Herausforderungen zurechtzukommen, die von derartigen Institutionen viel zu häufig unterschätzt werden:

- Bei wichtigen Posten und Entscheidungen müssen die Verdienste den Ausschlag geben, nicht Politik und nationale Ansprüche.
- Das richtige Gleichgewicht zwischen Entwicklungs- und Wirtschaftszielen muss gefunden werden.
- Der wiederholbare Einsatz von Public-Private Partnerships muss gefördert werden.
- Es muss sichergestellt sein, dass Projekte ökologisch und gesellschaftlich nachhaltig sind.
- Zur Unterstützung sind umfassende institutionelle, regulatorische und rechtliche Strukturen erforderlich.
- Ein Satz von modernen, evidenzbasierten Analyse- und Finanzierungswerkzeugen muss entwickelt und richtig angewendet werden.

Wenn diese Bedingungen nicht erfüllt sind, könnte bei den BRICS-Initiativen ein Ergebnis herauszukommen, das in dreierlei Hinsicht negativ ist: für die neuen Institutionen selbst, weil sie von politischer Uneinigkeit, geringer Effektivität und hohen Kosten gelähmt werden; für die konkreten Ziele, die sich die BRICS vorgenommen haben, um Schwächen der bestehenden Institutionen auszugleichen; und für das effiziente Funktionieren des multilateralen Systems insgesamt. In diesem Fall würde sich die politische Aktivität in diesem Bereich als enttäuschend, teuer und kurzlebig erweisen und obendrein die Gefahr bergen, dass künftige Initiativen mit mehr Potenzial beschädigt werden. Wenn die Bedingungen jedoch erfüllt werden, könnten die BRICS zum Katalysator für eine Renovierung des multilateralen Systems werden, die für eine weltweite wirtschaftliche Kooperation und Prosperität förderlich ist.

Kapitel 15

Die Wanderung und Verwandlung von Finanzrisiken

»Quantitative Lockerung war ein mutiges und innovatives Experiment. Was dabei herauskommt, war immer unsicher, und zum Teil waren die Ergebnisse möglicherweise negativ. Aber die Zentralbanken hatten recht damit, das zu tun, was sie getan haben.«

– FINANCIAL TIMES

P*roblem 7: Systemische Risiken wandern von Banken zu Nichtbanken, und dabei machen sie eine Verwandlung durch. Damit stehen Aufsichtsbehörden erneut vor der Herausforderung, künftige Probleme vorwegzunehmen.*

Ohne Zweifel ist das Bankensystem in den Industrienationen inzwischen sicherer – deutlich sicherer. Der Abbau von Risiken wurde angeführt von den USA, wo die Regierung im Jahr 2009 energisch handelte, indem sie strenge Stresstests für Banken vorschrieb. Bald darauf folgte Großbritannien. Nach einigen Fehlstarts war dann auch die Eurozone an der Reihe. Hier wurden die Bilanzen der Banken im Oktober 2014 unter der Führung einer mit mehr Macht und Befugnissen ausgestatteten EZB einem glaubwürdigen Stresstests (dem sogenannten Asset Quality Review oder kurz AQR) unter einer Reihe von Problemszenarien unterzogen.

Unter dem Druck nicht nur durch solche regulatorischen Vorgaben, sondern auch durch die Märkte, haben Banken erhebliche Kapitalpuffer aufgebaut, um die Auswirkungen möglicher künftiger Fehler und negativer externer Schocks ausgleichen zu können; in den kommenden Jahren werden diese Polster noch größer werden, da für die »GSIBs«, also die »global systemisch wichtigen Banken«[100] zusätzliche Kapitalanforderungen (»Aufschläge«) in Kraft treten; davon betroffen sind diejenigen Banken, die noch immer als zu groß gelten, um sie richtig steuern und/oder scheitern lassen zu können.

Gleichzeitig wurde erhebliche Arbeit in die Sanierung der Bilanzen gesteckt, ob durch den Verkauf problematischer Aktiva oder bessere Preisfestlegung und Risikobewertungen. Die Banken bemühten sich sogar, ihre internen Anreize besser zu gestalten und die klassischen Principal-Agent-Probleme zu verringern, die zu übertrieben kurzfristigem Denken und unverantwortlicher Risikobereitschaft führen. Zu alldem kam noch eine Überarbeitung des gesetzlichen Rahmens hinzu – darunter in den USA der Dodd-Frank Act –, dessen Details sich noch in der Umsetzung befinden (und zum Teil durch Lobbyarbeit der Banken schon wieder verwässert wurden).

Das Gesamtergebnis ist eine – ohne Frage – erhöhte Robustheit des Bankensystems. Soweit sie Effizienzverluste mit sich bringt, und das ist der Fall, sind diese als akzeptable Kosten dafür anzusehen, die Banken von einer Kultur der exzessiven Risikobereitschaft wegzuholen und sie in Richtung von mehr Sicherheit zu bewegen – sowohl individuell als auch für das System insgesamt.

Begleitet wird die strengere Regulierung von konsequenteren Kontrollen. Die Aufsichtsbehörden verbringen heutzutage deutlich mehr Zeit in den Büros der Banken. Insbesondere nachdem Informationen durchgesickert sind, laut denen die New York Fed in bestimmten Bereichen nicht allzu genau hingesehen hat, wird deutlich stärker darauf geachtet, dass die Banker ihre Aufseher nicht für sich vereinnahmen. All das geschieht im vollen Bewusstsein darüber, dass es in der Gesellschaft und erst recht im politischen System keinerlei Interesse an einer weiteren Runde von Bankenrettungen gibt.

Egal wie man es betrachtet: Das Bankensystem befindet sich auf einer mehrjährigen Reise zu einem »Versorgermodell« und wird konsequent weniger riskant gemacht und verkleinert. Jamie Dimon etwa, der intelligente und freimütig sprechende CEO von JP Morgan Chase, sagte bei einer Telefonkonferenz im Januar 2015, die Banken stünden »unter Beschuss« von mehreren Regulierern.

Die bereits jetzt verschlankten Banken werden hinnehmen müssen, dass die Liste der für sie »zulässigen« Aktivitäten weiter verkleinert wird. Die Vergütungen in der Branche werden weiter kritisch beobachtet werden, und es wird beständigen Druck auf einen höheren Aktienanteil an der Gesamtbezahlung geben. Sperrfristen, die bestimmen, ab wann Banker über ihre aktienbasierte Vergütung tatsächlich verfügen können, werden mehr Gewicht bekommen. Es wird Versuche geben, mehr Rückforderungsklauseln einzuführen, nach denen Banker einen Teil ihrer Boni zurückzahlen müssen, wenn die Ergebnisse später schlechter werden. Und gelegentlich dürften auch Rufe laut werden, direkte Obergrenzen für ihr Gehalt festzulegen.

Der Sektor insgesamt wird weniger volatil gemacht werden und, ja, auch »langweiliger«. Im Zuge dessen werden sich die Bewertungen an den Börsen so verändern, dass sie die neue Bankenlandschaft widerspiegeln, was auch die relativen Preise von Anleihen und Aktien mit einschließt. Die neue Welt der Banken wird von geringeren Kapitalrenditen, niedrigeren und weniger volatilen Aktienbewertungen und einer höheren Kreditwürdigkeit ihrer Anleihen geprägt sein.

Das heißt allerdings nicht, dass die systemischen Risiken – also die Gefahr von Finanzunfällen, die realwirtschaftlichen Schaden anrichten und somit Jobs und Lebensgrundlagen zerstören – eliminiert oder auch nur drastisch verringert würden. Schließlich verändern sich die Risiken lediglich, wenn sie aus den Banken abwandern und in anderen Bereichen des Finanzsystems landen.

Ein institutionelles Vakuum, das Profit verspricht, wird an den Finanzmärkten meist schnell gefüllt. Also versuchen sowohl bestehende als auch neue Nichtbanken, von den geschäftlichen Lücken zu profitieren, die durch den Rückzug der Banken entstehen. Mit einer in diese Richtung gehenden Weiterentwicklung von manchen Hedgefonds und Private-Equity-Firmen sowie spezialisierten großen Vermögensverwaltern und Neueinsteigern ist zu rechnen.

Greg Ip, früher bei *The Economist* und heute beim *Wall Street Journal*, hat eine gute Metapher für dieses Geschehen gefunden: »Risiken aus der Volkswirtschaft zu drängen, kann ähnlich sein, wie auf ein Wasserbett zu drücken«, schreibt er. »Die Risiken tauchen an einer anderen Stelle wieder auf. So ist es auch bei den Bemühungen gewesen, das Finanzsystem nach der Finanzkrise sicherer zu machen.«[101]

Diese Entwicklung lässt deutlich ein zunehmendes Ungleichgewicht zwischen den schrumpfenden Intermediären am Markt (den Broker-Dealern) und der wachsenden Zahl von Endnutzern (traditionelle wie nicht traditionelle Vermögensverwalter sowie Staatsfonds, Pensionsfondsmanager, Versicherungen etc.) zutage treten. Hier spielt sich ein dauerhafter struktureller Wandel ab, der nicht nur Auswirkungen auf die Liquidität hat, wie ich im nächsten Kapitel beschreiben werde, sondern auch zu häufigerer Marktvolatilität führen wird; ebenso ist mit länger überschießenden Preisen, Ansteckung von anderen Marktsegmenten und dann plötzlichen und scharfen Trendwenden zu rechnen.

Schon jetzt gibt es einige Faktoren, die zum wiederholten Auftreten von Blasen bei Vermögenswerten beitragen. Die Auswirkungen von Informationsversagen und Marktineffizienzen werden durch Verhaltensmuster verstärkt, die immer wieder zu Fehlern und mangelnder Interessenübereinstimmung zwischen den handelnden Personen und ihren Auftraggebern führen. Zudem hat sich der Umgang von Vermögensverwaltern mit ihren geschäftlichen Risiken als »starke Motivation für institutionelles Herdenverhalten und das rationale Reiten von Blasen« erwiesen.[102] Auch die Hypothese der Finanzinstabilität von Minsky ist hier von Relevanz und erinnert uns daran, dass lange Phasen von Stabilität tendenziell Verhalten fördern, das zu Instabilität führt.

All diese Veränderungen werden noch beschleunigt durch das Umfeld niedriger Zinsen. Jaime Caruana, Generaldirektor der BIZ, hat es in einer Rede über die Migration von Risiken in den Nichtbanken-Sektor im Dezember 2014 in Abu Dhabi so ausgedrückt: »Es ist wahrscheinlich, wenn auch nicht unumstritten, dass die Jagd nach Rendite in einem Umfeld niedriger Zinsen zum Entstehen von finanziellen Ungleichgewichten beitragen kann. Dieser sogenannte Risikobereitschaftskanal der Geldpolitik könnte besonders relevant sein, wenn die Wirtschaftsakteure davon ausgehen, dass das Umfeld niedriger Zinsen anhalten oder dass die Geldpolitik bei Turbulenzen am Markt gelockert wird – eine Art Zentralbanken-Put, wenn Sie so wollen.«[103]

Zusammen bringen diese Faktoren ein wichtiges Element der Prozyklizität in das Geschehen an den Finanzmärkten, das zu mehr Überschießen der Kurse nach oben wie nach unten führen dürfte. Sie zeigen, wie wichtig es ist, die Betonung von Finanzstabilität entschlossen über die engen Grenzen des Bankensystems hinaus zu erweitern, wofür mehr erforderlich ist als die derzeitigen makroprudenziellen Ansätze.[104]

Natürlich ist es nicht das erste Mal, dass enge Beobachter von Finanzentwicklungen sich Sorgen über die Verwandlung von Risiken und ihre Migration von einem Sektor in einen anderen machen. Ich selbst habe ähnliche Bedenken schon 2007 zum Ausdruck gebracht.

Komplexe Derivate würden als »Technologie für Risikotransfer« genutzt, schrieb ich, nachdem ich damals beobachtet hatte, wie neue strukturierte Produkte eingesetzt wurden. Dies ermögliche im großen Umfang die Migration von Risiko »zu einer neuen Gruppe von Anlegern, die in diesem Bereich unerfahren sind«, und schaffe »Risikoprobleme für das internationale Finanzsystem«.[105]

Dieses Mal wird die Einschätzung von Risiko und Renditen noch heikler durch eine interessante Art von Neueinsteigern an den Finanzmärkten. Ähnlich wie das, was – um nur einige zu nennen – bei Übernachtungen durch Airbnb, im Transportbereich durch Uber, bei Mode durch Rent the Runway und im Einzelhandel durch Amazon passiert ist, wird auch die Branche der Finanzdienstleister von Disruptoren »aus einer anderen Welt«[106] unter Druck gesetzt. Diese nicht traditionellen Akteure sorgen für Störungen in traditionellen Branchen, indem sie geschickten Gebrauch von technischen Innovationen und Erkenntnissen aus der Verhaltenswissenschaft machen. In der Finanzwelt, so hieß es in einem Artikel der *New York Times*, »konzentrieren sie sich auf eine Transformation der Erfahrung bei Konsumentenkrediten und ihrer Finanzierung – und sie wollen für Millionen von Amerikanern mehr Kredite zu niedrigeren Kosten verfügbar machen«.[107]

Zusammen mit der Zunahme von Interaktionen nach dem Prinzip P2P (Peer-to-Peer, in etwa: von gleich zu gleich) und von Crowd-Finanzierungen bieten diese Ansätze die Chance, die Verfügbarkeit von Finanzdienstleistungen zu verbessern (vor allem für bislang schlecht versorgte Bevölkerungssegmente), die Markteintrittshürden zu senken, altmodische Verwaltungsapparate zu verschlanken und mehr Quellen und Abnehmer für verleihbares Geld zu finden.[108] Gleichzeitig aber hinkt die Regulierung in diesem Bereich hinterher, und die Geschäftsmodelle haben ihre Bewährungsprobe in einer allgemeinen Wirtschaftsflaute noch vor sich; ebenso wird sich erst noch zeigen müssen, ob die Anbieter im Kollektiv diszipliniert genug sind, um einen gesamten Marktzyklus zu überstehen.

Regulierer und Aufsichtsbehörden erkennen die laufenden Verschiebungen und versuchen, zu ihnen aufzuschließen. Dabei bemühen sie sich intensiv darum, nicht die alten Fehler zu wiederholen. Besonderes Augenmerk werden sie darauf legen müssen, dass der Preis für das Liquiditätsrisiko zuletzt deutlich zu niedrig war. Denn dadurch verringert sich die Fähigkeit des Finanzsystems, sich neu aufzustellen, wenn sich entscheidende Aspekte des zugrunde liegenden Marktparadigmas verändern. Meiner Meinung nach ist dieses Thema so bedeutend, dass es sogar eine eigene Betrachtung (siehe nächstes Kapitel) verdient.

Bei der Anpassung an diese neuen Realitäten entdecken die Regulierer allmählich, dass sie die sorgfältig für Banken entwickelten Ansätze nicht ohne Weiteres auf Nichtbanken übertragen können. Die institutionellen Strukturen sind andere, und das Gleiche gilt für wichtige Aspekte hinsichtlich Risiko, Verhalten, Kultur und Bilanzmanagement. Die Regulierer haben also auf nationaler, regionaler und internationaler Ebene noch viel zu tun.

Wie der BIZ-Generaldirektor Caruana erklärte: »Wir haben relativ wenig Wissen darüber, welche politischen Maßnahmen ergriffen werden könnten, um dem Entstehen von Finanzexzessen zu begegnen, die sich außerhalb des Bankensystems entwickeln. Eine relevante Überlegung in diesem Zusammenhang ist die Art und Weise, wie die Kreditintermediation vom Bankensektor in den Markt für Schuldverschreibungen abwandert.« Ich würde dem hinzufügen, dass sie sich sogar noch viel weiter weg bewegt.

Kapitel 16
Der Liquiditätswahn

»Anders als auf anderen Anleihenmärkten geht man bei US-Staatsanleihen davon aus, dass mit ihnen den gesamten weltweiten Handelstag über Geschäfte möglich sind. (…) Jedes Anzeichen dafür, dass der Markt ohne große Vorwarnung plötzlich schließen kann, wirft beunruhigende Fragen darüber auf, wie sich der Charakter des Handels in den letzten Jahren verändert hat.«[109]

– TRACY ALLOWAY UND MICHAEL MACKENZIE

»Die Auswirkungen auf die Liquidität von ETFs, liquiden Alternativen und die Volcker-Regel in schwierigen Zeiten müssen erst noch getestet werden. Wir werden sehen, was bei der nächsten heftigen Abwärtsbewegung passiert.«

– HOWARD MARKS

P*roblem 8: Wenn sich das Marktparadigma verändert, was unweigerlich der Fall sein wird, wird der Wunsch zur Repositionierung von Portfolios weitaus größer sein als das, was das System auf geordnete Weise verarbeiten kann.*

In einer der Szenen von *Harry und Sally*, der Komödie mit Billy Crystal und Meg Ryan aus dem Jahr 1986, erzählt Sally ihrem Freund Harry über ihre Beziehung zu Joe. Sie erinnert sich daran, wie sie als Paar stolz darauf waren, von einem Moment auf den anderen nach Rom fliegen oder auf dem Küchenboden einer gewissen Tätigkeit nachgehen zu können. Als Harry etwas nachhakt, zeigt sich, dass das Paar nichts davon gemacht hat. Es ging eher darum, daran zu *denken*, als es wirklich zu *tun*.

Anleger scheinen heute fest daran zu glauben, dass die Märkte genügend Liquidität bereitstellen werden, damit sie ihre Portfolios jederzeit neu aufstellen können, falls das erforderlich wird. Dafür sprechen jedenfalls die in den letzten Jahren angehäuften Portfoliorisiken – schließlich machen sie enorme Summen aus und werfen nur wenig Rendite ab, und viele beliebte Positionen dürften sich bei Problemen in dieselbe Richtung bewegen. Die Anleger gehen also davon aus: Wenn es Zeit wird, Wertpapiere zu verkaufen oder zu kaufen, wird sich gewiss jemand finden, der im nötigen Volumen und zu vertretbaren Kosten die Gegenseite der Transaktion einnimmt. Doch es gibt gute Gründe dafür, dass dies eher unwahrscheinlich ist, was die Märkte auf einige hässliche Achterbahnfahrten schicken könnte.

Interessanterweise widerspricht die Erwartung von reichlich Liquidität dem, was in der Praxis zuletzt zu beobachten war, wenn sich die Konsensmeinung änderte und Anleger versuchten, ihre Portfolios entsprechend umzustellen. Im Mai und Juni 2013, nachdem Fed-Chef Bernanke das berühmte Wort »taper« – also »auslaufen lassen« – ausgesprochen und damit die anhaltende Unterstützung des Markts durch die Fed infrage gestellt hatte, konnten viele Anleger selbst bei den verbreitetsten Wertpapieren nicht alle gewünschten Transaktionen abschließen. Dasselbe geschah im Mai und Juni 2015, dieses Mal auf den normalerweise ruhigen Märkten für deutsche Bundesanleihen. Erneut bewegten sich die Preise bei sehr geringem Volumen heftig, und viele Anleger waren frustriert, weil sie es nicht schafften, ihre Portfolios im vollen Umfang und relativ kostengünstig neu zu positionieren.

Dies sind nur zwei von vielen Beispielen aus den vergangenen Jahren, bei denen Broker-Dealer wenig Neigung zeigten, Risiken auf sich zu nehmen, die Endanleger loswerden wollten. In jedem dieser Fälle gab es große Sprünge bei den Kursen und relativ illiquide Märkte, und zwar in einem Ausmaß, dass die Federal Reserve und andere Regulierer, die für ein reibungsloses Funktionieren der Märkte zu sorgen haben, alarmiert waren – und zwar zu Recht.

Schon mehrmals habe ich argumentiert, dass Liquidität derzeit der von Anlegern am stärksten unterschätzte Risikofaktor ist. Die Gefahr liegt hier in einer möglichen Veränderung der am Markt vorherrschenden Meinung, die dann zu dem kollektiven Wunsch führt, in illiquiden Märkten Portfolios zu repositionieren. Die Folge ist eine Kaskade von Verwerfungen, weil Anleger, die manche Vermögenswerte nicht loswerden können, stattdessen andere Bestände liquidieren. Wenn die Preise überschießen und die Korrelationen jäh zunehmen, werden mehrere kritische Punkte überschritten, was die Kapitulation von zu stark gehebelten Händlern und Anlegern erzwingt.

Auch Personen, die dem Tagesgeschäft an den Märkten sehr nah sind, haben schon Warnungen in Bezug auf Liquidität geäußert. »Die Liquidität am Markt ist insgesamt bereits deutlich zurückgegangen«, schrieb Jamie Dimon, Chairman und CEO von JP Morgan, in seinem Jahresbrief an die Aktionäre von 2015.[110] Dies werde zu einem bedeutenderen Problem »in Zeiten von Stress, weil Anleger dann schnell verkaufen müssen und es ohne Liquidität zu Kurssprüngen kommen kann, sodass die Angst zunimmt und die Illiquidität sich rasch ausbreitet – selbst auf den liquidesten Märkten«.

Auch David Hunt, CEO von Prudential Asset Management, bezeichnete Liquidität als Sorge Nummer eins. Er nannte sie »ein großes Risiko« und fügte hinzu, dies sei »eine der unbeabsichtigten Konsequenzen« der jüngsten regulatorischen Veränderungen.[111]

Die Risiken durch die verbreitete Illusion von reichlich verfügbarer Marktliquidität – eigentlich müsste man hier sogar von einer Wahnvorstellung sprechen – lassen nicht nur jähe Kursbewegungen und Belastungen für das Funktionieren der Märkte befürchten. Regelmäßige Phasen von liquiditätsgetriebenen Verwerfungen können längerfristige Schäden am Markt anrichten, die sich negativ auf die Wirtschaftsaktivität auswirken – ähnlich wie eine schwere Liquiditätskrise eines Staates die Gefahr birgt, zu einer Solvenzkrise zu werden. Um es für diejenigen unter Ihnen, die so etwas mögen, im ökonomischen Fachjargon auszudrücken: Die Illusion lässt erkennen, wie sehr die um die Umlaufgeschwindigkeit bereinigte Menge des »Geldes« von den Märkten endogenisiert wurde, was die

Effektivität der Zentralbankpolitik noch stärker abhängig von Veränderungen des Risikoappetits am Markt macht.

Wie oben erwähnt, gab es während der von den Zentralbanken angeführten allgemeinen Liquiditätsparty, mit der sie die Volatilität an den Finanzmärkten unterdrücken wollten, auch eine ganze Reihe von Liquiditätsschrecken. Dies ist das, was der kluge Ökonom Nouriel Roubini als »Liquiditätsparadox« bezeichnet hat. Die Zeiten mit Liquiditätsstress waren so beängstigend, dass sich die Zentralbanken gezwungen sahen, noch stärker zu intervenieren, was erneut zeigt, dass diese mächtigen Institutionen wenig Interesse an ausgeprägter Finanzvolatilität haben. Sie fühlten sich genötigt, eilends beruhigende Aussagen über ihre Unterstützung für die Märkte zu veröffentlichen, und ließen dem in manchen Fällen auch Taten folgen. Infolgedessen blieben die Verwerfungen nur kleinere Ausschläge, statt zum Katalysator für eine Reihe von weiteren Disruptionen und Chaos zu werden.[112]

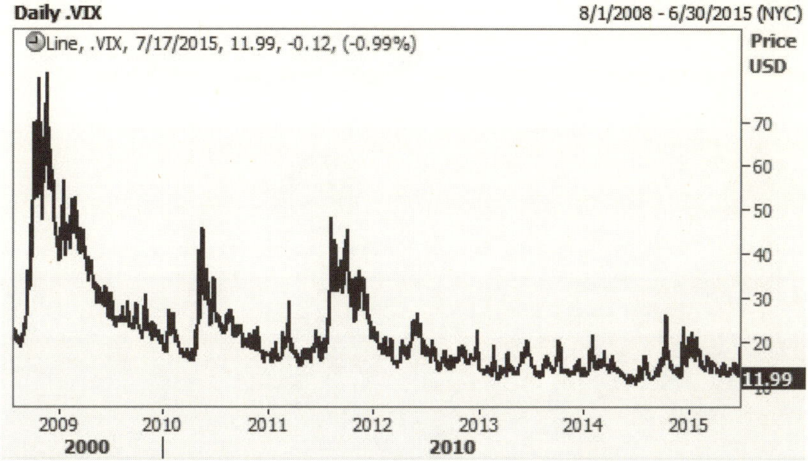

Abbildung 9: Der Volatilitätsindex VIX (Quelle: Thomson Reuters)

Nach jedem steilen Anstieg fiel der VIX – der Volatilitätsindex der CBOE, der häufig als »Angstbarometer« für den Markt bezeichnet wird – wieder auf sein ungewöhnlich niedriges Niveau zurück (Abbildung 9). Jemand, den ich sehr bewundere, nahm das zum Anlass, um auf Twitter anzuregen, der VIX solle fortan lieber »Sorglosigkeitsindex« oder »Hybrisindex« genannt werden.[113]

Je schneller sich die Märkte als Reaktion auf die zusätzlichen Zentralbankinterventionen wieder erholten, desto stärker wurde die Konditionierung der Anleger, Liquiditätssorgen abzutun und noch mehr Risiken für eine historisch beispiellos niedrige Kompensation auf sich zu nehmen. Dies wäre nicht derart besorgniserregend für die weltweite Wirtschafts- und Finanzstabilität, wenn es nicht einige wichtige strukturelle Veränderungen geben würde.

In den vergangenen Jahren hat sich eine grundlegende Veränderung bei der Struktur der Intermediation am Markt abgespielt, also bei der Art und Weise, wie Wertpapierpositionen zwischen verschiedenen Marktteilnehmern transferiert werden. Insbesondere die Größe der Market-Maker und ihre Bereitschaft, Risiken in ihre Bilanz zu nehmen, haben sich relativ zum Universum der von ihnen bedienten Kunden deutlich verringert (Abbildung 10).

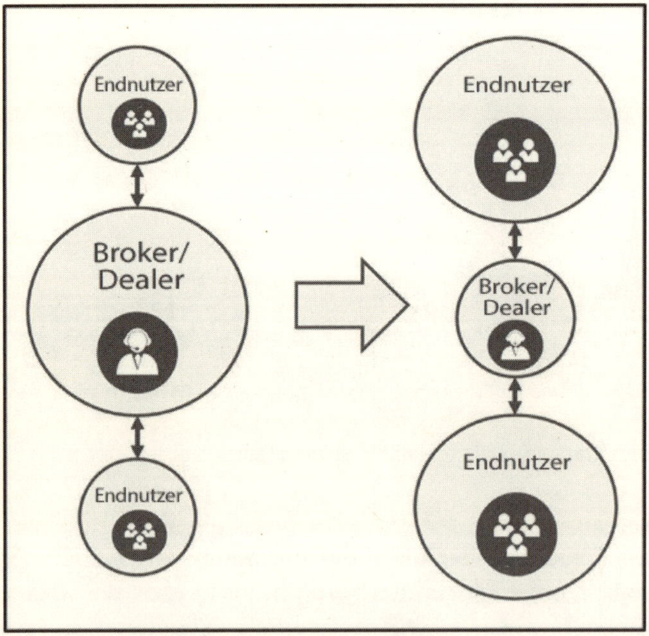

Abbildung 10: Intermediäre und Endnutzer

Unter dem Druck von Regulierern, die das Finanzwesen weniger riskant machen wollen, um eine weitere Finanzkrise wie 2008 zu verhindern, und von Aktionären, die weniger Appetit auf kontrazyklische Abenteuer haben, waren Broker-Dealer zuletzt deutlich weniger bereit, die Gegenseite bei großen Geschäften zu bilden. Damit hat sich die Kapazität zur Intermediation, die den Kern des bestehenden Marktsystems bildet und als Schmierstoff für sein Funktionieren dient, deutlich verringert. Ganz anders aber sieht es bei denjenigen aus, die dieses System nutzen: In den vergangenen Jahren gab es erhebliches Wachstum bei Größe und Komplexität der Endnutzer, seien es Vermögensverwalter, Hedgefonds, Pensionsfonds, Versicherungen oder Staatsfonds. Doch weil die zwischen ihnen stehenden Vermittler abgenommen haben, ist die Verbindung zwischen ihnen gleichzeitig nicht nur relativ gesehen dünner geworden, sondern tatsächlich auch absolut.

Zwei Faktoren verstärken die Folgen dieses zunehmenden Ungleichgewichts noch, das besonders bei solchen Anlageklassen ausgeprägt ist, denen es seit jeher an Markttiefe fehlt (wie Unternehmensanleihen aus den Schwellenländern oder High-Yield-Anleihen), aber auch bei Produkten (von ETF-Strukturen bis zu inflationsindexierten Staatsanleihen) zu finden ist, bei denen viele Anleger davon ausgehen, dass sie stets zu akzeptablen Preisen reichlich Liquidität bieten.

Erstens hat nur der mittlere Kreis in Abbildung 10 Zugriff auf die Finanzierungsmöglichkeiten der Zentralbanken – für die Endnutzer in den äußeren Kreisen gilt das nicht. Dadurch gibt es keine einfache Möglichkeit, den Druck abzuleiten, wenn zu hohe Volumina durch die sehr dünnen Rohre der Intermediäre drängen.

Zweitens wurde zwar versucht, den Druck durch den Bau von neuen Rohren als direkte Verbindung zwischen Endnutzern zu verringern – unter anderem von Black Rock, dem größten Vermögensverwalter der Welt. Doch das Ergebnis war enttäuschend. Es scheint operativ schwierig und rechtlich problematisch zu sein, wenn Endnutzer direkt miteinander handeln und die Broker-Dealer weitgehend umgehen. Zudem gilt: So sehr diese Endnutzer (in der Branche bekannt als »Buy-Side«, also Käuferseite) den Broker-Dealern (der »Sell-Side«) auch misstrauen, oft tun sie sich angesichts des intensiven Wettbewerbs unter Vermögensverwaltern noch schwerer, sich gegenseitig direkt in die Karten sehen zu lassen.

Spezielle Börsen konnten den Druck etwas abmildern, aber nicht ausreichend. Also hat die aktuelle Struktur zu wenige Entlastungsventile, um mit Versuchen zurechtzukommen, rasch und in hohem Volumen zu handeln. Tatsächlich werden Broker-Dealer wenn überhaupt eher prozyklisch agieren, sich also der Herde auf der Käuferseite anschließen, als ihre Bilanzen kontrazyklisch zu nutzen. Das gilt insbesondere für diejenigen, die beim Bilanzmanagement fest auf Ansätze nach dem Prinzip Value-at-Risk setzen. Denn hier lässt zunehmende Marktilliquidität und -volatilität das gemessene Risiko steigen, was eine entsprechende Verringerung ihres Verschuldungsgrads erzwingt.

All das spricht in meinen Augen für eine systemische – und potenziell gefährliche – Unterschätzung des Liquiditätsrisikos für das weltweite Finanzsystem. Und angesichts seiner strukturellen Ursachen ist es schwierig, etwas dagegen zu tun.

Kapitel 17

Die Lücke zwischen Märkten und Fundamentalfaktoren schließen

»Finanzbooms verteilen den Feenstaub illusionären Reichtums.«

–BIZ

Problem 9: Noch scheint keine dieser Unsicherheiten und Unwägbarkeiten die Finanzmärkte zu stören, denn sie sind unter ungewöhnlich niedriger Volatilität von einem Rekord zum nächsten gestiegen. Die Folge ist, dass die Diskrepanz zwischen der (hohen) Risikobereitschaft an den Finanzmärkten und der (niedrigen) Risikobereitschaft in der Realwirtschaft heute so groß ist wie nie zuvor.

Angesichts der langen Liste an wirtschaftlichen, finanziellen, geopolitischen, politischen und gesellschaftlichen Unsicherheiten, über die ich bis hierhin berichtet habe, würde man eine höhere Volatilität an den Finanzmärkten erwarten. Doch davon war von 2011 bis 2015 nicht viel zu sehen, wenn man die verbreitetsten Kennzahlen als Maßstab heranzieht. Stattdessen war die Volatilität ungewöhnlich niedrig, mit nur sehr seltenen Ausschlägen, die sich stets als vorübergehend und reversibel erwiesen.

Diese Volatilitätsbedingungen nach der Krise erinnern an die Beschreibungen, die das britische Unternehmen Hildon für seine Mineralwässer nennt: »angenehm still« oder »sanft sprudelnd«. Sie schaffen ein operatives Umfeld, dem sich viele Marktteilnehmer nicht entziehen können, was wiederum an die Beobachtungen von John Maynard Keynes dazu erinnert, wie an den Märkten Herdenverhalten einziehen kann. Schließlich »lehrt uns die Erfahrung, dass es besser für den Ruf ist, konventionell zu scheitern, als unkonventionell Erfolg zu haben«. Und je länger das Herdenverhalten anhält und sich selbst verstärkt, desto stärker gilt eine von Hyman Minsky aufgestellte Hypothese: Die erreichte »Stabilität« kann sich als vorübergehend erweisen, weil sie hinter den Kulissen allmählich Instabilität entstehen lässt.

Die Erklärung für das ungewöhnliche Verhalten der Volatilität liegt in einer Kombination von Faktoren: vom Wachstum, das in einem Gleichgewicht auf niedrigem Niveau feststeckt, bis zu Anlegern, die mithilfe von »Zins-Carry«-Geschäften und anderen Anlagegewinnen versuchen, ambitionierte Renditeziele zu erreichen – Renditeziele, die sich jeder Korrektur nach unten widersetzen, obwohl die Preise an den Börsen schon so stark gestiegen sind. Das Ergebnis ist, dass Marktteilnehmer nur noch für den Moment leben und die Künstlichkeit der Entwicklung sowie das damit einhergehende Risiko für größere Verwerfungen herunterspielen.

Unterstützt wurde diese spezielle Situation von zwei riesigen Liquiditätsinjektionen in den Markt – zum einen die Unterstützung durch die Zentralbanken und zum anderen der Einsatz der ungewöhnlich hohen Barreserven, die von großen Unternehmen gehalten wurden.

Das entschlossene Handeln der Zentralbanken und ihr unbestreitbarer Einfluss auf Finanzanlagen haben dazu geführt, dass die Märkte heute unter dem Mantra »schlechte Wirtschaftsnachrichten sind gut für die Märkte« operieren. Enttäuschende Konjunkturdaten führen nicht mehr dazu, dass Anleger ihre Einschätzungen zu den Fundamentaldaten und damit über das, was ein fairer Wert wäre, nach unten korrigieren. Stattdessen werden sie als Zeichen dafür interpretiert, dass die Zentralbanken noch mehr tun werden, um die Volatilität zu unterdrücken, die Kurse weiter auf künstliche Höhen zu treiben und, indem sie den Menschen das Gefühl geben, reicher zu sein, dafür zu sorgen, dass der Konsum zunimmt (was auch Unternehmen dazu bringen soll, in höhere Produktionskapazitäten zu investieren). Soweit auf diesem Weg kleine

Probleme auftreten, wie es unweigerlich der Fall sein wird, sind die Märkte inzwischen darauf konditioniert, davon auszugehen, dass die Zentralbanken sie erfolgreich lösen werden.

Eine ähnliche Rolle haben, wenn auch in geringerem Umfang, die hohen Barmittel von Unternehmen gespielt.

Nachdem sie von der Brutalität der Finanzkrise geschockt und durchgeschüttelt worden waren, die unter anderem ein fast völliges Versiegen ihrer Quellen für Kredite und kurzfristiges Betriebskapital mit sich brachte, haben Unternehmen begonnen, vorsorglich erhebliche Barreserven anzusammeln. Anfangs zögerten sie damit, dieses Geld zum Einsatz zu bringen. Doch je länger es ungenutzt in ihren Bilanzen wartete, wo es obendrein nur sehr geringe Zinsen abwarf, desto größer wurde der Druck auf Vorstände und Aufsichtsräte, die Reserven über Aktienrückkäufe und höhere Dividenden an die Aktionäre zurückzugeben; zum Teil wurden sie auch für defensive Fusionen und Übernahmen ausgegeben. Und all das hat die Preise für Finanzanlagen nur noch weiter nach oben getrieben.

Wie oben erwähnt, waren die Auswirkungen solcher Faktoren so massiv, dass sogar historische Korrelationen zwischen Anlageklassen verloren gegangen sind. Statt lang bestehenden, durch die fundamentalen Besonderheiten der einzelnen Anlageklassen begründeten historischen Mustern zu folgen, neigen ganz unterschiedliche Finanzinstrumente wie Anleihen, Rohstoffe, Aktien oder Devisen neuerdings dazu, sich im Gleichschritt zu bewegen, was eine auffällige Anomalie ist. Um das zu veranschaulichen, müssen wir nicht weiter zurückblicken als bis ins Jahr 2014.

Für das Gesamtjahr verzeichneten Anleger in US-Aktien damals eine ansehnliche Rendite von 14 Prozent (gemessen am Index Standard & Poor's 500), während sie gleichzeitig auch gutes Geld mit ihren Positionen in ultrasicheren Staatsanleihen verdienten (weil deren Kurse im Zuge der bei 10-jährigen US Treasurys um etwa 80 Basispunkte und bei 30-jährigen um etwa 100 Basispunkte gesunkenen Renditen stiegen). Aus historischer und analytischer Sicht ist das eine sehr ungewöhnliche Korrelation. Denn risikolose Staatsanleihen sollten eigentlich gerade nicht parallel zu riskanten Aktien steigen. 2014 war es trotzdem so.

Noch verstärkt wird dieses Phänomen der ungewöhnlichen Kovarianzen dadurch, dass der Anstieg der Aktienkurse nicht etwa von steigenden, sondern von – und zwar kräftig – fallenden Rohstoffpreisen begleitet wurde. Gemessen am Thomson Reuters Core Commodity CRB Index sanken die Rohstoffpreise 2014 um 18 Prozent, was bei Weitem nicht nur am Energiebereich lag, wo sich (wie ich später noch ausführen werde) eine Veränderung des Angebotsparadigmas ereignete. Auch das sollte nicht passieren: Die gängige Weisheit lautet, dass sich in einer Aktienhausse auch viele Rohstoffe tendenziell gut entwickeln.

Zur Erinnerung: Es geht hier um hochgradig liquide Märkte, die von sehr vielen raffinierten Anlegern bevölkert werden. Trotzdem ließ einer dieser Märkte (Aktien) gute Wirtschaftsnachrichten erwarten, während die anderen beiden (Anleihen und Rohstoffe) gelbes (wenn nicht sogar rotes) Licht in Bezug auf die Zukunftsaussichten für die Konjunktur und für Personen, die Finanzrisiken auf sich genommen haben, zu zeigen schienen.

Solche Zusammenbrüche bei den Korrelationen hatten die natürliche Folge, dass die aufwendigen Diversifizierungstechniken, mit denen professionelle Anleger agieren, an Nutzen verloren. Dadurch wurden Marktsignale noch weiter verzerrt, und die Gefahr von erheblichen sowie letztlich nicht durchhaltbaren und schädlichen Fehlallokationen von Ressourcen nahm weiter zu. Erneut ist die allgemeine Risikobereitschaft weitaus höher, als sich durch die Fundamentaldaten rechtfertigen ließe. Dadurch sind Regierungen und Zentralbanken wieder in genau die Zwickmühle geraten, die sie nach der Finanzkrise eigentlich ein für alle Mal hinter sich lassen wollten: Entweder sie tolerieren die exzessive Risikobereitschaft, die in Zukunft zu weit verbreitetem Finanzchaos führen und so auch der Realwirtschaft schaden könnte; oder sie stehen mit teuren Paketen bereit, um Missetäter aus dem Finanzsektor ein weiteres Mal zu retten.

Ich vermute, dass nichts von dem für die Zentralbanken eine überraschende Neuigkeit ist. Dass sie mit stumpfen Werkzeugen arbeiten müssen, die sich für die anstehenden Aufgaben schlecht eignen, ist schließlich eine der unerwünschten Folgen der Tatsache, dass sie die einzigen politisch handlungsfähigen Akteure sind. Ebenfalls vermute ich, dass manche Zentralbanken der Meinung sind, diese Wette würde sich lohnen – und zwar in der Hoffnung, dass künstlich hohe Kurse letztlich auch die Aktivität in der Realwirtschaft ankurbeln und den Volkswirtschaften so die Chance geben werden, den Schritt von künstlich induziertem Wachstum zu echtem zu schaffen. In diesem Hoffnungsszenario würde die Risikobereitschaft in der Realwirtschaft irgendwann zu der in der Finanzwelt aufschließen, und die Zentralbanken könnten endlich mit der langersehnten »Normalisierung« der Geldpolitik beginnen.

Unter solchen (zugegebenermaßen idealen) Bedingungen würde die durch den geldpolitischen Richtungswechsel anfangs ausgelöste Volatilität bald echter Stabilität weichen, in der es ein festeres Fundament für risikobehaftete Geldanlagen gibt. Eine wirklich hässliche Korrektur bei den Kursen an den Finanzmärkten irgendwann in der Zukunft wäre dann nicht mehr erforderlich.

Eine beängstigendere Möglichkeit ist, dass die Volatilität als Folge von zunehmender Wirkungslosigkeit der Geldpolitik zunimmt. Wenn das echte Wachstum nicht zurückkehrt, würden eingegangene Finanzrisiken nie von den Fundamentaldaten validiert. Selbst wenn sie es noch wollten, wären die Zentralbanken dann weniger gut in der Lage, den kumulierten Belastungen durch wirtschaftliche, finanzielle, geopolitische, institutionelle, politische und gesellschaftliche Faktoren entgegenzutreten, die ich oben vorgestellt habe. In einer solchen Welt würde für sie die Gefahr bestehen, dafür kritisiert (und Schlimmeres) zu werden, dass sie so unverantwortlich waren, mehrere Jahre lang die Preise von Geldanlagen manipuliert und erhebliche Ressourcen-Fehlallokationen gefördert zu haben.

Im Mai 2014 beantwortete die Fed-Chefin Janet Yellen nach einer Rede vor dem gemeinsamen Wirtschaftsausschuss des US-Kongresses Fragen der Parlamentarier. Bei dieser Gelegenheit räumte sie ein, dass sie und ihre Kollegen im FOMC »wahrscheinlich durchaus Auswirkungen auf den Aktienmarkt haben«. Allerdings reagierte sie ungehalten auf die Formulierung, sie würden die Börse »in den Hintern zwicken«: »Dem Ausdruck ›in den Hintern zwicken‹ würde ich mich eher nicht anschließen«, sagte sie.[114] Andere Zentralbanker haben sich allerdings offener darüber geäußert, welche Absichten die Geldpolitik in Bezug auf die Börsenkurse verfolgt.

Anfang 2015 erklärte Charles Plosser: »Eine der Sachen, die ich zu erklären versuche, ist: Wenn wir glauben, dass die Geldpolitik das tut, was wir von ihr sagen, wenn wir also die Realzinsen drücken und die Wirtschaft in den Hintern zwicken und auf irgendeine Weise das verzerren, was das normale Marktergebnis wäre, werden wir irgendwann damit aufhören müssen.« Dann sprach er das Thema der künftigen

Finanzinstabilität an: »Ab irgendeinem Punkt wird der Druck zu hoch sein. Die Kräfte des Marktes werden uns überwältigen. Wir werden die Stellung nicht mehr halten können. Und dann werden die Risikoprämien wieder in die Höhe schnellen, weil der Markt realisiert, dass Zentralbanken nicht ewig damit weitermachen können. Und das wird zu Volatilität und Verwerfungen führen.«[115]

Ob man es »Zwicken« nennt oder »Stimulieren« der Märkte in der Hoffnung, das Wirtschaftswachstum zu erhöhen: Nichts anderes haben die Zentralbanken seit einigen Jahren getan. Dies zeigt, wie wenige Instrumente ihnen zur Verfügung stehen, und die Tatsache, dass sie damit im Grunde ganz auf sich allein gestellt waren. Und dieser Pfad lässt sich nur schwer wieder verlassen, ohne das Risiko einzugehen, letztlich zum Auslöser von Disruptionen und Verwerfungen zu werden, wenn nicht sogar von Schlimmerem.

In Reden im Vorfeld der FOMC-Sitzung im Dezember 2014 hatten Fed-Vertreter die Märkte auf eine Veränderung der Formulierung im Zukunftsausblick der Zentralbank vorbereitet – konkret auf den ersatzlosen Verzicht auf den Ausdruck »erhebliche Zeit lang« (in Bezug auf den Zeitpunkt für die nächste Zinserhöhung). Tatsächlich sahen damals viele erfahrene Marktteilnehmer angesichts der sorgfältigen Vorbereitung nur eine geringe Wahrscheinlichkeit dafür, dass auf das »Taper Tantrum« von fünfzehn Monaten zuvor jetzt ein »Language Tantrum« (»Formulierungsärger«) mit ähnlichen Auswirkungen folgen würde.

Doch aus Gründen, die wohl nur das FOMC wirklich kennt, kam es dann doch anders als erwartet – wobei die relativ hohe Zahl von Gegenstimmen (drei) erkennen lässt, dass die Entscheidung nicht leichtfiel: Die Ausschussmitglieder verständigten sich auf eine weitere neue Formulierung, in der sie für die Fed das Attribut »geduldig« einführten – eine Anspielung auf die zuvor genutzte Formulierung »erhebliche Zeit lang«, die noch über mehrere weitere Ausschusssitzungen hinweg ultraniedrige Zinsen erwarten ließ. Dieses Manöver erinnerte an den September 2013: Damals hatte die Fed die Märkte auf ein Zurückfahren ihres QE3-Programms vorbereitet und sich dann doch dagegen entschieden.

Beide Episoden waren höchst verblüffend für eine Zentralbank, die ansonsten alles tut, um die Märkte nicht unnötig zu überraschen. Das gilt umso mehr in einer Zeit, in der die Fed bemüht war, sämtliche Risikofaktoren zu unterdrücken. Irgendetwas aber – ob von innen oder von außen – muss die Zentralbanker dazu gebracht haben, nicht zu weit vom vorigen Pfad abzuweichen. Dies warf ein Schlaglicht auf das Dilemma, in das Zentralbanker rund um die Welt immer wieder geraten, wenn sie tiefer in den Bereich der experimentellen Geldpolitik eindringen: Sowohl der Status quo als auch Veränderungen daran werden für sie zu einer beunruhigenden Vorstellung.

Fast unnötig zu erwähnen ist, dass die Märkte in beiden Fällen mit starken Kursgewinnen reagierten. Denn für sie hatten die Zentralbanker noch einmal bestätigt, dass diese sich, wenn auch nur leise Zweifel bestehen, stets für eine eher lockere Geldpolitik entscheiden werden.

Die Episode im Dezember 2014 ließ besonders gut den Charakter der Co-Abhängigkeit erkennen, die sich zwischen der Fed und den Märkten entwickelt hatte. Aktien verzeichneten einen der höchsten Gewinne innerhalb von zwei Tagen, die es je gegeben hat, und das inmitten eines ungeordneten Einbruchs der Ölpreise, einer Währungsimplosion in Russland und enttäuschend ausfallender Wirtschaftsdaten aus China und Europa. Noch einmal zeigte sich also, wie sehr das Vertrauen in die Zentralbanken Anlegern den Optimismus gab, Entwicklungen bei Fundamentaldaten nicht ernst zu nehmen, obwohl diese direkte Auswirkungen auf das weltweite Wirtschaftswachstum und die Unternehmensgewinne haben.

All das hängt zusammen mit der wiederholt bewiesenen Fähigkeit von Zentralbanken, eine Abkoppelung der Kurse von den Fundamentaldaten zu erreichen. Auf dieser Fähigkeit beruhende Börsengeschäfte funktionierten gut – schließlich lautete eines der beliebtesten Anlagemantras über Jahre »Kämpfe nicht gegen die Fed«. Und so wurden die Anleger weiter darauf konditioniert, auf unerwartete Fed-Stimulierung positiv zu reagieren, egal wie weit die Börsenkurse schon gestiegen waren.

Insgesamt haben Anleger enorm davon profitiert, dass die Zentralbanken ihre besten Freunde waren. Doch nicht alle waren davon begeistert, und insbesondere einige Hedgefonds-Manager brachten ihre Unzufriedenheit sehr deutlich zum Ausdruck. Ihre Beschwerden wurden sogar so laut, dass Zentralbanker sich genötigt fühlten, darauf zu reagieren. »Das große Geld schließt sich manchmal zusammen wie eine Rotte Wildschweine«, sagte zum Beispiel Richard Fisher, zu dieser Zeit Präsident der Dallas Fed. Nachdem er an den epischen Kampf zwischen dem schwerreichen Hedgefonds-Manager George Soros und der Bank of England im

Jahr 1992 erinnert hatte, fügte er hinzu: »Ich glaube nicht, dass irgendjemand die Fed besiegen kann.«[116]

Die lauten und anhaltenden Proteste der Hedgefonds ließen erkennen, wie schwierig es ist, auf Märkten zu investieren, die massiv von Zentralbanken beeinflusst – und wie sie wohl betonen würden, auch manipuliert und verzerrt – werden. Preise und Korrelationen folgten nicht mehr den etablierten analytischen und historischen Mustern. Dies bedeutet einen frustrierenden »strukturellen Bruch« für die Modelle, Erfahrungen und Denkweisen, die vielen dieser Anleger so gute Dienste geleistet hatten.

Was viele der Fondsmanager ebenfalls in den Wahnsinn treibt, ist, dass die Zentralbanken an den Märkten nicht nur als Schiedsrichter mitmischen, sondern als Konkurrenten im selben Spiel – und das obendrein mit deutlich besseren Informationen und einer eigenen Gelddruckmaschine. Noch ärgerlicher für sie ist, dass die Schiedsrichter jederzeit bereit und in der Lage sind, die Regeln nach Belieben zu verändern.

Ausgestattet mit »permanentem Kapital« und einer sehr elastischen Bilanz fast ohne Begrenzung, können Zentralbanken viel länger an einem »Verlustgeschäft« festhalten, als die meisten Hedgefonds dagegen wetten können. Schließlich verfolgen die Institutionen auf den Märkten keine kommerziellen Interessen. Dadurch können extrem falsche Kurse und irrationale Korrelationen zwischen den Anlageklassen ohne Weiteres so lange bestehen bleiben, bis die meisten Hedgefonds die Geduld verlieren.[117] Als sie das erkannten, entschieden sich einige gut bekannte Manager sogar dafür, ihre Fonds zu schließen und der Branche den Rücken zu kehren – zumindest bis auf Weiteres.

Fast unnötig zu sagen: Der Kampf beruhte auf zwei sehr unterschiedlichen Einschätzungen darüber, was das richtige Ziel ist. Endanleger wie Pensionsfonds und Universitätsstiftungen vertrauen ihr Kapital Hedgefonds-Managern in der Annahme an, dass es deren treuhänderische Pflicht ist, Gewinne anzustreben. Anders sieht es bei den Zentralbanken aus: Sie zielen nicht darauf ab, am Markt profitable Ergebnisse zu erreichen. Das kann zwar eine Zwischenstation auf dem Weg zu den von ihnen stattdessen angestrebten makroökonomischen Zielen sein, die sich zumeist um Wachstum und Preisstabilität drehen, doch nicht einmal das ist unbedingt der Fall.

Natürlich gibt es eine Grenze, ab der es vollkommen unvernünftig wird, stark gestiegene Börsenkurse von schwachen Fundamentaldaten abzukoppeln. Je näher man dieser Grenze kommt – und ich glaube, dass wir ihr schon sehr nahe sind – und je schwieriger echtes Wachstum zu erreichen ist, desto größer wird die Gefahr von späteren verheerenden Kurseinbrüchen. Diese fallen dann nicht nur schnell zurück auf Niveaus, die von den Fundamentaldaten wieder gerechtfertigt sind, sondern schießen noch darüber hinaus. Und je dramatischer dieses Überschießen nach unten, desto größer ist die Gefahr, dass die dadurch ausgelösten finanziellen Verwerfungen anschließend die Fundamentaldaten beeinträchtigen.

Akademisch unterfüttert wird diese Befürchtung in den Arbeiten von Michael Feroli (früher bei der Fed und heute bei JP Morgan Chase), Anil Kashyap (University of Chicago), Kermit Schoenholtz (New York University) oder Hyun Song Shin (Princeton University und heute BIZ).

Beim gut besuchten U. S. Monetary Policy Forum im Februar 2014 in New York, an dem auch Zentralbanker teilnahmen, warnten solche Experten zusammen mit anderen vor dem »Zielkonflikt zwischen mehr Stimulierung heute und einem schwierigeren und disruptiveren Ausstieg aus dieser Geldpolitik in der Zukunft«. Warum? Weil »Analysen dafür sprechen, dass unkonventionelle Geldpolitik in Form von quantitativer Lockerung oder Zukunftsaussagen Gefahren entstehen lassen, weil sie bestimmte Arten der Risikobereitschaft fördern, die sich ab einem gewissen Punkt umkehren dürften«.[118]

Ähnliche Bedenken wurden auch von der BIZ vorgebracht, und zwar nicht nur in Bezug auf ungewöhnlich niedrige Zinsen und außerordentlich umfangreiche Bilanzoperationen der Zentralbanken: »Wenn die Finanzmärkte eine enge Fokussierung auf bestimmte Aspekte der Zukunftsaussagen von Zentralbanken entwickeln, könnten eine breitere Interpretation oder Korrekturen der Prognosen zu disruptiven Marktreaktionen führen«, warnten Andrew Filardo und Boris Hofmann im März 2014 in einem Fachaufsatz in *BIS Quarterly Review*.[119] Im selben Monat äußerte sich auch Narayana Kocherlakota, Präsident der Minnesota Federal Reserve, über eine mögliche Veränderung der Fed-Zukunftsaussagen: Ein solches Vorgehen, klagte er öffentlich, könne nicht nur die Glaubwürdigkeit der Zentralbank beschädigen, sondern auch dazu beitragen, die wirtschaftliche Erholung zu untergraben.[120]

Auch der frühere Fed-Gouverneur Jeremy Stein hat diese Themen mehrmals angesprochen, am prägnantesten in einer eindrücklichen Rede vor dem Money Marketeers Club der New York University im Mai 2014.

Stein wird dafür respektiert, dass er ein umfassendes Verständnis von Finanzentwicklungen in die Fed eingebracht hat – ich habe es als eine Kombination von »praxisnahen Einschätzungen zu den Märkten und theoretischen Überlegungen über Ökonomie, in die Erkenntnisse aus der Effizienzmarktliteratur ebenso wie aus der Verhaltenswissenschaft einfließen«, beschrieben.[121] In seiner Rede verwies er auf drei Umstände, die unweigerlich zu Komplexitäten führten: »die Tatsache, dass der Markt keine Einzelperson ist; die Tatsache, dass auch das Open Market Committee keine Einzelperson ist; und das schwierige Zusammenspiel zwischen dem Ausschuss und dem Markt«. Somit bestehe stets das Risiko, dass »übertriebene Bemühungen um eine Steuerung der Marktvolatilität mithilfe unserer Kommunikation letztlich an sich selbst scheitern«.[122]

Wer die lange Abhängigkeit von unkonventioneller Geldpolitik verteidigt, räumt durchaus ein, dass eine Vorgehensweise, die eine extreme Abkoppelung der Preise von Finanzanlagen von den Fundamentaldaten bedeutet, unweigerlich Risiken mit sich bringt. Solche Beobachter verweisen aber zugleich auf drei Faktoren, die dieses Problem abmildern könnten: ein Wirtschaftsaufschwung (auch als das Erreichen der »Fluchtgeschwindigkeit« bezeichnet), bei dem schnelles Wachstum die zuvor künstlich erhöhten Börsenkurse rechtfertigen würde; effektive »makroprudenzielle« Maßnahmen, die Ansteckungseffekte durch übertriebene Risikobereitschaft eindämmen; und, für den Fall, dass dies beides nichts hilft, eine robustere Finanzarchitektur und neue Werkzeuge, um finanzielle Schäden ohne große Auswirkungen auf die Realwirtschaft zu beheben.

Die Fed-Präsidentin Yellen hat sich in vielen Reden eloquent über diese Themen geäußert, unter anderem bei einem Vortrag vor dem IWF im Juli 2014. Nach einem Gespräch mit Christine Lagarde, der geschäftsführenden Direktorin des IWF, räumte sie ein, dass niedrige Zinsen »die Anreize für Finanzmarktteilnehmer verstärken, nach Rendite zu jagen und Risiken auf sich zu nehmen«, und fügte hinzu, diese Risikobereitschaft könne »zu weit gehen und dadurch zu mehr Fragilität im Finanzsystem beitragen«.[123]

Abgesehen davon aber hat Yellen mehrfach eine feste Überzeugung des öffentlichen Sektors bekräftigt: dass die meisten Befürchtungen in Zusammenhang mit Blasen an den Märkten nicht etwa eine veränderte Geldpolitik verlangen, sondern durch einen stärkeren und nachhaltigeren Wirtschaftsaufschwung verringert würden. Was dann noch an Gefahren übrig sei, lasse sich durch den Einsatz von robusteren makroprudenziellen Maßnahmen beheben.

Diese makroprudenziellen Maßnahmen, nicht die Geldpolitik, seien die »wichtigste Verteidigungslinie« gegen Finanzexzesse, hielt Yellen fest – auch wenn sie »Geldpolitik nicht völlig außer Acht lassen würde, wenn Finanzexzesse entstehen«, denn makroprudenzielle Maßnahmen hätten schließlich ebenfalls »ihre Schwächen«. Demnach zieht die Fed-Chefin es vor, Geldpolitik »aktiv in der Mischung zu behalten«, aber nicht als »erste Verteidigungslinie«.[124]

Ohne Frage hat es bei der Stärkung von »makroprudenziellen« Maßnahmen Fortschritte gegeben. Einen Überblick darüber lieferte der Fed-Vizevorsitzende Stanley Fischer in einer Rede im Juli 2014. Die Aufzählung zeigt, in welchem Ausmaß global koordinierte Schritte von zusätzlichen Fed-Aktivitäten begleitet wurden.[125]

Noch aber steht eine genaue Bewertung der Gesamtwirksamkeit dieser Bemühungen aus – und erst recht ein richtiger Test dafür. Dass sie tatsächlich effektiv sind, wird umso unwahrscheinlicher, je länger es dauert, bis sich wieder echtes Wachstum einstellt, und je stärker die Abhängigkeit von den Zentralbanken als einzigem verbleibendem Akteur wird. »Die Werkzeuge für Aufsicht und Regulierung, über die wir verfügen, sind zwar nützlich, aber alles andere als perfekt«, merkte Gouverneur Stein in einer Rede im Februar 2014 an.[126] Ebenfalls nicht hilfreich ist, dass finanzielle Risiken, wie oben erwähnt, sowohl wandern als auch neue Formen annehmen.

Ein ähnliches Argument brachte Jaime Caruana von der BIZ im Dezember 2014 vor, als er beobachtete: »Wir haben jetzt zwar das Gefühl, dass alle getroffenen Maßnahmen eine gewisse Wirkung zeigen dürften, doch die Wahrheit ist, dass wir immer noch nicht viel darüber wissen, wie sie miteinander interagieren.« Die Tatsache, dass makroprudenzielle und geldpolitische Maßnahmen in den letzten Jahren in unterschiedliche Richtungen wirkten, verkompliziere die Lage noch zusätzlich, so Caruana. Deshalb sei es »eine weitere große Herausforderung, die Effektivität von makroprudenziellen Maßnahmen zu bewerten, vor allem wenn mehr als nur ein Werkzeug eingesetzt wird«.[127]

Und dann gibt es noch eine wichtige Erinnerung des IWF. Interessanterweise ist sie in einer längeren Arbeit seiner Forschungsabteilung zu finden, die sich mit Problemen bei der Gestaltung und Umsetzung beschäftigt, beispielsweise mit dem Verhältnis zwischen Vorteilen und Risiken sowie mit der Frage, wie sich die Umstände in unterschiedlichen Ländern berücksichtigen lassen. »Damit makroprudenzielle Politik effektiv sein kann, muss sie weiter blicken als nur bis zu den Banken«,[128] heißt es darin.

Zuletzt stellt sich die Frage, wie die Zentralbanken, wenn die Zeit dafür reif ist, es schaffen werden, aus ihrer experimentellen Politik geordnet und ruhig wieder auszusteigen.

Dieses Problem wurde gut verdeutlicht im Januar 2015 durch die unsaubere Art und Weise, wie die Schweizerische Nationalbank einen Mindestkurs für ihre Währung wieder aufhob, den sie drei Jahre zuvor eingeführt hatte, um Belastungen für die Schweiz durch die Eurozonen-Krise möglichst gering zu halten. Die Entscheidung kam für die Märkte vollkommen überraschend und löste die Art von plötzlichen Kursbewegungen (unter anderem um 40 Prozent bei der Währung und um 10 Prozent bei Aktien) aus, die selbst für Schwellenländer ungewöhnlich wären – und natürlich erst recht für eine reife Volkswirtschaft wie die Schweiz, die eigentlich für ihre Stabilität und Berechenbarkeit bekannt ist.

Der holprige Ausstieg der Schweiz lässt einige Punkte deutlich werden und gleichzeitig mehrere Fragen unbeantwortet. In jedem Fall ist er ein guter Indikator für etwas, was ich in den nächsten beiden Teilen dieses Buchs noch eingehender erläutern möchte: dass die Zentralbanken ihr eigenes Schicksal immer weniger selbst in der Hand haben.

Wie sie in den Geschichtsbüchern letztlich beurteilt werden, hängt eher vom zukünftigen Handeln anderer Akteure ab als von ihren eigenen Aktivitäten (auch wenn diese nicht völlig bedeutungslos sind). Hinzu kommt, um es mit einer Analogie aus dem Kunstturnen zu sagen: Ich glaube nicht, dass beim Urteil über die Zentralbanken der »Schwierigkeitsgrad« ihrer Aufgaben berücksichtigt werden wird. Wenn dem so wäre, müssten die Bewertungen ziemlich gut ausfallen, doch nur wenige dürften so differenziert vorgehen. Das gilt auch für die Politiker, die sich möglicherweise bald noch stärker dafür interessieren werden, wie diese mächtigen Institutionen ihrem Tagesgeschäft nachgehen.

Kapitel 18

Ein gutes Haus in einer schwierigen Nachbarschaft?

»Was wir brauchen, ist intelligentes Entgegenkommen.«[129]

– MARTIN WOLF

»Wenn Blinde andere Blinde führen, gibt es wenig Vertrauen in die Richtung der Reise.«

– SWAHA PATTANAIK

Problem 10: All das läuft auf bedeutende Belastungen für die besser gesteuerten Teile von nationalen, regionalen und globalen Systemen hinaus.

Das eigene Haus in einer durchgehend problematischen und schlechter werdenden Nachbarschaft in Ordnung zu halten oder sogar zu verschönern, ist schwierig. Genau darin liegt das grundlegende Problem bei vielen der Belastungsfaktoren, mit denen es die Lichtblicke in den Volkswirtschaften zu tun haben – dabei hätten sie ansonsten das Potenzial, zu höherem und stärker inklusivem Wachstum weltweit beizutragen. Bei diesen Lichtblicken handelt es sich um gut gesteuerte Volkswirtschaften, Unternehmen mit hervorragendem Management, Unternehmen und Haushalte mit reichlich liquiden Mitteln und einzelne Bereiche mit transformativen

Innovationen. Doch in einem Umfeld, das die volle Realisierung ihres Potenzials verhindert, können sie nicht richtig zur Geltung kommen.

Schauen wir uns nur an, wie sehr der Unternehmenssektor damit zögert, mehr wirtschaftliche Risiken einzugehen, obwohl er in einer ungewöhnlich günstigen Position dafür wäre. Auf sehr aufschlussreiche Weise war das zuletzt zum Beispiel im Bereich der Fusionen und Übernahmen (Mergers & Acquisitions, M&A) zu beobachten.

Wirtschaftslehrbücher hätten angesichts der Umstände in den letzten Jahren – billige und reichliche Finanzierungsmöglichkeiten, Rekord-Profitabilität bei Unternehmen und hohe Barreserven – einen Boom beim M&A-Geschehen vorausgesagt. In der Realität aber dauerte es nach der Finanzkrise ungewöhnlich lange, bis diese Aktivitäten wieder zunahmen. Und als es so weit war, waren diese Transaktionen anfangs überwiegend defensiv. Statt aggressiv zu expandieren, versuchten die Unternehmen also, Kosten zu senken und für weniger Wettbewerb zu sorgen.

Im Nachklang der Finanzkrise beschlossen viele Unternehmen, Gewinne einzubehalten und ein Finanzpolster aufzubauen, um die Gefahr zu minimieren, noch einmal ein Trauma aufgrund von einfrierenden Märkten erleben zu müssen. Angesichts der zunehmenden Bedeutung von aktivistischen Anlegern – also von Finanzinvestoren, die mit unterschiedlichen Instrumenten Druck zur Veränderung auf Unternehmensführungen ausüben – war es jedoch nur eine Frage der Zeit, bis Geld über Aktienrückkäufe und höhere Dividenden an die Anleger zurückfließen würde. In manchen Fällen war das tatsächlich positiv, in anderen Fällen wurden Unternehmen dadurch gezwungen, sich eher um den kurzfristigen Druck als um langfristige Geschäftsinteressen zu kümmern. Als Folge davon »verblassen die für die Gesellschaft erreichten wirtschaftlichen Vorteile im Vergleich zu den Finanzgewinnen, die zwei bestimmte Gruppen erzielten, nämlich die Personen, die Übernahmen begleiten, und Finanzinvestoren«.[130]

Das eher vorsichtige Vorgehen von Unternehmen mit Bilanzen voller liquider Mittel stand in augenfälligem Kontrast zu der immer weiter zunehmenden Risikobereitschaft an den Kapitalmärkten. Hier zeigten sich die Anleger gern bereit, sich relativ weit von ihren angestammten Spezialgebieten wegzuwagen, in denen sie über einen »Vorsprung« und bessere Mittel für Informationssammlung und Analysen verfügten.

Für diese Entwicklung gibt es eine Reihe von Gründen, und diese zu verstehen, ist ausgesprochen wichtig.

Erstens vertrauen viele Finanzanleger darauf, dass sie ihre Risikopositionen relativ rasch auflösen können (wobei sie dabei, wie im Kapitel über den Liquiditätswahn erwähnt, dazu neigen, die damit zusammenhängende Risikoprämie stark zu unterschätzen). Risiken in der Realwirtschaft einzugehen, bedeutet dagegen Investitionen in physische Fabriken und Anlagen, die sich nur schwer rückgängig machen lassen. Risikobereite Unternehmen müssen Arbeitskräfte einstellen, die möglicherweise neue Qualifikationen und Werkzeuge brauchen. Deshalb müssen sie dafür weitaus zuversichtlicher in Bezug auf ihre langfristigen Aussichten sein.

Zweitens betätigen sich Finanzanleger in Bereichen, die viel näher am Zugriffsbereich der hyperaktiven Zentralbanken liegen, wenn nicht sogar mitten in deren Zuständigkeit. Schließlich hat die Geldpolitik direkte Auswirkungen auf die Kurse an den Börsen – insbesondere wenn die Zentralbanken aktiv selbst Wertpapiere am Markt aufkaufen. In der Realwirtschaft sieht es anders aus: Wer hier investiert, muss auf einen viel längeren Transmissionsmechanismus der Geldpolitik vertrauen, dessen Effektivität in den letzten Jahren alles andere als überzeugend war. Dass die Zentralbanken bewiesen haben, dass sie Börsenkurse manipulieren können, reicht nicht aus – denn ob das wirklich auch zu mehr Wirtschaftsaktivität führt, ist eine offene Frage.

Drittens spielen auch zeitliche Einschätzungen und damit zusammenhängende Anreizstrukturen eine Rolle. Viele Finanzanleger müssen sich in täglichen, wöchentlichen oder monatlichen Performance-Vergleichen messen lassen. Bei ihnen investierte Mittel gelten deshalb als hochgradig mobil, sodass es sich für sie fast von selbst verbietet, an der Seitenlinie zu stehen, wo sich fast keine Rendite erwirtschaften lässt – vor allem wenn Konkurrenten währenddessen mehr erreichen. Risikoträger in der Realwirtschaft dagegen werden eher quartalsweise beurteilt und in nicht börsennotierten Unternehmen nach noch längeren Zeiträumen. Damit ergeben sich für sie niedrigere Opportunitätskosten, wenn sie sich Handlungsmöglichkeiten offenhalten.

Und zuletzt haben Risikoträger in der Realwirtschaft keine Wahl, als mögliche regulatorische Änderungen sorgfältig im Blick zu behalten.

Reformen der Unternehmenssteuern zum Beispiel wirken sich auf die zu erwartende Nettorendite aus, also können sie starken Einfluss auf die zukünftige Profitabilität von Projekten haben, sowohl absolut gesehen als auch beim Vergleich von Alternativen. Unsicherheit über die künftige Struktur des Steuersystems kann also dazu führen, dass wirtschaftliche Risiken zunächst einmal nicht eingegangen werden.

Aus all diesen Gründen – und ich vermute, noch aus weiteren – war die Welt nach 2008 geprägt von zu viel Risikobereitschaft an den Finanzmärkten und zu wenig Risikobereitschaft bei Investitionen in Maschinen und Menschen in der Realwirtschaft. Wichtig dabei ist, dass es Unternehmen nicht etwa an den finanziellen Mitteln (der Fähigkeit) für höhere Investitionen mangelte, sondern am Willen (Wunsch) dazu. Und je länger sie auf ihren Barreserven sitzen, desto größer wird der Druck, diese für Aktienrückkäufe oder Dividendenerhöhungen zu nutzen – ein Phänomen, das durch das Aufkommen von mehr Aktionärsaktivismus noch verstärkt wurde.

Klar erkennbar wurde der zunehmende Druck auf Unternehmen, Geld an ihre Aktionäre zurückzugeben, durch einen aufsehenerregenden Brief, der im März 2015 mehrere Unternehmenschefs erreichte. Sein Absender war Larry Fink, Chairman und CEO von Black Rock, mit mehr als 4 Billionen Dollar an verwaltetem Vermögen die größte Anlagemanagementgesellschaft der Welt.

In dem Schreiben zitierte Fink eine Schätzung von S&P, laut der US-Unternehmen im Jahr 2014 mehr als 900 Milliarden Dollar für Dividenden und Aktienrückkäufe ausgegeben hatten. Unternehmen sähen sich konfrontiert mit einem »Wirtschaftsökosystem, das sich deutlich verändert hat und eine beängstigende Herausforderung für Unternehmen darstellt, die sich kurzfristigem Marktdruck widersetzen wollen«, stellte er fest. S&P erwartete zu dieser Zeit eine weitere Zunahme von Rückkäufen wie Dividenden. Konkret lautete die Prognose, dass Dividenden das zweistellige Wachstum der vergangenen vier Jahre fortsetzen und es bei Rückkäufen eine ähnliche Zuwachsrate geben würde.[131]

Ganz richtig hielt Fink fest, dass Unternehmen aus vielen Richtungen unter Druck stünden, unter anderem »durch die Verbreitung von aktivistischen Aktionären, die sofortige Renditen fordern, durch die ständig zunehmende Geschwindigkeit des Kapitals, durch eine von einem 24/7-Nachrichtenzyklus und eine immer kürzere Aufmerksamkeitsspanne geprägte

Medienlandschaft sowie durch eine Politik, der es nicht gelingt, wirklich langfristige Investitionen zu fördern«.

Trotz dieser langen Liste aber drängte Fink die Unternehmenschefs dazu, Schluss zu machen mit »zu geringen Investitionen in Innovation, qualifiziertes Personal und Anlagen, die für langfristiges Wachstum dringend benötigt werden«. Dies bezeichnete er als die »Fürsorge- und Treuepflicht der Führungen gegenüber ihren Unternehmen und langfristigen Aktionären«. Die Manager, so Fink weiter, sollten »dem Druck von kurzfristig orientierten Aktionären widerstehen, Wert aus dem Unternehmen zu entnehmen, wenn dies die Wertschöpfung für langfristige Aktionäre beeinträchtigt«. Wer dazu bereit sei, betonte er, könne mit Unterstützung durch den riesigen Geldpool von Black Rock rechnen.

Insgesamt aber wurden die Unternehmen beim großen Bargeld-Horten ernsthaft nur von aktivistischen Aktionären gestört, die lieber schnelle Auszahlungen sehen wollten. Dies stellt einen weiteren Belastungsfaktor dar, der verhindert, dass die Weltwirtschaft ihr beträchtliches Aufwärtspotenzial realisieren kann; auf dieses Thema komme ich in Kürze noch einmal zu sprechen. Zugleich stellt es ein Problem für den Privatsektor dar, das mehrere Dimensionen hat.

Es gibt durchaus einige Felder der Exzellenz und eine ganze Reihe von gut geführten Unternehmen und Regierungen. Konzerne und Banken sind heute besser kapitalisiert als je zuvor in den dreißig Jahren, seit denen ich sie als Akademiker und Anleger beobachte. Wenn das noch nicht ausreicht, um Sie von dem Aufwärtspotenzial zu überzeugen, lassen Sie mich noch einen weiteren Faktor nennen: wirklich transformative Innovationen, bei Energie ebenso wie in Bereichen, in denen Mobiltechnologien, Internetzugang, Rechenleistung und neue Möglichkeiten der Informationssammlung zu einer scheinbar nie endenden Reihe von beeindruckenden und fantasievollen Anwendungen zusammenkommen.

Heutzutage haben wir Zugriff auf mobile Produktivitätswerkzeuge, die vor noch gar nicht langer Zeit als unwahrscheinlich, wenn nicht sogar undenkbar galten. Mit Kernkompetenzen aus einer »anderen Welt« können agile Innovatoren in ganzen Branchen für Unruhe sorgen, und das mit bemerkenswerten Auswirkungen.

Von Bauern, die den Fruchtwechsel zeitlich besser steuern können, bis zum kosteneffektiv maßgeschneiderten Einsatz von Kapital ermöglicht die Welt von heute zugleich erhebliche Produktivitätsfortschritte. In ihr wird rasche Preisfindung ebenso erleichtert wie das Überspringen einer ganzen Technikgeneration, um gleich die allerneueste einzusetzen, vor allem in manchen Schwellenländern. Die Tendenz zum »Der-Gewinner-bekommt-alles«-Prinzip wird verstärkt. Und all das ist untrennbar verbunden mit dem rasch veränderlichen Verhalten von Verbrauchern, die ein stärker selbstbestimmtes Leben führen wollen.

Dieses Phänomen war erkennbar hilfreich für Unternehmen wie Airbnb und Uber, die Verbrauchern besseren Zugang zu Dienstleistungen verschaffen, die zu lange als zu teuer und/oder unerfreulich galten. Für ihre neuen Dienste nutzen diese Anbieter eine mächtige Kombination aus Technologie, Mobilität und überlegen gestalteten Nutzeroberflächen für die Kunden.

Überlegen Sie nur: Airbnb ist heute ein bedeutender Anbieter von »Hotel«-Zimmern, obwohl das Unternehmen noch kein einziges eigenes Gebäude gebaut hat. Uber expandiert aggressiv in aller Welt und sichert sich dabei zunehmende Anteile am städtischen Transportsystem – und hat trotzdem noch kein einziges Taxi und keine Limousine gekauft. Bei beiden Unternehmen geht es um das »Teilen« eines erheblichen Bestands an nicht ausgelasteten Wirtschaftsgütern.

Wir leben in einer spannenden Zeit des Übergangs, der einen Wechsel von enger Produktorientierung hin zu stärker ganzheitlichem Denken in Lösungen fördert und es für Unternehmen und Regierungen immer wichtiger macht, jederzeit und überall zu reagieren – und zwar auf eine Weise, die den Erwartungen der Kunden in Bezug auf häufigere und breitere Interaktionen entspricht.

Bislang beschränken sich die Auswirkungen von solchen disruptiven Innovationen weitgehend auf den spektakulären Siegeszug von einigen neuen Unternehmen, die intensivere Nutzung bestehender Wirtschaftsgüter und die Disruption einzelner Sektoren. Doch wie ich weiter unten genauer erklären werde, ist es nur eine Frage der Zeit, bis sie die makroökonomische Ebene erreichen und eine Transformation der gesamten Wirtschaftslandschaft vorantreiben.

Als der PC erfunden wurde, hat er die Technologiebranche revolutioniert, Büroarbeit radikal verändert und die Art und Weise, wie wir unser tägliches Leben angehen, transformiert. Jetzt zeichnen sich weitere ebenso bedeutsame Veränderungen ab.

Am Horizont locken also potenzielle Gewinne für die ganze Gesellschaft, die ein enormes Ausmaß und eine enorme Reichweite haben. Jedoch besteht die Gefahr, dass sie von einem System aufgehalten werden, das dem Eingehen von langfristigen wirtschaftlichen Risiken entgegensteht und die Vorteile von mehr Möglichkeiten für jeden Einzelnen begrenzt.

Die frustrierenden (und unnötigen) Schwächungen für neue Wachstumstreiber kommen noch zu den weiter oben vorgestellten Faktoren hinzu, welche die Effektivität und Glaubwürdigkeit der Zentralbanken untergraben. Zur Erinnerung: Deren geldpolitische Wette beruht auf der Erwartung (ich würde hier eher von Hoffnung sprechen), dass das Wachstum trotz des wiederholten Versagens von Regierungen, ein besseres Umfeld dafür herzustellen, mit Schwung zurückkehren wird. Dies wiederum soll dabei helfen, die Gefahr künftiger Finanzinstabilität zu verringern und im Griff zu behalten, Ungleichheit zu vermindern, die Glaubwürdigkeit von Institutionen wiederherzustellen, politische Dysfunktionalität zu beheben und gesellschaftliche Spannungen abzubauen.

Im Rest dieses Buchs wird es darum gehen, ob, wie und wann all das eintreten wird. Der Ansatz, den ich dafür wähle, lässt erkennen, wie wichtig es ist, in Bezug auf das, was vor uns liegt, sehr offen und multidisziplinär zu denken. Denn nur so lässt sich herausfinden, was zu tun ist, um sich trotz der notwendigerweise »ungewöhnlich unsicheren« Aussichten zurechtzufinden. Und bei alldem darf man auch die globalen Verflechtungen nicht vergessen.

TEIL IV
DER WEG NACH VORN

*»Sie müssen nicht die gesamte Treppe sehen,
nehmen Sie einfach die erste Stufe.«*
– MARTIN LUTHER KING JR.

Kapitel 19

Lösungen für die zehn großen Herausforderungen: Umgang mit bereitwilligen Zentralbanken, denen die richtigen Werkzeuge fehlen

»Wir alle haben so oft gehört, dass ›Gelddrucken der Zentralbanken stets zu Hyperinflation führt‹, dass es einfach stimmen muss. Das ist eine einfache, kurze Darstellung – genau die Art, die falsche Erinnerungen entstehen lässt.«

– JAMES MONTIER

Das Wohlergehen heutiger und künftiger Generationen hängt davon ab, dass die im vorigen Teil skizzierten zehn großen Herausforderungen angegangen werden. Inzwischen, so vermute oder hoffe ich jedenfalls, müssten sie schon auf dem Radarschirm jeder größeren Zentralbank rund um die Welt erschienen sein. Wenn die Zentralbanken die richtigen Werkzeuge hätten, würden sie die Probleme effektiver angehen, denn sie wissen, was auf dem Spiel steht. Ich würde sogar zu behaupten wagen, dass sie selbst dann bereit wären, sich auf einen entschlosseneren politischen Pfad zu begeben, wenn sie anfangs nicht in der Lage sind, die erforderliche Reaktion und ihre Folgen im vollen Umfang zu erkennen.

Ebenso vermute ich, dass sich die Zentralbanken darüber einig sind, dass die Zeit drängt. Je länger die Probleme anhalten, desto stärker verwurzeln sie sich in der globalen Wirtschaft und desto ausgeprägter werden die negativen Rückkopplungsschleifen, sodass Gegenmaßnahmen immer schwieriger werden. Je länger wir warten, desto schwerere Probleme müssen wir lösen.

Auch Eigeninteressen spielen dabei eine Rolle. Als einzige handlungsfähige Akteure sind Zentralbanken besonders anfällig für eine politische Gegenreaktion, mit der zu rechnen ist, wenn sich die wirtschaftliche Mittelmäßigkeit fortsetzt und die Finanzinstabilität zurückkehrt. Dies ist besonders wichtig in einer Welt, in der unkonventionelle Geldpolitik auch die Funktionsweise der Finanzbranche verändert – ein Segment der Bevölkerung wird belastet, um ein anderes zu subventionieren, und Institutionen des öffentlichen Sektors nehmen erkennbar eine aktive Rolle bei der Preisbildung auf den Finanzmärkten und bei der dadurch gesteuerten Allokation von Ressourcen ein. Die Zentralbanken treten also nicht nur als Schiedsrichter auf, sondern sind in einer ganzen Reihe von Sportarten selbst mit von der Partie.

In den USA gibt es – bislang ohne Ergebnis – bereits reichlich Gesetzesinitiativen, um die Federal Reserve mehr Kontrollen, Prüfungen und Rechenschaftspflichten zu unterwerfen. Sollte irgendeiner dieser Versuche an Fahrt gewinnen, dürften die operative Autonomie und die politische Reaktionsfähigkeit von Zentralbanken fast mit Sicherheit verringert werden. Damit würde eine weitere wichtige Komponente des politischen Arsenals unangemessen eingeschränkt, und das System wäre noch weniger in der Lage, Herausforderungen für das wirtschaftliche und finanzielle Wohlergehen zu meistern. Es würde einem Boxer ähneln, der mit zwei auf den Rücken gebundenen Händen antreten muss.

Auf der europäischen Seite des Atlantiks ist ein noch größeres und weiter zunehmendes Gefühl der Irritation zu erkennen, genährt von schwacher Wirtschaftsentwicklung und der furchtbaren Krise in Griechenland. In Deutschland zum Beispiel ist die Politik zunehmend der Meinung, dass die EZB zu weit gegangen ist mit ihren ständigen Versuchen, Regierungen zu unterstützen, die Reformen verzögern und stattdessen weiter ihrem Hang zu übermäßigen Ausgaben nachgeben. Ebenso wird kritisch gesehen, dass die EZB offenbar insofern der Fed folgt, als sie Sparer belastet, um Kreditnehmer zu subventionieren. Und weil die Deutschen nun einmal geborene Sparer sind, beklagen sie, wie sehr künstlich niedrig gehaltene Zinsen Institutionen schwächen, die langfristige Finanzdienstleistungen zur Verfügung stellen, ob Lebensversicherungen oder Pensionsfonds.

Auch innerhalb der geldpolitischen Institutionen selbst ist ein Grollen zu vernehmen. Eher strenge Zentralbanker auf beiden Seiten des Atlantiks haben sich bereits öffentlich besorgt über die schleichende Ausweitung ihrer Zuständigkeit geäußert. Für sie geht es nicht nur darum, wie sehr Zentralbanken in den Bereich experimenteller Geldpolitik vordringen und dabei unerprobte Instrumente – und zwar immer mehr davon – einsetzen mussten. Sie stören sich auch an etwas, was sie als Tendenz der Zentralbanken ansehen, über ihre traditionellen Politikbereiche hinaus zu expandieren und zu viele Zuständigkeiten zu übernehmen.

Vor seinem Rücktritt als Präsident der Philadelphia Fed im März 2015 erklärte Charles Plosser, er mache sich Sorgen wegen der »längerfristigen Folgen für die Institution. Zum Teil lautet meine Kritik, dass wir die Grenze zu weit in den Bereich von Fiskal- statt Geldpolitik verschoben haben. (...) Was passiert dadurch mit unserer Unabhängigkeit? Was passiert mit unserer Fähigkeit, effektiv zu handeln?«[132] Andere Zentralbanker, darunter auch solche, die bis dahin nicht mit einer Neigung zur Strenge aufgefallen waren, äußerten ähnliche Meinungen.

Am 23. März 2015 zum Beispiel warnte James Bullard, der umsichtige Präsident der St. Louis Fed, vor der Gefahr, dass künstlich niedrige Zinsen schädliche Finanzblasen auslösen könnten. »Null ist in einem derartigen Umfeld zu wenig«, sagte er.[133] Damit bekräftigte er einen der Punkte, die der Fed-Vizevorsitzende Stanley Fischer schon mehrmals zuvor vorgebracht und tatsächlich erst in derselben Woche bei einer Rede vor dem Economic Club of New York bekräftigt hatte: Die Märkte seien schlecht beraten, sich so zu verhalten, als wären Nullzinsen irgendetwas anderes als eine Anomalie, die eine Korrektur erfordert, sagte er.[134]

Nichts davon aber hat wirklich etwas daran geändert, dass Zentralbanken das »einzige Spiel der Stadt« sind – und zwar so sehr, dass es für sie ziemlich normal geworden ist, sogar noch milder zu sein, als sie den Finanzmärkten beigebracht haben, von ihnen zu erwarten. Schauen wir nur darauf, wie sich die EZB im Januar 2015 für ein neues Wertpapierkaufprogramm entschied, das umfangreicher war und länger laufen sollte, als die Märkte erwartet hatten. Angesichts des umstrittenen Charakters dieses Schritts und der Uneinigkeit im EZB-Rat darüber kam er für viele überraschend. Oder schauen wir, wie sehr sich die Fed im März 2015 bemühte, den Märkten zu erklären, dass sie nicht etwa ungeduldig geworden sei, nur weil sie das Wort »geduldig« aus ihrer Erklärung zur Geldpolitik gestrichen hatte.

Bei jeder Gelegenheit haben sich die Zentralbanken im Zweifelsfall lieber für kurzfristige Zurückhaltung entschieden, fast ungeachtet der längerfristigen Konsequenzen. Und das wird sich so bald nicht ändern. Tatsächlich sieht es eher so aus: Selbst wenn sie – angeführt von der Fed, weil die wirtschaftliche Gesundung in den USA schon weiter vorangeschritten ist – beginnen, all die außergewöhnlichen geldpolitischen Stimulierungsmaßnahmen zu beenden, wird dabei nur das herauskommen, was ich als die »lockerste Straffung« in der Geschichte des modernen Zentralbankwesens bezeichnet habe.

Egal wie man es betrachtet: Es kann kaum Zweifel an der *Motivation* und damit der *Bereitschaft* der Zentralbanken geben, aktiv zu werden, um den aktuellen Weg beizubehalten, bis stärkeres Wachstum dabei hilft, die im vorigen Teil angesprochenen zehn Probleme zu beheben. Beides ist bei ihnen reichlich vorhanden. Doch die Zentralbanken wissen auch, dass die Probleme nicht nur ihre sind – sie betreffen das gesamte globale System, und zur Lösung werden unterschiedliche politische Maßnahmen vorgebracht, die zum Teil unverzichtbar sind, aber jenseits der Möglichkeiten von Zentralbanken liegen. Und es nur eine Frage der Zeit, bis sich die Erkenntnis verbreitet, dass Motivation und Bereitschaft, auch wenn sie noch so stark sein mögen, möglicherweise nicht ausreichen, um die erwünschten Ergebnisse herbeizuführen.

Zu betonen ist, dass das grundlegende Problem für die Zentralbanken in ihrer *Fähigkeit* liegt, systemische und dauerhafte Veränderung zu bewirken. Und genau in Bezug auf diesen Punkt herrscht gravierende Unsicherheit. Um das zu verstehen, müssen wir den Blick noch einmal genauer auf die vier Gruppen von dringend erforderlichen Maßnahmen richten, die ich oben angerissen habe: wachstumsfreundliche Reformen, eine bessere Zusammensetzung und ein höheres Niveau der Gesamtnachfrage, Beheben von Schuldenüberhängen und Fortschritte bei der Vollendung des europäischen Integrationsprojekts. Nach einer kurzen Erklärung des analytischen Ansatzes dafür werde ich mich ihnen in diesem Teil noch einmal zuwenden.

Kapitel 20

Ein Reduzierte-Form-Ansatz für einen umfassenden Politikentwurf

»Wäre das nicht toll, Professor? Eine einfache, elegante Gleichung, die alles erklärt.«
– *DIE ENTDECKUNG DER UNENDLICHKEIT* (FILM)

Auf den ersten Blick mögen die zehn Herausforderungen für die Weltwirtschaft gewiss groß, aber nicht überwältigend erscheinen.[135] Doch die Art und Weise, wie sie miteinander interagieren, lässt schweren und dauerhaften Schaden für die wirtschaftliche, gesellschaftliche und politische Stabilität befürchten, was das Risiko einer kompletten Lähmung der Politik erhöht. Um mit diesem Risiko umzugehen, neigen Politiker und andere Entscheidungsträger, auch solche in Haushalten und Unternehmen, ganz natürlich dazu, eine lange Liste von Lösungen aufzustellen.

Ein solches Vorgehen besitzt seine Vorteile. Gleichzeitig aber hat eine lange Liste mit Maßnahmen auf verschiedenen Gebieten derzeit kaum eine Chance, denn das aktuelle politische Umfeld hemmt Einigungen und Entscheidungen selbst bei den einfachsten Dingen. Stattdessen brauchen wir eine Handvoll Punkte, die als Anker – oder, wenn Sie lieber militärische Analogien mögen, als Luftunterstützung – dafür dienen können, bei der Entwicklung und Umsetzung einer Vision für mittelfristige Korrekturen voranzukommen. Schließlich ist es, wenn man sich auf eine beschwerliche Reise machen muss, fast unmöglich, sich zurechtzufinden, wenn man nicht eine gute Vorstellung vom anvisierten Ziel hat.

Um besser darüber nachdenken zu können, was erforderlich ist, wähle ich einen recht eleganten Ansatz, den auch Ökonometriker nutzen, wenn sie es mit besonders komplexen Problemen zu tun haben: die »reduzierte Form« für Gleichungssysteme. Bei diesem Ansatz verzichtet man darauf, eine vollständige Lösung zu suchen – und dabei analytische Lähmung und/oder eine höllisch schwierige Umsetzung zu riskieren. Stattdessen beschäftigt man sich nur mit einem kleineren Satz von handhabbaren Variablen. Ich versuche also nicht, mich mit jedem einzelnen Aspekt des Problems zu beschäftigen, sondern begnüge mich mit den vielleicht 75 bis 90 Prozent, die ausreichen, um eine sowohl umsetzbare als auch wünschenswerte Lösung zu finden.

Unter Verwendung dieses Ansatzes wird (zumindest mir) klar, dass die Industrienationen dringendsten Bedarf an den vier oben erwähnten großen politischen Initiativen haben, auch wenn nicht jeder dieser Meinung sein mag und man sich über die relative Bedeutung der einzelnen Punkte durchaus streiten kann. Um wirklich effektiv zu sein, müssten alle vier Initiativen gleichzeitig verfolgt werden. Angesichts der strukturellen Unbeständigkeit der heutigen Weltwirtschaft und der damit zusammenhängenden Suche nach neuen Wachstumsmodellen muss die Umsetzung möglichst unvoreingenommen angegangen werden. Man muss dabei also auf neue Informationen reagieren und darf nicht davor zurückschrecken, wenn nötig mitten auf dem Weg Korrekturen vorzunehmen.

Eine einfache Analogie kann das verdeutlichen. Stellen Sie sich einen Patienten vor, der nach einem Aufenthalt auf der Intensivstation und einer Notoperation aus dem Krankenhaus entlassen wird. Die gute Nachricht für ihn lautet, dass er nicht mehr in unmittelbarer Lebensgefahr schwebt. Richtig gesund ist er aber auch noch nicht. Er kann gehen, langsam und vorsichtig, aber noch nicht wieder rennen.

Seine komplette Gesundung wird verzögert von Faktoren wie der Erblast einer schlechten Ernährung und zu wenig Sport. Medizin und Zeit helfen, doch das allein reicht nicht aus. Der Patient muss auch sein Verhalten ändern.

Genauso ist es auch in der Weltwirtschaft – und vor allem in den Industrienationen. Mit der Zeit werden viele (aber nicht alle) Bilanzen gesünder werden, doch das dürfte sich als nicht ausreichend erweisen, um hohes Wachstum zu erzeugen, und schon gar nicht für eine Erhöhung des Potenzials dafür. Ebenso werden zyklische Erholungen zwar viele erfreuen, doch sie werden sich als frustrierend unzureichend erweisen, wenn sie nicht in eine längerfristige, inklusive Wachstumsdynamik münden (diesen Punkt hat schon der Wirtschaftsbericht des US-Präsidenten aufgeführt, der im Februar 2015 vom Wirtschaftsrat des Weißen Hauses, geleitet von Jason Furman, vorgelegt wurde).[136]

Damit möchte ich Ihnen jetzt die vier Schlüsselergebnisse vorstellen, die sich aus der Anwendung des Reduzierte-Form-Ansatzes auf die zehn großen Herausforderungen in der Weltwirtschaft ergeben.

1. Ernsthafte Bemühungen um inklusives Wirtschaftswachstum

Die erste Komponente einer umfassenden Lösung liegt darin, eine immer raffiniertere Finanzbranche als Wachstumsstrategie aufzugeben und sich stattdessen auf die eigentlichen Grundbausteine für wirtschaftliche Prosperität zurückzubesinnen. Dies erfordert eine entschlossene Abkehr von einer globalen geldpolitischen Ausrichtung, in der Staaten wie der Privatsektor seit mittlerweile mehr als einem Jahrzehnt von einer künstlichen Liquiditätsinjektion nach der anderen abhängen, um die wahren, strukturellen Wachstumshemmnisse zu verschleiern. All dies muss in einem Gesamtkontext erfolgen, der komplizierter geworden ist, weil die Ungleichheit innerhalb der Länder drastisch zugenommen hat, die Politik stärker polarisiert geworden ist und Institutionen einen Teil ihrer Funktionsfähigkeit verloren haben.

Von einer Überarbeitung des Bildungssystems bis zu einer Stärkung von Infrastrukturen, und von der Abschaffung von wachstumsfeindlichen Verzerrungen durch die Steuerpolitik bis zur Erhöhung der Wettbewerbsfähigkeit sowie der Flexibilität von Arbeitskräften: Diese erste Politikkomponente erfordert eine Reihe von Strukturreformen, die oft als »angebotsseitige Maßnahmen« bezeichnet werden – sie haben also Auswirkungen auf die Fähigkeit einer Volkswirtschaft, Güter und Dienstleistungen bereitzustellen, die im Inland konsumiert oder ins Ausland verkauft werden können. Solche Maßnahmen sind nur dann erfolgreich, wenn sie von einem mittelfristigen Programm begleitet werden, das zudem jedes Jahr überprüft und angepasst wird. Außerdem werden dafür eine konsistente Kommunikation und breite Unterstützung durch Schlüsselelemente der Gesellschaft benötigt.

So wie es schon bei der engeren politischen Reaktion der Zentralbanken der Fall war, wird auch dieser Ansatz ein ungewöhnliches Maß an Experimentierfreude der Regierungen erfordern. Der Grund dafür ist einfach: Es ist analytisch zu kompliziert und historisch zu schwierig, alle Antworten über die Auswirkungen der neuen Politik im Voraus kennen zu wollen. Deshalb werden Regierungen – und mit ihnen Finanzanleger und manche Unternehmen – das aktuell übertrieben ausgeprägte kurzfristige Denken hinter sich lassen müssen.

In manchen Ländern wird sich diese Mentalitätsänderung nicht erreichen lassen, ohne gleichzeitig wirtschaftliche Institutionen zu reformieren. Und dabei geht es nicht nur darum, den Einfluss von etablierten Partikularinteressen zu verringern und die lähmende Macht von bürokratischen Grabenkämpfen zu brechen. Wie wir noch sehen werden, geht es auch darum, operative Vorgehensweisen zu modernisieren, neue Daten und analytische Werkzeuge einzusetzen und Entscheidungsträger stärker rechenschaftspflichtig zu machen. Ebenfalls geht es darum, der Falle von übertrieben ideologischen Debatten zu entgehen, die verhindern, dass die für eine Lösung der vor uns liegenden Herausforderungen erforderliche Dynamik entsteht. Wenn dies nicht gelingt, werden sich die dringend benötigten politischen Initiativen – von höheren staatlichen Infrastrukturinvestitionen und stärker mit Fremdkapital arbeitenden Public-Private Partnerships bis zu mehr Betonung von Arbeitsproduktivität, Neuqualifizierung von Arbeitskräften und wachstumsfreundlichen Steuerreformen – als schwierig durchzuhalten und auszubauen erweisen. Mehr über diese konkreten Themen werde ich in Kürze berichten.

Mit die interessantesten Überlegungen über die schwierige Frage, wie sich Wirtschaftswachstum schaffen und aufrechterhalten lässt, stammen von Professor Michael Spence von der New York University, einem Wirtschaftsnobelpreisträger, von dem ich über die Jahre viel gelernt habe. Er kombiniert eine robuste theoretische Grundlage mit empirischen Beobachtungen und konnte auf diese Weise belegen: Bei jeder beliebigen Kombination von Arbeit, Kapital und natürlichen Ressourcen spielt strukturelle

Flexibilität eine entscheidende Rolle dafür, einen Wirtschaftsaufschwung zu ermöglichen und Ländern dabei zu helfen, »sich an langfristige technologische Veränderungen und globale Marktkräfte anzupassen«.[137] Solche Flexibilität erfordert üblicherweise zudem eine hohe »Regierungsqualität«, denn sie geht unweigerlich damit einher, wirtschaftliche Starrheiten aufzulösen, die einzelne Interessengruppen begünstigen.

2. Ausgabenfähigkeit und -bereitschaft in Einklang bringen

Die neue Betonung von wachstumsfreundlichen Strukturreformen muss von Maßnahmen begleitet werden, die zum Ziel haben, das Missverhältnis zwischen der Bereitschaft und der Fähigkeit zu Ausgaben zu beheben. Dies ist die zweite Politikkomponente. Ohne dieses Element wird chronischer Mangel bei der Gesamtnachfrage den Konsum sowie Unternehmensinvestitionen in neue Fabriken, Anlagen und Arbeitskräfte weiterhin hemmen.

Eine entscheidende Rolle spielt hier die Steuerpolitik, und es ist höchste Zeit, die Lähmung zu durchbrechen, die dieses bedeutende Instrument der Wirtschaftssteuerung ergriffen hat – Mark Blyth von der Brown University spricht in diesem Zusammenhang vom »Kann-nicht-will-nicht-soll-nicht«-Syndrom. Großteils aufgrund der Sorge, in die alte schlechte Angewohnheit überhöhter Ausgaben zurückzufallen, hat sich der politische Ansatz für die Steuerpolitik auf sinnlose Diskussionen über Extreme reduziert. Selbst in einem so hoch entwickelten und fortschrittlichen Land wie den USA hat es sich für den Kongress als unmöglich erwiesen, auch nur die einfachste seiner Funktionen in der Wirtschaftspolitik zu erfüllen, nämlich sich aktiv auf einen Haushalt für das Land zu verständigen. Wie oben erwähnt, haben sich die Parlamentarier zuletzt im Prinzip damit begnügt, jeweils den Haushalt des Vorjahrs fortzuschreiben.

Dabei geht es nicht nur um das Überdenken von Ansätzen und Haltungen, die zu übertriebener Strenge und Sparsamkeit führen, wobei systematisch die Wirkung der negativen fiskalischen Multiplikatoren sowie die Notwendigkeit einer besseren Reaktionsfähigkeit der Politik unterschätzt wird – staatliche Ausgabenkürzungen lösen eine Dynamik aus, die zu einer überproportionalen Verringerung der Gesamtnachfrage führt. Zugleich geht es darum, Steuern und Ausgaben aktiver und effektiver einzusetzen, ohne dabei zu sehr die Anreize zu beschädigen, die Innovation und Unternehmertum antreiben.

Für die USA würde dies zum Beispiel – in der Reihenfolge von den am wenigsten zu den am stärksten kontroversen Punkten – bedeuten: Steuerschlupflöcher und die wuchernden Ausnahmeregelungen im Steuerrecht müssen abgeschafft und die Steuern für Gewinne von Private-Equity-Firmen sowie Hedgefonds erhöht werden, die Erbschaftssteuer muss reformiert werden, die Subventionen für Eigenheimhypotheken müssen vereinfacht und der Spitzensteuersatz für die höchsten Einkommen muss angehoben werden. Ebenfalls erforderlich wären entschlossene Schritte zur Modernisierung des Systems der Unternehmensbesteuerung, das voller Anomalien, Verzerrungen und Fehlanreize ist, welche Wirtschaftswachstum eher hemmen als fördern; unter anderem geben Unternehmen heute viel Geld für »Inversionen« aus, kaufen also ausländische Gesellschaften, um Steuerlasten geografisch zu verschieben und zu verringern, während der eigentliche Betrieb bleibt, wo er ist. Und es wäre erforderlich, mehr dafür zu tun, dass staatliche Ausgaben die Produktivität erhöhen und mehr menschliches Potenzial freisetzen. Wie oben erwähnt, braucht es also mehr Gewicht für Investitionen, Infrastrukturen, Bildungsreformen und das Gesundheitswesen.

Solche Maßnahmen würden gleichzeitig der Verschlechterung beim Dreiklang der Ungleichheit entgegenwirken, der die Herausforderungen für Wohlstandstreiber auf der Angebots- wie der Nachfrageseite noch verschärft. Denn sie tragen dazu bei, die exzessive Zunahme der Einkommens- und Vermögensungleichheit – als den ersten beiden Komponenten des Dreiklangs – zu bremsen, und könnten so auch die Verschlechterung bei der entscheidenden dritten Komponente stoppen, die ebenso direkte Bedeutung für zukünftige Generationen hat: bei der Ungleichheit in Bezug auf Chancen.

Je mehr von den zusätzlich entstehenden Einkommen bei den Reichen landen – und so ist es in den letzten Jahren sehr deutlich gewesen –, desto geringer ist die marginale Zunahme des Konsums, da reiche Haushalte einen geringeren Anteil ihres Einkommens ausgeben als Haushalte in den mittleren oder unteren Schichten. Eine kleine Erhöhung des Spitzensteuersatzes würde also dazu beitragen, dieses Problem zu lindern, und in der überwältigenden Mehrheit der Fälle würde sie für die Betroffenen kaum als Abschreckung vor Arbeit wirken. Damit diese Maßnahme, ebenso wie auch andere Reformen bei persönlichen und Unternehmenssteuern, breite gesellschaftliche Unterstützung findet, muss sie mit einer glaubwürdigen Festlegung darauf einhergehen, die zusätzlichen Steuereinnahmen in Bereichen auszugeben, die entscheidend für langfristiges Produktivitätswachstum sind.

Ebenfalls gibt es Spielraum für die intensivere Nutzung von modernen Ansätzen, die einen besseren Ausgleich zwischen der Ausgabenfähigkeit von Staaten und wichtigen nationalen Prioritäten ermöglichen. Trotz analytischer Fortschritte konnte sich die Politik immer noch nicht dazu durchringen, mehr Bereiche für Private-Public-Partnerships zu öffnen. Potenzial dafür ist mit Sicherheit gegeben. Denken wir zum Beispiel nur an gravierend unterfinanzierte Infrastrukturinvestitionen auf der einen Seite und den großen Pool an langfristigem Kapital (ob in Staatsfonds, Versicherungen oder Pensionsfonds), das nach Anlagemöglichkeiten mit langer Laufzeit sucht, auf der anderen. Diese Diskrepanz ist umso schreiender, als ein Teil dieses Kapitalpools sogar explizit für gesellschaftlich vorteilhafte Investitionen vorgesehen ist. Noch aber tun Regierungen zu wenig, um eine geeignete Auswahl an Optionen für solche Partnerschaften anzubieten – und das obwohl es von Straßen bis zu städtischen Parkplätzen genügend ermutigende Praxisbeispiele dafür gibt.

Auf regionaler Ebene ist das Ungleichgewicht sogar noch offensichtlicher. Länder wie Griechenland waren (und sind) gern bereit, Geld auszugeben, aber nicht in der Lage dazu. Andere wie Deutschland hatten (und haben) die Mittel, aber nicht den Willen.

Mit der haushaltspolitischen Komponente der europäischen Integration voranzukommen, hätte ebenfalls sehr dabei geholfen, diese Themen anzugehen und unschöne Rückschläge beim historischen Prozess der regionalen politischen Integration zu verhindern. Doch auch hier war es dringend erforderlich, dafür zu sorgen, dass die dadurch implizierten Transferzahlungen nicht verschwendet werden. Auf regionaler Ebene ist es zudem viel schwieriger, für solche Transfers zu argumentieren, als auf nationaler. Minimal würde dies frühe vertrauensbildende Maßnahmen erfordern, die signalisieren, dass die Mittel zur Unterstützung von Strukturreformen eingesetzt werden und nicht als Ersatz dafür; außerdem würde ein auf konkreten Daten basierender Verifizierungsprozess gebraucht. Keine dieser Herausforderungen ist unlösbar, doch beide erfordern mehr gegenseitiges Vertrauen und aktiven Einsatz für das Gesamtziel der regionalen Integration. Gleichzeitig ist es wichtig, ein gemeinsames Verständnis der Vergangenheit zu entwickeln und eine einheitliche Vision für eine gemeinsame prosperierende Zukunft.

Zusätzlich gibt es das globale Ungleichgewicht, das noch schwieriger zu beheben ist. Es zeigt sich an einem Muster von Überschüssen und Defiziten in verschiedenen Ländern, die frustrierend schwierig zu verändern sind, und an einer zu wenig produktiven Verwendung der Überschüsse. Insgesamt sind wir sehr weit von dem entfernt, was die Gründerväter des Abkommens von Bretton Woods sich hinsichtlich symmetrischer Anpassungen von Ungleichgewichten zwischen Überschuss- und Defizitländern vorgestellt hatten: Diese sollten auf eine Art und Weise erfolgen, welche die globale Prosperität fördert und bilateralen Spannungen sowie verpassten Gelegenheiten entgegenwirkt.

So wie die Weltwirtschaft heute organisiert ist und arbeitet, ergibt sich dauerhaft ein Niveau der Gesamtnachfrage, das unter dem liegt, was sowohl möglich als auch wünschenswert wäre. Und so sehr man auch versucht sein mag, Lösungen im großen Maßstab vorzuschlagen – sie würden stets eine so grundlegende Restrukturierung des Systems und seiner multilateralen Institutionen erfordern, dass sie von Anfang an unrealistisch sind. Tatsächlich sehen nationale und regionale Lösungen im Vergleich dazu einfach aus – obwohl sie das durchaus nicht sind. Das soll allerdings nicht heißen, dass man dieses Thema komplett aufgeben sollte. Schließlich könnte eine klare Diagnose der Probleme durch die G20 mit gewissen Fortschritten beim Einsatz von zu wenig genutzten Kapitalpools zusammenkommen. Und das ist ein weiterer Grund dafür, dass die G20-Staaten, wenn sie es mit ihren gemeinsamen Bemühungen ernst meinen, sehr gut beraten wären, ein kleines dauerhaftes Sekretariat für die Gruppe zu schaffen, statt weiter die Unterbrechungen ihrer Arbeit hinzunehmen, die sich durch den jährlichen Wechsel bei Vorsitz und Sekretariat zwischen den Mitgliedsstaaten unweigerlich ergeben.

3. Schuldenüberhänge abbauen

Bei der dritten Politikkomponente geht es um einen intelligenten Umgang mit den Bereichen, die noch immer von exzessiver und hartnäckiger Verschuldung geprägt sind, was produktive Energie aufzehrt und neue

Investitionen verhindert. Wir müssen erkennen, dass erdrückende Schuldenlasten nicht nur das bestehende Potenzial für wirtschaftliche Dynamik zunichtemachen: Gleichzeitig verhindern sie, dass Neueinsteiger mit frischem Kapital hinzukommen, das als Sauerstoff für Wirtschaftsakteure dienen kann, die dringend neuen produktiven Atem brauchen. Ohnehin aber kann frische Luft wenig ausrichten, wenn sie sofort von einer Atmosphäre aufgesaugt wird, die insgesamt extrem muffig und giftig geworden ist – wenn man ihr die Wahl lässt, wird die Frischluft dann wahrscheinlich gar nicht erst kommen und sich verunreinigen lassen. Neue Investitionen halten sich also schlicht davon fern, zum Teil von etwas zu werden, was eigentlich zu einem produktiven Rehabilitationsprozess werden könnte.

Auf dem Papier gibt es vier Möglichkeiten, um Schuldenüberhänge loszuwerden. Die beste davon ist hohes Wirtschaftswachstum, denn es gibt Schuldnern – ob Staaten, Unternehmen oder Haushalte – eine Chance, bestehende Schulden abzuzahlen und gleichzeitig ihre Lebensstandards zu halten und in die Zukunft zu investieren. Nachdem der Westen die Lage so lange hat gären lassen, steht ihm diese Option jetzt jedoch nicht mehr so einfach zur Verfügung. Stattdessen können, wie sich am (wenn auch extremen) Beispiel Griechenlands zeigt, Situationen mit exzessiver Verschuldung mit der Zeit zu einem Teufelskreis werden, in dem unzureichendes Wachstum Schuldenüberhänge noch verstärkt, sodass sie ihrerseits wieder Wachstum verhindern. Und um alles noch schlimmer zu machen, werden die Probleme von Liquidität und Solvenz immer enger miteinander verknüpft und immer schwieriger zu lösen.

Indem es Gläubiger über künstlich niedrige und gedrückte Zinsen belastet und Schuldner subventioniert, kann auch das Regime der finanziellen Repression, das die Zentralbanken herbeigeführt haben, dabei helfen, Schuldenüberhänge abzubauen. Doch es dauert lange, sehr lange, bis eine solche Strategie zu einem entscheidenden Durchbruch führt. In der Zwischenzeit bringt sie die Gefahr schwerer Kollateralschäden und unerwünschter Folgen mit sich, die unter anderem Wachstumsmotoren beschädigen, wie weiter oben erklärt.

Eine dritte Möglichkeit für den Umgang mit Schuldenüberhängen liegt in einer unilateralen Einstellung der Schuldenbedienung. Dies wurde schon mehrfach versucht, unter anderem 1998 von Russland und 2001 von Argentinien. Doch auch dieses Vorgehen ist beim besten Willen kein Wundermittel.

Die unvermeidbaren Verwerfungen und negativen Auswirkungen von unilateralen Zahlungsausfällen verstärken Wachstumsprobleme kurzfristig noch, denn sie schränken den Zugang zu Krediten ein und machen sie sehr teuer. Sie verlangsamen das Wiederanlocken von frischem Kapital und bringen Gläubiger zumindest anfangs dazu, deutlich höhere Risikoprämien zu verlangen. Ebenso können sie zu den Arten von Moral Hazard führen, die eine vernünftige Wirtschaftssteuerung mit der Zeit unmöglich machen.

All das bringt uns zur vierten Möglichkeit: einer geordneten Verringerung von Schulden und Schuldenbedienung (Debt and Debt Service Reduction, kurz DDSR).

Eine DDSR wird benötigt, um Schuldenüberhänge in Situationen abzubauen, wo sich kein ausreichendes Wachstum erreichen lässt, ein Zahlungsausfall zu disruptiv wäre und finanzielle Repression nicht ausreichen würde. Zum Glück bietet die Geschichte hier Orientierung darüber, welche Vorgehensweisen Erfolg versprechen. Ein Beispiel dafür ist der Brady-Plan von Ende der 1980er/Anfang der 1990er Jahre, mit dem ich mich damals als Ökonom beim Internationalen Währungsfonds beschäftigt habe.

Zu dieser Zeit hatte die internationale Staatengemeinschaft viele Jahre lang öffentliche und private Finanzierungen für hoch verschuldete Länder in Lateinamerika arrangiert, damit diese ihre Gläubiger bezahlen konnten, darunter Banken, die ansonsten in große Schwierigkeiten geraten wären. Dann aber setzte sich die Erkenntnis durch, dass mutigere Schritte nötig seien, wenn der Kontinent zu spürbarem Wachstum zurückkehren sollte. Konkret war es Zeit, in den sauren Apfel zu beißen und eine geordnete Verringerung von Schulden und Schuldenbedienung auszuarbeiten. Ansonsten hätte sich nicht genügend neues Kapital organisieren lassen, was die Gefahr einer Verlängerung des »verlorenen Jahrzehnts« für Lateinamerika mit sich gebracht hätte.

Also machten sich staatliche wie private Institutionen (einschließlich des IWF, der damals mehrere aktive Programme in lateinamerikanischen Staaten laufen hatte) an die Arbeit. Dabei wurde klar, dass die Privatsektor-Komponente der exzessiven Verschuldung durch eine Reihe von marktbasierten Lösungen angegangen werden konnte, bei denen die Notwendigkeit einer Reduzierung der Schuldenlast ebenso berücksichtigt wurde wie auf Gläubigerseite die Einschränkungen durch Bilanzierungsvorschriften und Regulierung. In den meisten Fällen lief dies auf eine Auswahl an Tauschvereinbarungen hinaus, bei denen Schuldnern eine Reduzierung des Gegenwartswerts ihrer Verbindlichkeiten gewährt wurde und im Gegenzug für die Gläubiger die Wahrscheinlichkeit einer Rückzahlung ihrer verbleibenden (wenn auch verringerten) vertraglichen Ansprüche erhöht wurde. Hinzu kamen, wenn nötig, verschiedene Zusatzarrangements wie BIP-Optionsscheine, die zusätzlichen künftigen Schuldendienst davon abhängig machten, wie gut sich das jeweilige Land wirtschaftlich erholen würde.

Allgemein kann man sagen, dass die Ausgestaltung von geordneten DDSR mit den Jahren ein deutlich weniger limitierender Faktor geworden ist. Jedoch müssen sie auch rechtzeitig vereinbart werden, und dieser Aspekt ist weitaus heikler geblieben, da kleine Gruppen von Gläubigern in der Lage sind, eine Gesamteinigung zu verzögern. Der öffentliche Sektor (angeführt vom IWF), der die Nützlichkeit von DDSR als Werkzeuge für Krisenmanagement und -prävention erkannte, hat deshalb nach Möglichkeiten gesucht, unkooperative Minderheiten davon abzuhalten, ohne gute Gründe Einigungen zu verhindern, mit denen der Schuldner und die Mehrheit seiner Gläubiger einverstanden sind.[138]

Die öffentliche Komponente einer DDSR besteht im Wesentlichen aus einem Schuldenerlass. Sehr deutlich wurde dies im Jahr 1996 durch die wichtige Verabschiedung der »HIPC«-Initiative durch die internationale Staatengemeinschaft.[139] Dabei handelte es sich um ein umfassendes Konzept für die Verringerung der Schuldenlast von »highly indebted poor countries«, also hoch verschuldeten armen Ländern, wobei gleichzeitig Ressourcen so umgelenkt werden sollten, dass mehr Wachstum, weniger Armut und bessere Sozialleistungen in den betroffenen Ländern möglich werden. Diese Initiative erwies sich als sehr hilfreich dabei, das Wachstumspotenzial von mehreren Ländern mit niedrigen Einkommen in Afrika freizusetzen. Aus diesem Grund gab es in Afrika trotz enormer wirtschaftlicher und anderer Herausforderungen einige Jahre lang mehr Wachstum und auch in anderen Bereichen eine bessere Entwicklung als in vielen Schwellenländern und Industrienationen.

Als ich Mitte der 1980er Jahre damit begann, mich beim IWF mit Fragen der Schuldenrestrukturierung zu beschäftigen, lag der Schwerpunkt traditionell auf der Schließung von Finanzierungslücken in der Zahlungsbilanz, meist auf Sicht von einem Jahr, manchmal aber auch für etwas längere Zeiträume. Doch als die Realität des »verlorenen Jahrzehnts« für Lateinamerika ins Bewusstsein sickerte, wurde immer deutlicher: Ob Schulden exzessiv sind, hängt bei Weitem nicht nur mit dem Zähler bei der Schuldentragfähigkeit (also der Höhe von Schulden und Schuldendienst) zusammen, sondern auch mit den Aussichten für den Nenner, also das Wirtschaftswachstum. Damit verschob sich der Fokus auf »Schuldentragfähigkeitsanalysen« mitsamt der Frage, wie sich die Altlast hartnäckiger Schuldenprobleme überwinden lässt. Manchmal ging es dabei um sehr hohe Schulden, manchmal um drückende Bedingungen dafür, ob in Bezug auf Laufzeit, Höhe der Zinsen oder die Währung. Das Ergebnis war eine umfangreiche neue analytische Werkzeugsammlung, die sich auf die Notwendigkeit konzentrierte, das Problem der exzessiven Verschuldung zu lösen. Denn die machte, fast unabhängig davon, wie sehr sich die betroffenen Staaten um Reformen bemühten, eine Rückkehr zu finanzieller Gesundheit und Schuldentragfähigkeit doppelt schwer: Sie bürdete der Volkswirtschaft von vornherein eine exzessive Zahlungslast auf und schreckte neue Investitionen ab, die der Schlüssel zu langfristigem Wachstum sind. Und so entwickelte die Profession der Ökonomen die robusten theoretischen und operativen Grundlagen für neue Ansätze in der Praxis.

Heute herrscht weitaus mehr Einigkeit darüber, wie wichtig es ökonomisch gesehen ist, für Länder mit exzessiver Staatsverschuldung eine umfassende Lösung zu finden. Dadurch hat sich das Problem nicht in Luft aufgelöst, doch mittlerweile sind die Schwierigkeiten dabei viel eher politisch als theoretisch oder operativ: Erstens ist zu klären, wie man die Verluste unter unterschiedlichen Gruppen von Gläubigern (und zwar nicht nur zwischen öffentlichem und privatem Sektor, sondern auch innerhalb dieser Sektoren) aufteilt. Zweitens muss man wissen, wie sich den Steuerzahlern in den Gläubigerländern erklären lässt, dass sie letztlich Ausländer subventionieren sollen. Und drittens geht es darum, die Gefahr zu minimieren, ein schlechtes Beispiel zu setzen, das in Zukunft exzessive Verschuldung bei anderen fördert.

Nehmen wir das schmerzhafte Beispiel Griechenland. Dessen europäischen Partnern muss man zugutehalten, dass sie Hunderte Milliarden Euro an Krediten zu extrem niedrigen Zinsen und mit Tilgungszahlungen erst in ferner Zukunft zur Verfügung gestellt haben. Einer direkten Reduzierung der Schulden widersetzten sie sich jedoch, aus Angst vor einem Präzedenzfall und der Reaktion der eigenen Bevölkerung. Damit hatte Griechenland weiter mit der erdrückenden Last eines massiven Schuldenüberhangs zu kämpfen. Das menschliche Leid wurde dadurch immer größer. Zugleich schlug das Problem immer tiefere und dickere Wurzeln, was die Lösung immer schwieriger und teurer machte.

Mit Blick auf die Lage in der Eurozone kommt man nicht umhin, zu bedauern, wie sehr sich die Industrienationen dagegen wehrten, Lektionen aus der Geschichte von Krisen in den Schwellenländern zu beachten. Sie blieben zu sehr fixiert auf zyklische Lösungen, obwohl ihre Reaktion auch strukturelle und längerfristige Komponenten erfordert hätte. Sie konzentrierten sich auf Flussgrößen, obwohl auch Bestandsgrößen eine Rolle spielten. Sie vermieden Gespräche über eine Schuldenreduzierung trotz der Tatsache, dass ihre Notfall-Liquiditätsunterstützung für hoch verschuldete Länder mit Wachstumsraten einherging, die durchgehend weit unter ihren eigenen Erwartungen und Prognosen lagen. Und sie unterschätzten die gesellschaftlichen und politischen Folgen eines langen Zeitraums mit schwacher Wirtschaftsentwicklung und finanzieller Unsicherheit.

Die negativen Konsequenzen waren beträchtlich. Wie Carmen Reinhart und Kenneth Rogoff angemerkt haben: Die Industrienationen haben es nicht geschafft, auch andere Optionen wie Schuldenrestrukturierung und Umschuldungen zu nutzen, wie sie in den 1930er Jahren zum Einsatz gekommen waren, und mit dieser »vergessenen Lektion« haben sie sich selbst geschadet.[140]

Es ist höchste Zeit, das zu ändern.

4. Die Architektur richtig gestalten (oder zumindest weniger falsch)

A. Europa

Zuletzt gibt es noch das Thema der regionalen und globalen Architektur. In Europa sind die Herausforderungen am drängendsten. Laut dem italienischen Ministerpräsidenten Matteo Renzi hat sich die Europäische Union (EU) verhalten wie eine »langweilige alte Tante« – sie hat es nicht geschafft, der Wiederherstellung der Ruhe an den Märkten eine dauerhaftere Stabilisierung der Wirtschaft folgen zu lassen. Und ihr Mangel an

Fantasie und Entschlossenheit wird noch verschärft durch die unvollständige Architektur für die Region.

Die meisten Beobachter sind sich einig darüber, dass die Regierungen weitaus härter daran arbeiten müssen, die vier Beine ihres regionalen Stuhls fertig zu bekommen, wenn sie ihr historisches Integrationsprojekt mit Erfolg abschließen wollen. Ansonsten wird der größte Wirtschaftsblock der Welt noch lange auf anhaltende Prosperität und Finanzstabilität verzichten müssen.

In der derzeitigen Konstruktion steht der europäische Stuhl auf nur anderthalb Beinen. Bei dem vollständigen Bein handelt es sich um die regionale Währungsintegration, die recht solide ist. Unter Führung der EZB hat die Eurozone viel für die finanzielle Geschlossenheit in der Region sowie für die geldpolitische und Währungsintegration getan.

Das halbe Bein ist die Bankenunion. Nachdem der Kontinent auf die harte Tour lernen musste, wie gefährlich ein fragmentiertes Bankensystem in einer Währungsunion ist, hat er in den letzten Jahren Fortschritte beim Aufbau eines robusteren Bankensystems gemacht. Mit zusätzlichen Kompetenzen für die EZB erfuhr dieses Vorhaben im Jahr 2014 eine deutliche Stärkung. Doch es ist noch immer unvollständig und wird noch einige gesetzgeberische Arbeit auf nationaler wie regionaler Ebene erfordern.

Das dritte Bein, das gebraucht würde, aber weitgehend fehlt, hat mit fiskalischer Integration zu tun. Es ist dasjenige, das die hitzigsten Debatten innerhalb wie außerhalb der Eurozone auslöst.

Noch immer herrscht Uneinigkeit darüber, was genau mit fiskalischer Integration gemeint ist. Für die einen bedeutet sie eine Sammlung von Regeln und Sanktionen, die dafür sorgen, dass sich Länder an eine einheitliche Haushaltsdisziplin halten. Anderen geht es dabei um das Prinzip eines gemeinsamen Haushalts, der ähnlich wie das föderale System in den USA Transfers ermöglicht und eine gesamtschuldnerische Haftung vorsieht (jedes Mitglied des Kollektivs ist also individuell für seine Verbindlichkeiten verantwortlich). Recht hat die zweite Gruppe, wenn das letztliche Ziel in einer geschlossenen und stimmigen Wirtschaftsunion liegt, die eine immer engere politische, gesellschaftliche und institutionelle Integration ermöglicht.

Eindeutig jedoch liegen zwischen den beiden Anschauungen gewaltige philosophische und praktische Differenzen. Bis diese Lücke auf eine wechselseitig akzeptable und dauerhafte Weise geschlossen ist, hat Europa kaum eine Chance, sein historisches Integrationsprojekt mit Erfolg zu Ende zu bringen.

Das vierte Bein ist die politische Integration. Auch hier ist noch viel Arbeit erforderlich.

Erschüttert von der Krise in der Region und vom Beinahe-Zusammenbruch des Euro im Jahr 2012, konzentrierten sich die Mitglieder von Eurozone und EU stärker darauf, robustere und reaktionsfähigere regionale Institutionen aufzubauen. Doch die Verteilung von Zuständigkeiten zwischen der nationalen und der regionalen Ebene ist weiterhin unsystematisch, weil sie beeinträchtigt wird durch enorme Unterschiede in der Bereitschaft der nationalen Regierungen, Macht an die regionale Ebene abzugeben. Und die Herausforderungen einer beispiellosen Flüchtlingskrise haben diese Schwächen noch deutlicher gemacht.

Vielen Institutionen der Region mangelt es an der operativen Flexibilität, die zum Reagieren erforderlich wäre. Zudem erklärt sich das bestehende System der regionalen Transfers eher durch eine Reihe von schmutzigen politischen Kompromissen der Vergangenheit als durch die Bedürfnisse der Eurozone heute und in Zukunft. Tatsächlich endeten selbst die neuesten Bemühungen (im Jahr 2015), Integrationsprojekte mit einer ganzheitlichen Herangehensweise zu beschleunigen, mit eher bescheidenen Vorschlägen. Bedrohungen für die EU werden unterdessen verstärkt durch die Pläne Großbritanniens für einen Austritt (»Brexit«) sowie die historische Herausforderung, dass Zehntausende Flüchtlinge aus Afghanistan, Irak, Libyen, Somalia, Syrien und anderen gescheiterten, scheiternden oder gefährdeten Staaten hereinströmen.

Und dann wäre da noch das Problem, die zwei sehr unterschiedlichen Pfade miteinander zu vereinbaren, auf denen sich die Eurozone und die EU als Ganzes befinden. Die traditionellen Parteien in der überwältigenden Mehrzahl der Eurozonen-Mitgliedsstaaten sehen sich auf einer Reise in Richtung vollständiger Integration. Wie schnell und reibungslos diese Reise verlaufen wird, hängt natürlich davon ab, welche Bedingungen währenddessen herrschen – nicht eben hilfreich dabei sind der Lärm von euroskeptischen Politikern und das damit zusammenhängende Aufkommen von nicht traditionellen Parteien in relativ vielen Euro-Ländern. Doch das Endziel ist klar.

Anders sieht es für die EU insgesamt aus. Einige ihrer Mitglieder wollen die derzeitige Situation lieber als stabilen Zustand verstehen denn als

Reise. Ihre Mitgliedschaft konzentriert sich viel eher auf die EU als eine Freihandelszone als auf weitergehende Integrationsziele. Wenn die Region mehr von ihren versprochenen Ergebnissen liefern möchte, wird es nötig sein, diese beiden Visionen für Europa irgendwie miteinander zu vereinen.

Viel davon hat mit Vertrauen zu tun. Ohne Vertrauen können Vernetzung und wechselseitige Abhängigkeit unter den Staaten Europas von einer Stärke zu einer Schwäche werden. Um ein Gefühl dafür zu bekommen, wie schädlich das sein kann, muss man sich nur anschauen, wie bitter und bissig das Verhältnis zwischen Deutschland und Griechenland geworden ist oder wie die Flüchtlingskrise zu einer Polarisierung unter den Mitgliedsländern und sogar zu nicht abgesprochenen Grenzkontrollen geführt hat.

Die Spieltheorie, mit der sich Entscheidungsfindung unter verschiedenen Rahmenbedingungen analysieren lässt, liefert interessante Erkenntnisse darüber, wie wichtig gegenseitiges Vertrauen ist. Michael Spence hat es mir gegenüber einmal so ausgedrückt: Wenn man ein »kooperatives Spiel« auf unkooperative Weise zu spielen versucht, bekommt man Probleme. Und genau das ist im Wesentlichen das, was in Europa immer wieder passiert ist.

Ohne Vertrauen ist es für jedes einzelne Land schwierig, sich vorwärtszubewegen, und die dadurch entstehenden Schwierigkeiten werden durch Probleme bei der Verifizierung und Durchsetzung noch verstärkt. Und dies wird so lange so bleiben, bis alle Seiten einen Weg finden, um ihr Vertrauensdefizit zu verringern.

B. Das internationale System

Wenn Sie die regionalen Themen noch nicht kompliziert genug finden, werfen Sie einen Blick auf die globale Dimension.

Um ihr erhebliches Potenzial wirklich nutzen zu können, braucht die Weltwirtschaft einen besseren globalen Dirigenten. Denn ohne ihn wird eine unzureichende länderübergreifende Politikkoordination die positiven Auswirkungen von besserer Politik auf nationaler Ebene ausbremsen.

Es ist wie bei einem Orchester. Die Weltwirtschaft besteht aus vielen Teilen – Bläser, Schlaginstrumente, Streichinstrumente. Jeder davon kann gut in dem sein, was er macht, manche sogar hervorragend. Aber wenn nicht alle vom gleichen Notenblatt ablesen oder wenn es an einem fähigen Dirigenten fehlt, kann das Ergebnis nur ein totales Durcheinander sein.

Und derzeit fehlt es der Weltwirtschaft sowohl am gemeinsamen Notenblatt als auch an einem respektierten Dirigenten.

Wer könnte dieses Problem beheben? Die offensichtliche Antwort ist der IWF, eine Institution, in der fast alle Länder Mitglied sind und die über gutes Personal sowie reichlich Expertise und Erfahrung verfügt. Doch wie erwähnt ist die Rolle des IWF begrenzt, weil seine Mitglieder nicht bereit sind, sich auf Reformen zu einigen, nicht einmal auf kleinere. Stattdessen steckt die Organisation in einigen ziemlich feudalen Praktiken fest, die auf Kosten ihrer Effektivität, Legitimität und Glaubwürdigkeit gehen.

Und auch bei den »Gs« sieht es nicht viel besser aus.

Die G8, also die Gruppe der sieben westlichen Industrienationen, die 1998 um Russland erweitert wurde, wird von der Unberechenbarkeit Russlands und dessen fehlender Bereitschaft gehemmt, internationale Verhaltensregeln einzuhalten. Möglicherweise ist das G8-Konstrukt nach der Annexion der Krim und der Rolle Russlands bei der Eskalation der Gewalt in der Ostukraine sogar vollkommen nutzlos geworden.

Die Rückkehr zur ursprünglichen G7-Gruppe (Deutschland, Frankreich, Großbritannien, Italien, Japan, Kanada und die USA) mag einfach und bequem sein, doch sie ist zu eng gefasst, als dass sie angesichts der heutigen weltweiten Konstellation viel ausrichten könnte. Die G20 – gegründet im Jahr 1999, um Industrienationen und einflussreiche Schwellenländer wie Brasilien, China, Indien, Indonesien, Mexiko, Saudi-Arabien, Südafrika, Südkorea und die Türkei zusammenzubringen – besitzt zwar eine breitere Mitgliederbasis. Doch ihre operative Effektivität wird untergraben vom Fehlen einer durchgängigen Agenda, politischer Konsequenz und einer echten vereinigenden Vision. Noch komplexer werden ihre Bemühungen durch die Tatsache, dass viele ihrer Mitgliedsländer unter etwas leiden, das die *Financial Times* als »Wust von lokalen Gebrechen« bezeichnet hat.[141] Diese Gebrechen machen es schwierig, sich dauerhaft auf Fragen der globalen Politikkoordination zu konzentrieren. Und um alles noch schlimmer zu machen, ist dies die G-Gruppierung, die sich am ehesten von bestimmten Ereignissen kapern lässt, so wie zum Beispiel im November 2014 in Australien, als der russische Präsident allen die Show stahl, unter anderem indem er sich früh verabschiedete, um »ein wenig zu schlafen«.

Die operativ einfache Alternative einer G3 (aus USA, Europa und Japan) ist offensichtlich viel zu eng gefasst. Innenpolitische Ablenkungen halten zudem auch die G1 (nur die USA) zurück, wenn es darum geht, die Positionen des Dirigenten auf der weltweiten Wirtschaftsbühne einzunehmen – ein Phänomen, das noch verstärkt wird durch die Dysfunktionalität der dortigen Regierung. Damit scheinen die USA die dominierende Position aufs Spiel gesetzt zu haben, die sie einst innehatten, Ergebnisse in anderen Ländern zu begleiten, zu beeinflussen und manchmal auch zu erzwingen (wie sie es in früheren Jahrzehnten bei verschiedenen Krisen rund um die Welt wiederholt getan haben). Tatsächlich gibt es, ob in Schwellenländern oder bei Gelegenheiten wie dem Europabesuch von Finanzminister Geithner auf dem Höhepunkt der Schuldenkrise im Jahr 2012, heutzutage sogar eine gewisse Neigung dazu, die Ansichten der USA nicht besonders wichtig zu nehmen, selbst wenn sie offensichtlich Hand und Fuß haben.

All das passt zu der Beobachtung von Ian Bremmer, laut der sich die Welt stetig in Richtung einer G-Null bewegt. Bemühungen um internationale Koordination werden untergraben vom Fehlen einer gemeinsamen Bewertung der globalen Lage, das zu den Problemen in Zusammenhang mit der Erosion gemeinsamer Werte und Ambitionen unter den Industrienationen noch hinzukommt. Und weil sie nicht mehr darauf vertrauen, dass der Westen die internationale Architektur so weiterentwickeln kann, dass sie zur veränderten weltweiten Struktur passt, versuchen sich die Schwellenländer lieber an anderen Vorhaben, auch wenn die nur – bestenfalls – Teillösungen darstellen.

Ohne eine klare Kurskorrektur sind wir möglicherweise auf dem Weg in eine Welt, in der die globale politische Koordination nur noch ein Schatten ihres früheren Selbst ist. Eine wachsende Zahl von Ländern ist entweder nicht in der Lage oder nicht bereit, ihre globale Rolle mit der Situation im Inland zu vereinbaren. Damit bleiben die wirtschaftlichen und politischen Ergebnisse weltweit immer wieder enttäuschend deutlich hinter dem zurück, was nötig und machbar wäre.

Schon in der Welt von heute dienen Gipfeltreffen eher der Öffentlichkeitsarbeit, als wirklich Substanz zu haben. Und wenn es doch einmal um etwas Substanzielles geht, dann nur in bilateralen Verhandlungen. (Um auch einmal etwas Positives zu sagen: Wenn die großen »G«-Treffen zu irgendetwas gut sind, dann dafür, den Staats- und Regierungschefs Deckung für bilaterale Gespräche zu bieten, die in diesem Rahmen ohne all die Erwartungen, die Aufmerksamkeit und den Druck stattfinden können, von denen offiziellen Zweier-Gipfeltreffen geprägt sind.)

Diese Gesamtlage ist ein Problem für das, was Tom Friedman korrekt als unsere »hypervernetzte« Welt bezeichnet. Doch trotz ihrer hoch entwickelten Hypervernetzung – oder wie von Nassim Nicholas Taleb ausgeführt, gerade wegen ihr – ist dies eine Welt, in der es regelmäßig zu Koordinationsversagen kommt und die anfällig ist für potenziell katastrophale Risiken, wenn die fein abgestimmten Netze nicht funktionieren. Und es ist eine Welt, in der die einzelnen Länder zu wenig auf die internationalen Folgen und Rückwirkungen ihres Vorgehens achten, die letztlich das untergraben, was im Inland angestrebt wird.

Dieser zunehmende Isolationismus unter den Industrienationen ist nicht nur im Bereich von Wirtschaft und Finanzen zu beobachten, sondern auch in der Politik. Zur Veranschaulichung reicht schon der Schlag, den das Parlament eines der engsten Verbündeten der USA – Großbritannien – im September 2013 den Bemühungen versetzte, eine multilaterale Reaktion auf die Gewalt in Syrien zu organisieren.

In diesem Fall hätte man vernünftigerweise davon ausgehen können, dass kollektivem internationalem Handeln der Vorzug gegenüber nationalen Einzelmaßnahmen gegeben würde.[142] Schließlich kamen Zehntausende Zivilisten ums Leben, und weitere Hunderttausende wurden vertrieben. Neben enormem menschlichem Leid brachten diese Opferzahlen und Bevölkerungswanderungen die Gefahr mit sich, auch Nachbarländer zu destabilisieren und extreme sowie gewalttätige Bewegungen zu stärken. Doch so offensichtlich das war – erneut fiel das Potenzial für eine koordinierte Reaktion zunehmendem nationalem Isolationismus zum Opfer. Für viele Beobachter war dieses Geschehen eine Bestätigung für die allgemeinere Sorge darüber, wie sehr nationale Politik und Politiker die Bedeutung von globalen Nebenwirkungen, Rückwirkungen und Interdependenzen vernachlässigen. Die Kosten davon wurden dann durch das Aufkommen und Erstarken des IS erkennbar.

Um diese wiederholten Schnitzer hinter sich zu lassen, muss sich die Welt auf die Klugheit eines starken Multilateralismus zurückbesinnen. Statt jedoch neue Strukturen zu schaffen, sollte sie ernsthaft die Modernisierung der bestehenden angehen. Im Bereich von Wirtschaft und Finanzen ist das besonders wichtig in Bezug auf den IWF. Denn diese

Institution hat sich als fähig erwiesen, selbst unter den schwierigsten Umständen zu handeln, wenn sie zu Hilfe gerufen wird.

Immer wieder hat der IWF in der Vergangenheit nicht nur sein Geschick im Krisenmanagement demonstriert, sondern auch sein Potenzial, als »vertrauenswürdiger Berater« für einzelne Länder aufzutreten, technische Hilfestellung zu leisten, Best Practices zusammenzutragen und bei entscheidenden Herausforderungen für das internationale Wirtschafts- und Währungssystem als Forum für multilaterale Diskussionen zu fungieren. Doch seine Fähigkeit, dieses Potenzial einzusetzen, wird untergraben von vermeidbaren Hemmnissen; das wichtigste davon ist die Unfähigkeit, die Leitung der Institution und einige ihrer operativen Praktiken an die veränderte Realität der Welt von heute anzupassen.

Eine umfassende Modernisierung und Stärkung des IWF ist lange überfällig. Auch hier sind die erforderlichen Maßnahmen kein Hexenwerk. Mehrere Arbeitsgruppen, an denen ich auf Einladung der Geschäftsführung der Institution in manchen Fällen selbst teilgenommen habe, haben sich in den letzten Jahren mit diesem Thema beschäftigt. Die meisten dieser Arbeitsgruppen sind zu ähnlichen Schlussfolgerungen gekommen. Was sich als schwierig erwies, war die Umsetzung,

Wenn die einzelnen Länder die Aussichten für ihre heutigen und künftigen Bevölkerungen verbessern wollen, müssen sie die Anpassung ihrer nationalen Politik um ernsthafte Bemühungen ergänzen, die zum Ziel haben:

- die finanziellen Ressourcen des IWF zu erhöhen;
- Mitsprache- und Stimmrechte in der Institution so umzustrukturieren, dass sie der Welt von heute statt der von vor Jahrzehnten entsprechen;
- noch vorhandenes nationales Anspruchsdenken ein für alle Mal abzuschaffen, darunter die »feudale« Tradition, nach der die Leitung der Institution aus Europa kommen muss, und auf diese Weise Meritokratie auf allen Ebenen der Organisation zu fördern; und
- seine Fähigkeit zu stärken, Länder öffentlich beim Namen zu nennen, wenn sie dauerhaft zu globalen Ungleichgewichten und Anfälligkeiten – sei es durch Überschüsse oder Defizite – beitragen.

Die Effektivität von Zentralbanken wiederherstellen

Diese Darstellung der vier Komponenten meiner Empfehlungen für eine dringend benötigte ganzheitliche politische Lösung für eine Weltwirtschaft, die so frustrierend unterhalb ihres Potenzials bleibt, soll zugleich noch einem anderen Zweck dienen: Sie soll noch einmal herausstellen, welche Herausforderung es für die Zentralbanken ist, gute wirtschaftliche Ergebnisse herbeizuführen. Niemand sollte Zweifel daran haben, dass für sie, wenn sie »das einzige Spiel der Stadt« bleiben, die sehr reale Gefahr besteht, von einem Teil der Lösung zu einem Teil des Problems zu werden. Zudem liegen das künftige Schicksal der Zentralbanken und ihr Ansehen nicht mehr in ihrer eigenen Hand.

Zentralbanken können nicht viel dafür tun, die Wachstumsmotoren eines Landes zu verbessern. Diese Institutionen verfügen weder über die Kompetenz noch über das Mandat, Bildungs- und Arbeitsmarktreformen anzugehen. Ebenso wenig sind sie in der Lage, nationale und regionale Infrastrukturinitiativen voranzutreiben. Und sie haben schlicht nicht die Macht, haushaltspolitische Reformen zu beeinflussen, geschweige denn sie durchzusetzen.

Was also können sie tun? Einige kleinere Dinge, doch die sind begrenzt und dürften wenig Wirkung zeigen, solange andere politische Entscheidungsinstanzen an der Seitenlinie bleiben.

Ein wenig mehr können Zentralbanken gegen die Probleme von unzureichender Nachfrage und Schuldenüberhängen unternehmen. Aber auch hier muss uns klar sein, dass sie nur einen Teil der nötigen politischen Reaktion darstellen, sodass ihre Bemühungen unerwünschte Folgen haben können, einschließlich der Gefahr zukünftiger Finanzinstabilität.

Einige kleinere Zentralbanken können zudem versuchen, eine Erholung ihrer Volkswirtschaften zu unterstützen, indem sie ihre Währungen wettbewerbsfähiger machen – auch wenn sie das nie offen sagen würden. Tatsächlich haben zuletzt sogar einige G7-Mitgliedsstaaten diesen Ansatz gewählt. Dabei hielten aber auch sie es für angemessen, diese Tatsache zu verschleiern, indem sie angaben, sie würden keineswegs diesen Weg gehen.

Trotz einiger Vernebelung (die vor allem jede Erwähnung von »Währungskriegen« verhindern soll) ist dieses Vorgehen recht einfach: Ein niedrigerer Wechselkurs soll dazu dienen, die Aktivitäten sowohl von

Exporteuren als auch von solchen Unternehmen zu stärken, die im Inland mit Gütern und Dienstleistungen aus dem Ausland konkurrieren. Doch auch hier ist die Effektivität alles andere als vollkommen, und auch hier gibt es, wie oben erwähnt, Kosten wie zum Beispiel die Gefahr, einen Währungskrieg auszulösen. Schließlich gilt immer der sehr wichtige Grundsatz, dass nicht alle Länder gleichzeitig abwerten können.

Der letzte Punkt ist, dass das Problem bei der Politikkoordination nicht etwa bei den Zentralbanken liegt. Von all den staatlichen Wirtschaftsinstitutionen weltweit sind sie bezüglich Absprachen, Austausch von Ideen und wenn nötig auch abgestimmter Maßnahmen immer noch so etwas wie der Goldstandard. Und dabei werden sie hervorragend von einem der am besten gehüteten Geheimnisse in der Welt der Politikkoordination unterstützt: von sehr effektiven und regelmäßig stattfindenden Treffen in der Schweiz.

Ich war als externer Referent zu einigen dieser Treffen eingeladen und habe dabei ihre Effektivität zu schätzen gelernt – und das obwohl ich nur einen Teil von dem sehen konnte, was sich in dem Turm gegenüber dem Bahnhof in Basel abspielt. Abgehalten fernab von Kameras und dem Tamtam der Presse, heißt es von den Treffen bei der BIZ, sie böten Gelegenheit für einen relativ offenen Meinungsaustausch, an dem in den letzten Jahren eine größere Zahl von systemisch wichtigen Ländern beteiligt war. Außerdem tragen sie stark dazu bei, dass die höchst bedeutenden Notfall-Telefongespräche stattfinden können, die in Krisenzeiten gebraucht werden. Tatsächlich habe ich noch keinen Zentralbank-Vertreter getroffen, der nicht voller Lob für die BIZ als besten Ort für Zusammenkünfte zum offenen und effektiven Austausch über die Geldpolitik gewesen wäre.

Das Problem für die Zentralbanken ist also weder das Fehlen eines Versammlungsorts noch das eines Dirigenten. Das Problem liegt darin, dass es ihnen an einem kompletten Orchester mangelt – sie verfügen nur über einen Teil der nötigen Instrumente. Egal wie gut ihre Vertreter diskutieren und sich koordinieren mögen: Für die riesigen und tief verwurzelten Probleme können sie deshalb stets nur Teillösungen liefern.

Eines aber können die Zentralbanken tun und haben sie auch getan: Sie können weiter auf intelligente Weise Zeit erkaufen, bis andere politische Akteure, die über bessere Instrumente zur Umsetzung der oben vorgestellten vier Politik-Komponenten verfügen, ihrer Verantwortung gerecht werden. Doch diese anderen Akteure sind bereits spät dran, und der Brückenbau durch die Zentralbanken ist alles andere als kosten- oder risikofrei. Somit laufen die aktuellen Umstände auf eine ziemlich ungewohnte Verteilung der potenziellen Ergebnisse in den nächsten Jahren hinaus. Diese werden uns aus unserer Komfortzone holen, egal ob wir Privatpersonen, Unternehmen oder Regierungen sind.

TEIL V

VON DEM, WAS GESCHEHEN *SOLLTE*, ZU DEM, WAS GESCHEHEN *DÜRFTE*

»Bei Design geht es um die ständige Herausforderung, ein Gleichgewicht zwischen Komfort und Luxus zu finden, zwischen Praktischem und Wünschenswertem.«

– DONNA KARAN

»Sie kommen hierher, um zu lernen, aber Sie hören nur, was Sie wissen wollen.«

– *JURASSIC WORLD*

Kapitel 21

Wenn »wünschenswert« und »möglich« sich unterscheiden

»Das Problem liegt nicht darin, neue Ideen zu finden, sondern darin, uns von den alten freizumachen, die sich bei denjenigen, die aufgewachsen sind wie die meisten von uns, in jedem Winkel ihres Geistes festgesetzt haben.«

– JOHN MAYNARD KEYNES

Korrekte Prognosen über die Zukunft äußern sich nicht darüber, was passieren *sollte*, sondern darüber, was passieren *dürfte*. Der Unterschied zwischen beidem kann ziemlich groß sein. So ist es auch heute, wenn es um das Überwinden der globalen Mittelmäßigkeit und der Gefahr zunehmender Finanzinstabilität geht.

Eine To-do-Liste mit Punkten zu erstellen, die das erreichen sollen, was für eine Wende zum Besseren – vor allem in Bezug auf weltweite Prosperität, aber auch zur Erhaltung der Glaubwürdigkeit und Effektivität der Zentralbanken – nötig ist, ist die eine Sache. Eine ganz andere Sache aber ist es, von dem, was *wünschenswert* wäre, zu dem zu kommen, was *möglich* ist. Das gilt vor allem für die merkwürdige Welt, in der wir heute leben – eine Welt, in der vieles, was früher undenkbar war, zur Realität geworden ist, in der Wirtschafts- und Finanzlehrbücher kaum noch etwas mit dem echten Leben zu tun haben, in der die Innenpolitik von Bewegungen gegen das Establishment beeinflusst wird, und in der die geopolitische Lage ungewöhnlich unbeständig ist, weil sowohl staatliche als auch nicht staatliche Akteure eine Rolle spielen.

Über das, was getan werden sollte, gibt es einen recht weitgehenden Konsens, insbesondere in Bezug auf die vier oben vorgestellten politischen Prioritäten (auf den Gebieten Strukturreformen, unzureichende Gesamtnachfrage, Schuldenüberhänge sowie unvollständige regionale und internationale Architektur). Doch die Wahrscheinlichkeit, dass sich dieser Konsens in Taten umsetzen lässt, ist sehr gering. Entschlossene politische Durchbrüche in den Industrienationen sind derzeit nicht zu erwarten, vor allem weil unsaubere Politik dazu neigt, sauberer Ökonomie in die Quere zu kommen. Alte Gewohnheiten verhindern erforderlichen Wandel, und bestehende Strukturen sowie Einzelinteressen stehen besseren Ergebnissen im Weg.

Das soll nicht etwa heißen, dass politische Durchbrüche unmöglich wären. Tatsächlich nimmt das allgemeine Problembewusstsein zu, ebenso wie der Druck auf die Politik, effektiver zu reagieren. In den USA zum Beispiel versuchen Politiker beider Parteien, der wirtschaftlichen Debatte vor den Präsidentschaftswahlen des Jahres 2016 ihren eigenen Stempel aufzudrücken.[143] Dasselbe Phänomen dürfte auch in vielen anderen Industrienationen zu beobachten sein, wenn dort Wahlen anstehen.

Konsequente und umfassende politische Entscheidungen sind also möglich. Wahrscheinlich aber sind sie trotzdem nicht. Die beste Möglichkeit für einen analytischen Rahmen für die aktuelle Situation liegt darin, davon auszugehen, dass es zu einem von drei möglichen Ergebnissen kommen wird: einem Durchbruch, einem weiteren Durchlavieren (auch bekannt als »weitermachen und so tun, als ob«) oder einem Rückfall zu noch enttäuschenderem Wachstum und größerer Finanzinstabilität. Die Wahrscheinlichkeit für diese drei möglichen Ergebnisse wird sich mit der Zeit verändern, und zwar auf eine spezielle Weise, die große Bedeutung hat.

Zunächst einmal sollten wir anerkennen, dass die ungewöhnlich komplexe Ausgangslage leicht zu einer politischen Lähmung führen könnte – und zwar genau deshalb, weil vorerst keines der Ergebnisse wahrscheinlicher ist als die anderen. Das Szenario ähnelt dem des »rationalen Narren«, dem ich vor vielen Jahren bei meinem Ökonomiestudium in England begegnet bin. Es handelt von einer merkwürdigen, aber dennoch »rationalen« Dynamik bei der Entscheidungsfindung.[144]

Ein sehr hungriger Esel bekommt zwei Ballen Heu vorgesetzt, die gleich viel wiegen, aber unterschiedlich geformt sind. Einer ist hoch und schmal, der andere flach und breit. Der Esel muss sich für einen davon entscheiden, und zwar unter strenger Beobachtung von Analysten, die wissen, dass er vollständige Informationen über die beiden Ballen hat.

Da sich der Esel vollkommen rational verhält und über vollständige Informationen verfügt, ist ihm klar, dass man annehmen wird, die von ihm gezeigte Präferenz für einen der Ballen werde glaubwürdige Informationen über die Überlegenheit des einen gegenüber dem anderen erkennen lassen. Und genau an diesem Punkt beginnt sein Dilemma.

Da die beiden Ballen bezüglich Volumen und Inhalt identisch sind, ist der Esel nicht in der Lage, analytisch zwischen ihnen zu differenzieren. Sie sind im Prinzip dasselbe. Der Esel mit seiner vollkommenen Rationalität und den vollständigen Informationen hat deshalb keine Möglichkeit, einen der beiden zu wählen. Und da er sich nicht für beide entscheiden kann, wird er am Ende verhungern.

Diese einfache und zugegebenermaßen recht extreme Geschichte veranschaulicht einen allgemeineren Punkt: Selbst unter Bedingungen vollständiger Information kann man aufgrund von Schwierigkeiten und Beschränkungen bei der Entscheidungsfindung zu unsinnigen Ergebnissen kommen. Dieses Risiko erhöht sich deutlich in einem Umfeld mit ungewöhnlicher Unbeständigkeit und hoher Unsicherheit. Kurz gesagt, kann sich die dadurch entstehende Komplexität letztlich als lähmend erweisen.

Genau darin liegt eines der entscheidenden Risiken, vor denen wir heute stehen. Tatsächlich lassen sich fast die gesamten Analysen im bisherigen Verlauf dieses Buchs mit der folgenden Veranschaulichung zusammenfassen.

Betrachten wir die Welt, in der wir leben, als die Schnittmenge von vier Gruppen von Faktoren: Ökonomie, politischer Rahmen, Politik/Geopolitik und Märkte (Abbildung 11). Heute ist jeder dieser Faktoren schon für sich allein genommen unbeständig. Und jetzt überlegen Sie, wie unsicher dann erst das Zusammenwirken von allen vieren wird.

Die entstehende Komplexität wird noch verstärkt durch natürliche menschliche Tendenzen. Die meisten von uns sind so verdrahtet, dass sie gut über einen, zwei und vielleicht sogar drei der Kreise nachdenken können. Nur sehr wenige aber haben kein Problem damit, sich mit allen vieren gleichzeitig zu beschäftigen oder gar mit ihrer volatilen Schnittmenge.

Und damit endet die Komplexität noch nicht einmal, denn sie ist obendrein stark dynamisch: Sie wird zusätzlich beeinflusst von vier erforderlichen globalen Veränderungen und interagiert mit vier globalen Experimenten, sodass letztlich eine sehr ungewöhnliche Verteilung der möglichen Ergebnisse entsteht.[145] Was für eine Kombination!

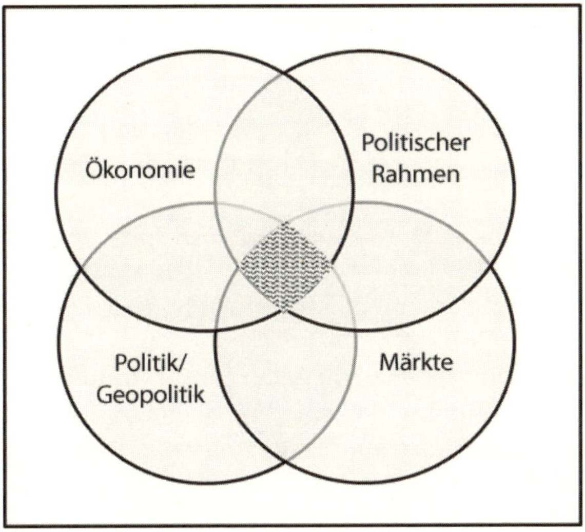

Abbildung 11: Die Welt, in der wir leben

Die angesprochenen vier globalen Veränderungen dürften Lesern dieses Buchs inzwischen vertraut sein. Sie betreffen die folgenden Kurswechsel:

- weg von Wachstum, das von Zentralbanken unterstützt wird, hin zu echtem, stärker inklusivem Wachstum;
- weg von Zentralbanken, die Finanzmarktstabilität erkaufen und Marktvolatilität unterdrücken, hin zu Volkswirtschaften, die dauerhaftere strukturelle Stabilität entwickeln;

- weg von angespannten Beziehungen zwischen systemisch wichtigen Ländern in der Weltwirtschaft – wie bei Russland und dem Westen in Bezug auf die Ukraine oder innerhalb der Eurozone –, hin zu neuen regionalen und globalen Arrangements, die konstruktiv unterschiedliche Ansichten vereinen, Anreize aufeinander abstimmen und so Spannungen dauerhaft verringern;

- weg vom sich verschlechternden Dreiklang der Ungleichheit (bei Einkommen, Vermögen und Chancen) und politischer Dysfunktionalität, hin zu institutioneller, politischer und gesellschaftlicher Erneuerung.

Geografisch gesehen müssen diese vier globalen Veränderungen interagieren mit vier politischen Veränderungen von historischem Ausmaß:

- in China, dessen Regierung einen beeindruckenden, über mehrere Jahrzehnte laufenden Entwicklungsprozess mit dem schwierigen Übergang zu einem Land mit mittleren Einkommen steuern muss;

- in Europa, wo die Regierungen versuchen, die für ein historisches wirtschaftliches Integrationsprojekt nötigen Komponenten zu vervollständigen; gleichzeitig müssen sie eine Fragmentierung vermeiden und den richtigen Umgang mit dem »Graccident« finden, der bereits zur Implosion der griechischen Wirtschaft, Kapitalverkehrskontrollen und Zahlungsverzug gegenüber dem IWF als einem der weltweit sehr wenigen bevorzugten und vorrangigen Kreditgeber geführt hat;

- in Japan, wo die Regierung von Premierminister Shinzo Abe fiskalische Stimulierung betrieben hat und relativ weit in den Bereich der unkonventionellen Geldpolitik gegangen ist, sich jetzt aber schwertut, den »dritten Pfeil« in Form von Strukturreformen einzusetzen, die ein drittes verlorenes Jahrzehnt in Folge verhindern sollen;

- in den USA, wo die Fed auf weniger politische Dysfunktionalität wartet, die dann andere politische Entscheidungsträger in die Lage versetzen soll, ihre besser geeigneten Werkzeuge und Lösungskonzepte einzusetzen, um einen solideren Wirtschaftsaufschwung zu ermöglichen.

Angesichts der enormen Bedeutung all dessen dürfte nicht weiter überraschend sein, dass in den letzten Jahren so viele unwahrscheinliche – oder sogar unvorstellbare – Ergebnisse zur Realität geworden sind. Vor dem Hintergrund der von Fed-Chef Bernanke erwähnten »ungewöhnlich unsicheren Aussichten« müssen wir tatsächlich damit rechnen, dass die Verteilung der möglichen Ergebnisse nicht mehr die beruhigend vertraute Form einer »normalverteilten Glockenkurve« hat, sondern zu einer deutlich beunruhigenderen bimodalen Verteilung wird (die Kurve hat also die Form eines Kamelrückens mit zwei Höckern und weist statt nur eines Ergebnisses mit der höchsten Wahrscheinlichkeit in der Mitte zwei davon an den Seiten auf, siehe Abbildung 12). Diese Transformation wird sich mit der Zeit noch beschleunigen, da die Fähigkeit der Zentralbanken, den Status quo zu erhalten, immer stärker gefährdet ist.

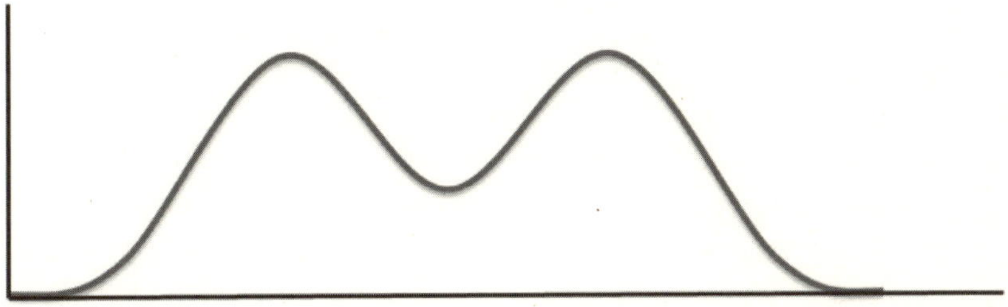

Abbildung 12: Bimodale Verteilung

Kapitel 22

Aus lähmender Komplexität handhabbare Einfachheit machen

»Jeder intelligente Idiot kann Sachen größer, komplexer und gewalttätiger machen. In die gegenteilige Richtung zu gehen, erfordert Genialität – und sehr viel Mut.«

– ERNST F. SCHUMACHER

»Wenn sich die Leute über Ihre Komplexität beklagen, vergessen sie, dass sie sich vorher über Ihre Einfachheit lustig gemacht haben.«

– MICHAEL BASSEY JOHNSON

Die beschriebene veränderte Verteilung der Ergebnisse kommt zu der ungewöhnlichen Unsicherheit, die selbst bereits die Gefahr birgt, die Entscheidungsfindung zu lähmen, noch hinzu. Aus diesem Grund möchte ich Sie ermuntern, immer nach einem analytischen Rahmen zu suchen, der dabei hilft, potenziell lähmende Komplexität in handhabbare Einfachheit zu verwandeln. Dieses Vorgehen ist – für mich zumindest – heute ausgesprochen wichtig, wenn man bedenkt, dass die Weltwirtschaft aus so vielen beweglichen Teilen besteht und dass eher nicht damit zu rechnen ist, dass die Regierungen ihrer politischen Verantwortung im vollen Umfang gerecht werden.

Um dieses Thema weiter zu veranschaulichen, lassen sie uns kurz auf die Zeit unmittelbar nach der globalen Finanzkrise zurückblicken.

Nach der Krise fanden meine früheren Kollegen bei PIMCO und ich das Konzept der »neuen Normalität« besonders nützlich dafür, uns selbst dazu zu bringen, über konventionelle Charakterisierungen und historische Beziehungen hinauszudenken – zumal wir es mit einem zutiefst erschütterten globalen Umfeld und einer Beinahe-Implosion des Bankensystems zu tun hatten. Wie weiter oben skizziert, war dieser Ansatz einer der ersten, der nicht davon ausging, dass mit einer Erholung in der typischen zyklischen Manier zu rechnen war, sondern davon, dass die Industrienationen mit längerfristigen und strukturellen Problemen konfrontiert waren, deren Folgen selbst die erfahrensten Beobachter der Weltwirtschaft überraschen würden.

Wie sieht es heute aus? Wie lässt sich die Situation angemessen einfach beschreiben?

Nun, ich würde sagen, dass sich die Weltwirtschaft einer »Kreuzung« mit drei Richtungen nähert, oft als »T-Kreuzung« bezeichnet (Abbildung 13). Die Straße, auf der sich die Wirtschaft derzeit fortbewegt, wird im Grunde bald enden. Sie mündet in eine von zwei Möglichkeiten, die wirklich vollkommen gegensätzlich sind: eine von ihnen führt in die Richtung eines deutlich besseren Zustands für die Welt, die andere zu einem deutlich schlechteren. Wie Sie sich denken können, sind auch die Folgen für Sie selbst in diesen beiden Fällen sehr unterschiedlich. Welchen Weg wir an der Gabelung einschlagen, ist also ausgesprochen wichtig, und zwar für aktuelle wie künftige Generationen. Leider aber liegen heute schlicht nicht genügend Informationen vor, um den richtigen Weg mit ausreichender Sicherheit (also der erforderlichen Kombination aus genügend Überzeugung und guten Begründungen dafür) vorauszusagen.

In einigen Teilen der Welt, in denen die wirtschaftliche/finanzielle/politische/gesellschaftliche Unbeständigkeit bereits lange anhält, ist die T-Kreuzung schon sehr nah. Ein gutes Beispiel dafür ist Griechenland. Sein Weg des »Weitermachen und so tun, als ob« geht zu Ende, was die Gesellschaft – sowohl in dem Land selbst als auch bei seinen europäischen

Partnern – dazu zwingt, sich mit den zwei sehr unterschiedlichen Ergebnissen auseinanderzusetzen.

Abbildung 13: Die T-Kreuzung

Wie sieht es mit der Weltwirtschaft als Ganzes aus? Je näher wir der Einmündung der T-Kreuzung kommen, desto mehr Informationen bekommen wir, und zum Glück ist keineswegs vorherbestimmt, in welche Richtung es anschließend weitergeht. Was Unternehmen, Regierungen und Haushalte tun, kann noch großen Einfluss auf die derzeit sehr nahe beieinander liegenden Wahrscheinlichkeiten haben.

Einfach ausgedrückt, ist der wichtigste Katalysator dafür, an der T-Kreuzung richtig abzubiegen, eine Kombination aus besserer Politik und Turboladern. Konstruktivere Politik würde die Umsetzung einer technischen Lösung ermöglichen, die sich unter Fachleuten bereits recht breiter Unterstützung erfreut. Möglich wäre das, wenn es in einigen systemisch wichtigen Ländern zu einem »Sputnik-Moment« kommt, der Politiker hinter einer gemeinsamen Vision und einem nationalen Ziel vereint. (Ende der 1950er Jahre erlebten die USA den Schock, dass die Sowjetunion mit Erfolg den Satelliten Sputnik ins All gebracht hatte. Dieses eine Ereignis erwies sich als unüberhörbarer Weckruf für das US-Weltraumprogramm und gab ihm neuen Schwung. Infolgedessen holten die USA auf und sollten das Weltraumrennen bald dominieren.)

Ein Sputnik-Moment der jüngeren Vergangenheit war auf multilateraler Ebene das IWF/Weltbank-Treffen im Oktober 2008.[146] Dessen Teilnehmer kamen zusammen und tauschten in gemeinsamen Analysen recht offen Informationen über die sich rapide verschlechternde Lage der

Wirtschaft aus – was fraglos von Angst nach dem Lehman-Zusammenbruch getrieben war. Sechs Monate später fand dieser Prozess seinen Höhepunkt in dem beeindruckend erfolgreichen G20-Treffen in London.

Nachdem sie nach Hause zurückgekehrt waren und dort die gemeinsame Analyse der Krise und ihrer möglichen Folgen verbreitet hatten, kamen Regierungen aus aller Welt mit mutigen und miteinander vereinbarten Maßnahmen im Gepäck in London erneut zusammen. Das Ganze erwies sich in diesem Fall als deutlich mehr als die Summe seiner Teile, und die Welt konnte einer schweren globalen Depression entgehen, die sowohl für aktuelle als auch für künftige Generationen verheerend gewesen wäre.

Heute muss die Welt erkennen, dass sie sich auf einer zunehmend fragilen und volatilen Straße befindet, die bald enden wird. Die Herausforderung liegt darin, dafür zu sorgen, dass der Weg nach der Einmündung der T-Kreuzung in Richtung einer besseren und nicht etwa schlechteren wirtschaftlichen und finanziellen Lage führt. Ansonsten wird die Weltwirtschaft bei noch weniger Wachstum, noch mehr Ungleichheit und instabilen Märkten steckenbleiben – und alles davon würde den gesellschaftlichen und politischen Zusammenhalt weiter schwächen und die Gefahr geopolitischer Spannungen erhöhen.

Welchen Weg wir als Nächstes einschlagen, ist wirklich derart bedeutsam.

Kapitel 23

Der Bauch der Verteilung der möglichen Ergebnisse

»Rationalität ist nicht unsere stärkste Seite.«

– GEOFF CALVIN

Bevor wir uns damit beschäftigen, was zu tun ist, um die Wahrscheinlichkeit für das richtige »Abbiegen« an der kommenden historischen und höchst bedeutsamen T-Kreuzung zu erhöhen, werfen wir einen Blick auf den Bauch einer Normalverteilung (also einer Glockenkurve mit einem einzelnen Ergebnis mit hoher Wahrscheinlichkeit in der Mitte und dünnen Ausläufern an beiden Seiten); außerdem sollten wir überlegen, warum eine solche Verteilung immer instabiler und deshalb unwahrscheinlicher wird. Tatsächlich zeigt sich, wenn man diese Analyse zu immer späteren Zeitpunkten wiederholt, dass die Wahrscheinlichkeit des Bauchs deutlich geringer wird und die der Ausläufer zunimmt.

Ob man nun von »säkularer Stagnation« spricht, von der »neuen Mittelmäßigkeit« oder der »neuen Normalität« – und jeder dieser Ausdrücke wurde zuletzt recht großzügig gebraucht: Mittlerweile gibt es einen ziemlich deutlichen Konsens über ein zwar eher schwaches, aber stabiles Basisszenario für die Weltwirtschaft. Das Wachstum dürfte demnach relativ gedämpft bleiben, es dürfte einzelne Bereiche mit alarmierend hoher

Arbeitslosigkeit geben, und das Wachstumspotenzial wird nicht nur nicht ausgeschöpft, sondern nimmt tendenziell ab.

Nachdem sie sich auf dieses Szenario verständigt hat, ist die Konsensmeinung zudem recht zufrieden mit der Vorstellung, dass es noch eine ganze Weile so weitergehen kann, ohne dass in der Weltwirtschaft etwas kaputtgeht. Genau an diesem Punkt bin ich anderer Meinung, und ich denke, dass auch Sie das sein sollten.

Denn es ist nicht nur so, dass Mainstream-Analysen die neue Normalität, nachdem sie lange Widerstand dagegen geleistet haben, jetzt als mittelfristiges Basisszenario akzeptieren. Auffällig ist auch, dass eine überwältigende Mehrheit heute, sieben Jahre nach dem Beginn dieses wirtschaftlichen Paradigmas, der Meinung ist, dass diese globale Wirtschaftslage viele Jahre über relativ stabil bleiben kann (und wird). Erwartet wird, wie es *The Economist* in seinem Ausblick auf das Jahr 2015 formulierte, das Fortbestehen einer »Weltwirtschaft, die träge ist, aber relativ stabil«.[147] In Bezug auf neue Normalität/säkulare Stagnation/neue Mittelmäßigkeit wird also von mehr desselben ausgegangen.

Wie viele von Ihnen wissen werden, habe ich seit 2009 früh und immer wieder argumentiert, dass das Paradigma der neuen Normalität nach der globalen Finanzkrise das wahrscheinlichste (wenn auch frustrierend enttäuschende) Ergebnis für die Industrienationen ist. Heute aber fühle ich mich weitaus weniger wohl damit, es für mehrere weitere Jahre fortzuschreiben. Diese Besorgnis hängt mit den zunehmenden Schwierigkeiten zusammen, die sowohl nationale Volkswirtschaften als auch das globale System dabei haben (und noch bekommen werden), unter relativer Stabilität mit fünf Entwicklungen zurechtzukommen, die meiner Meinung nach in nächster Zeit noch ausgeprägter werden dürften. Diese sind:

- Wachstum mit unterschiedlichen Geschwindigkeiten,
- unterschiedliche Geldpolitik der einzelnen Zentralbanken,
- zunehmende Preisanomalien, von negativen Nominalzinsen bis zu der ungewöhnlichen Situation, dass »die US-Zinskurve (...) jetzt ebenso sehr von ausländischer Geldpolitik bestimmt wird wie von der Fed selbst«[148],

- nicht wirtschaftliche Belastungsfaktoren,
- die Auswirkungen bestimmter disruptiver Innovationen auf der makroökonomischen Ebene.

Zusammen sprechen diese Faktoren – entgegen der Konsenserwartung einer relativ stabilen Welt mit wenig Wachstum – dafür, dass wir vor einer zunehmenden wirtschaftlichen und politischen Divergenz in den einzelnen Ländern stehen, die zusammen mit der Möglichkeit innenpolitischer und geopolitischer Disruptionen den Bauch der Verteilung deutlich weniger stabil macht. Dieses Phänomen wurde schon Anfang 2014 allmählich erkennbar[149] und hat seitdem eine starke und bedeutende Dynamik gewonnen.

Kurz gesagt: Die Wahrscheinlichkeit dafür, dass die neue Normalität sich selbst erhalten kann, nimmt angesichts der immer weiter steigenden Wahrscheinlichkeit für ein Kippen ab. Schauen wir uns als Nächstes die Gründe dafür genauer an.

Kapitel 24

Eine Welt mit mehr Divergenz (I): unterschiedliche Wachstumsgeschwindigkeiten

»Die wahre Geschichte von der Zukunft des Wachstums handelt davon, wie gut neue Generationen die positiven und negativen Seiten der Weiterentwicklung unserer wechselseitigen Abhängigkeit verstehen und dann kreative Wege finden, um damit umzugehen und sie zu steuern.«

– MICHAEL SPENCE

Beginnen wir mit der Wirtschaftsentwicklung und schauen uns im Detail die Punkte an, die ich im vorigen Kapitel angerissen habe. Für die unmittelbare Zukunft ist mit einem zunehmenden Auseinanderlaufen der Wirtschaftsentwicklung in den vier Gruppen von Ländern zu rechnen, die zusammen großen Einfluss auf das Ergebnis für die Weltwirtschaft insgesamt haben:[150] Es gibt bereits wieder wachsende Volkswirtschaften, solche, die sich stabilisieren, stagnierende sowie eine Handvoll von unberechenbaren, die jede für sich dem Rest der Welt größere Probleme bereiten könnten.

Die erste Gruppe dürfte von den USA angeführt werden, zusammen mit Indien aus der Gruppe der Schwellenländer.

Im Zuge der breiter werdenden Gesundung dürfte die amerikanische Wirtschaft stetig weitere Fortschritte machen, wenn auch nur kleine. Die Schaffung neuer Stellen wird früher oder später mit höheren Lohnzuwächsen einhergehen, die bislang eher bescheiden waren. Die Beschäftigungsquote wird von ihren niedrigsten Ständen seit Jahrzehnten langsam wieder steigen, aber nicht sehr stark. Die Fiskalpolitik wiederum wird kurzfristig weder eine große Hilfe sein noch eine erhebliche Belastung, denn steigenden Staatseinnahmen steht hier politischer Stillstand gegenüber, der höhere Ausgaben verhindert.

All das sind mit Sicherheit gute Nachrichten. Jedoch ist keineswegs sicher, dass dies ausreicht zum Erreichen der »Fluchtgeschwindigkeit« für das Wachstum und ein echtes »Abheben« der Wirtschaft, die gebraucht werden, um die seit der Krise verpassten Gelegenheiten vollständig wettzumachen. Es ist also nicht damit zu rechnen, dass die US-Wirtschaft robust genug wird, um ihre Rolle als kraftvolle globale Wachstumslokomotive zurückzugewinnen. Ebenfalls wird kurzfristig nicht genug passieren, um das Potenzialwachstum des Landes zu erhöhen. Damit werden das Wachstum und demzufolge auch längerfristige haushaltspolitische Probleme weiter Anlass zur Sorge geben, und bei der Umkehr der Verschlechterung beim Dreiklang des Ungleichgewichts bei Einkommen, Vermögen und Chancen wird es, wenn überhaupt, nur kleine Fortschritte geben. Leider wird dies so lange gelten, bis es dem politischen System gelingt, umfassendere Lösungen zu entwickeln, und bis der Rest der Welt weniger Belastungen für das Wachstum in den USA verursacht.

Indien wiederum entwickelt allmählich eine Dynamik, die durchaus für dauerhaftes Wachstum im Bereich von 6 bis 8 Prozent ausreichen könnte, wenn es durch weiter verbesserte Politik gestärkt wird. Ohne große politische Fehler steht das Land möglicherweise am Rand eines Paradigmenwechsels bezüglich Investitionen, der seine Konkurrenzfähigkeit in vielen Sektoren und bei vielen Aktivitäten entlang der gesamten Wertschöpfungskette verbessern könnte. Das Ergebnis wird ein Sprung nach vorn im Entwicklungsprozess Indiens sein, der mehr Wohlstand und weniger Armut für seine Bürger bedeutet. Allerdings ist diese Dynamik nicht so ausgeprägt, dass Indien schaffen könnte, was China vor einigen

Jahren gelungen ist: zu nichts weniger als einer Wirtschaftslokomotive für den Rest der Welt zu werden.

Die zweite Ländergruppe wird von China angeführt werden. Sie besteht aus Ländern, die nach einem deutlichen Rückgang ihrer Wachstumsraten in der Lage sein werden, ein neues (relativ stabiles) wirtschaftliches Gleichgewicht zu erreichen, wenn auch nicht ohne einige kleinere Probleme.

Das Wachstum in China wird sich im Bereich um 5 bis 6 Prozent stabilisieren, also deutlich unter seinem historischen Durchschnitt. Jedoch wird sich die Qualität dieses Wachstums kontinuierlich verbessern und von einer stetigen Reifung des Wirtschaftsgeschehens im Inland und bei der Interaktion mit dem Ausland begleitet werden. Nationale Prioritäten werden weniger im Widerspruch zu den internationalen Verantwortlichkeiten des Landes stehen. Dieser Prozess wird nicht völlig ohne Reibungen verlaufen, insbesondere da in einzelnen Bereichen noch finanzielle Exzesse vorhanden sind. Aber China wird damit zurechtkommen, weil es über einen großen Staatshaushalt verfügt, der eine ziemlich große Zahl von Schnitzern verzeiht, sowie über ein System, in dem sich nicht zu beherrschende Ausbreitungen von Problemen verhindern lassen. Zudem hat der Entscheidungsapparat der chinesischen Regierung in der Vergangenheit gezeigt, dass er schnell lernt und rechtzeitige Kurskorrekturen vornehmen kann.

Die Inlandsnachfrage in China wird allmählich Exporte als stärkeren und verlässlicheren Wachstumsmotor ablösen. Marktwirtschaftliche Disziplin wird immer größere Bereiche der Volkswirtschaft erreichen. Der Einfluss von staatseigenen Unternehmen wird abnehmen, ebenso wie die Risiken durch Schattenbanken. Und während China langsam, aber sicher den schwierigen Übergang zu einem Land mit mittleren Einkommen vollzieht, wird es stärker wie ein vollwertiges Mitglied der Weltwirtschaft agieren.

Die dritte Gruppe von Ländern besteht aus denjenigen, die mehr oder weniger stagnieren. Hinzu kommt leider noch, dass die Risiken hier eher auf der Abwärtsseite liegen.

So sehr ich es mir anders wünschen würde: Abgesehen von gelegentlichen zyklischen Wachstumsphasen fällt es mir schwer, für Europa als Ganzes – oder auch Japan, wenn wir schon dabei sind – eine Chance zu sehen, entschieden aus seinem Gleichgewicht mit niedrigem Wachstum auszubrechen. Zudem hat die Region, wie ich gleich erklären werde, mit einigen besonders heiklen Problemfällen zu kämpfen. Die anhaltende geldpolitische Hyperaktivität aufseiten der EZB (und der Bank of Japan) ist zwar bemerkenswert, wird aber für ein klares Ausbrechen des Wachstums schlicht nicht ausreichen.

Ungeachtet durchaus deutlicher Unterschiede zwischen den einzelnen Ländern wird das eher dürftige Gesamtwachstum in Europa dafür sorgen, dass das Risiko einer schädlichen Preisdeflation nicht von den Radarschirmen verschwindet. Auch wird es wenig gegen die verbleibenden Bereiche mit übermäßiger Verschuldung ausrichten können, dafür aber politische Spannungen und gesellschaftliche Unzufriedenheit (die in manchen Ländern Europas den Bedeutungsgewinn von nicht traditionellen und gegen das Establishment gerichteten Parteien sowie teils auch politischen Extremismus fördert) anheizen. Die Arbeitslosigkeit – insbesondere unter jungen Menschen – wird unterdessen in manchen dieser Länder alarmierend hoch bleiben und dort zu einem nachvollziehbaren Gefühl der quasi-permanenten Anpassungs- und Reformmüdigkeit führen.

Zur vierten Gruppe zählen die Länder, die man als die »Unberechenbaren« bezeichnen könnte. Bei ihnen handelt es sich um regional oder systemisch bedeutende Volkswirtschaften, die vor einer besonders volatilen Zukunft stehen.

Das wichtigste Land in dieser Gruppe ist Russland. Sanktionen des Westens und niedrige Ölpreise haben seine Wirtschaft bereits in die Rezession gedrückt, einen Einbruch der Währung ausgelöst und zu Knappheit bei importierten Waren beigetragen. Angesichts des dadurch entstehenden innenpolitischen Drucks verfügt Präsident Wladimir Putin über zwei Optionen, die vollkommen unterschiedliche Auswirkungen auf die Weltwirtschaft hätten.

Zum einen könnte Präsident Putin die Gelegenheit nutzen, um mit Blick auf die Aufhebung der Sanktionen wieder in einen konstruktiven Dialog mit dem Westen zu treten. Alternativ könnte er weiterhin zu einem der ältesten politischen Manöver greifen: mit einem externen geopolitischen Abenteuer (in diesem Fall, nach der bereits erfolgten Annexion der Krim, mit einer Ausweitung des russischen Engagements in der Ostukraine, im Nahen Osten und vielleicht auch in weiteren Regionen) die

Aufmerksamkeit seiner Bürger von der zunehmend kritischen Wirtschaftslage im Inland ablenken.

Diese zweite Vorgehensweise wäre unglücklich für Russland, für Europa und für die ganze Weltwirtschaft.

Sie könnte zu zusätzlichen Sanktionen führen, auch für Russlands Energie- und Finanzsektor, was wiederum wahrscheinlich Gegensanktionen auslösen würde, die den Fluss von Energie nach Mittel- und Westeuropa stören würden. Russland könnte es dann mit einer noch schwereren Rezession, drohender Hyperinflation, schwindenden Reserven, einem noch instabileren Währungsregime und Herabstufungen seiner Kreditwürdigkeit zu tun bekommen. Die dadurch verursachte Implosion der Volkswirtschaft würde, zusammen mit den Auswirkungen der Gegensanktionen, Mittel- und Westeuropa in eine Rezession abrutschen lassen – und all das zusammen wäre eine starke Belastung für die Weltwirtschaft.

Auch Griechenland gehört in diese Gruppe, und zwar angesichts seiner Mitgliedschaft in der Eurozone und EU mit direkteren wechselseitigen Auswirkungen. Seine derzeitige Wirtschafts-, Finanz- und Schuldenentwicklung ist nicht durchzuhalten. Das Land braucht eine grundlegende Überarbeitung seiner Wirtschaftspolitik und der Art und Weise, wie es von seinen europäischen Partnern unterstützt wird. Ganz einfach zusammengefasst, geht es dabei um intelligentere Steuerpolitik, einschneidendere wachstumsfreundliche Strukturreformen, Schuldenerlass und flexiblere Liquiditätshilfen.

Zwar spricht einiges an wirtschaftlicher Logik zugunsten von Griechenland, doch die Fähigkeit der neuen Syriza-Regierung, schon Anfang 2015 voranzukommen, wurde untergraben von Anfängerfehlern bei den Verhandlungen mit Kreditgebern[151] sowie der Unnachgiebigkeit aufseiten dieser Gläubiger. Deshalb schleppt sich die Wirtschaft des Landes weiter dahin, mit einer Arbeitslosenquote von rund 25 Prozent und, ausgesprochen alarmierend, mehr als 50 Prozent unter jungen Menschen. Unterdessen verlassen weiterhin Einlagen fluchtartig das Bankensystem, sodass ihm noch mehr Sauerstoff entzogen wird und die Abhängigkeit des Landes von der bereits widerwilligen EZB zunimmt. Zwischendurch war die Regierung gezwungen, die Banken für drei Wochen zu schließen, strenge Tageslimits für Abhebungen am Geldautomaten vorzugeben und Kapitalverkehrskontrollen einzuführen.

Bei alldem war die Frage nicht, ob die großen involvierten Akteure daran interessiert waren, Griechenland in der Eurozone zu halten. Das waren sie mit Sicherheit. Das Problem war, dass keiner von ihnen so entschlossene politische Maßnahmen ergriff, wie es nötig gewesen wäre.

Um alles noch schlimmer zu machen, taten sich beide Seiten schwer, die jeweils andere davon zu überzeugen, dass sie es ernst meinen. Dadurch stieg das Risiko eines Graccident erheblich. Der Höhepunkt dieser Entwicklung war ein »plötzlicher Stopp« für die Wirtschaft im Juni und Juli 2015: Ein totaler Zusammenbruch der Verhandlungen, noch verstärkt durch hässliche Vorwürfe und bittere persönliche Angriffe, löste einen Run auf die Banken aus, der eine ungeordnete Schließung des Bankensystems erzwang. Zusammen mit den Kapitalverkehrskontrollen, die im Land halten sollten, was dort noch an Euros vorhanden war, führte dies zu einem Einbruch von Wirtschaftsaktivität, Außenhandel und Vertrauen in das System. Selbst der Tourismus, ein Schlüsselsektor für Griechenland, wurde in Mitleidenschaft gezogen. Die bereits vorher alarmierend hohe Arbeitslosigkeit stieg noch weiter, die bereits stark beanspruchten sozialen Netze wurden noch stärker belastet, und die Armut nahm zu und breitete sich aus.

Der Rest Europas hat in den vergangenen Jahren hart daran gearbeitet, die negativen Ansteckungseffekte durch eine solche Situation zu begrenzen. Neue Institutionen mit neuen Instrumenten zum Krisenmanagement wurden etabliert. Die EZB bemühte sich um mehr Robustheit des Bankensystems in der Region und bereitete zusätzliche Sicherungen vor, um eine Ansteckung zu verhindern. Andere Peripheriestaaten wie Irland und Portugal haben viel dafür getan, ihre Häuser besser in Ordnung zu bringen, unter anderem mit zusätzlichen Verteidigungsmechanismen und mehr Eigenversicherungen.

Wegen all dieser Aktivitäten war die Gefahr von Kollateralschäden für die gesamte Eurozone im jüngsten Fall deutlich geringer als im Jahr 2010, als die Griechenland-Krise zum ersten Mal ausbrach, und als 2012, als sie beinahe zum Virus geworden wäre. Dies soll jedoch nicht heißen, dass es keine negativen Übertragungseffekte und Rückwirkungen gegeben hätte. Die gab es durchaus, und ihre Folgen (insbesondere im Bereich der Politik) werden sich erst noch zur Gänze zeigen müssen.

Eine weitere wichtige Unbekannte ist Brasilien, auch wenn die Lage dort mit Sicherheit nicht so schlimm ist wie in Venezuela, der instabilsten großen Volkswirtschaft Lateinamerikas. Doch Brasilien ist ein relativ wichtiges und global einflussreiches Land, und aufgrund seiner Größe und seiner Rolle in Lateinamerika hat das dortige Geschehen große Bedeutung für andere Länder – als gutes wie als schlechtes Beispiel.

Nach einer erfreulichen Wirtschaftsentwicklung in den zwei Amtszeiten von Präsident Luiz Inácio Lula da Silva und auch in den ersten Jahren unter seiner Nachfolgerin Dilma Rousseff sind die Wachstumsmotoren des Landes schwer ins Stocken geraten. Statt mit den nötigen Reformen voranzuschreiten, ist Brasilien der Versuchung erlegen, mehr Wachstum aus einem alten, überholten, erschöpften und zunehmend kontraproduktiven Modell herauszupressen. Dieses Modell ist stark abhängig von ineffizienten, kreditfinanzierten Investitionen der staatlichen Entwicklungsbank. Zudem fördert es Korruption, die, wie sich am Skandal um Petrobras, das große multinationale Energieunternehmen des Landes, zeigt, ziemlich hohe Ebenen erreichen kann.

Dieser Rückfall in einen Etatismus alten Stils hat nicht nur kein Wachstum hervorgebracht, sondern auch den Inflationsdruck erhöht. Dies bedeutet ein höheres Risiko für das Schreckgespenst der Stagflation in einem Land, in dem immer noch starke Einkommensungleichheit und zum Teil wirklich erschreckende Armut herrschen. Angesichts der realen und unmittelbaren Gefahr einer Rückkehr in die schlechten Zeiten mit hoher Inflation und disruptiven Inflationserwartungen wurde Brasilien zu einem der wenigen Länder weltweit, in dem sich die Zentralbank trotz enttäuschendem Wirtschaftswachstum gezwungen sah, die Zinsen zu erhöhen.

Nachdem die Partei bei den Präsidentschaftswahlen im Oktober 2014 schwere Verluste hinnehmen musste, bieten sich für die aktuelle Regierung zwei mögliche Wege. Wie bei Russland wären deren Auswirkungen für die Weltwirtschaft sehr unterschiedlich.

Zum einen könnte Brasilien noch tiefer in den ineffizienten Etatismus abtauchen, die Rolle der Entwicklungsbank ausbauen und Druck auf die Zentralbank ausüben, die Geldpolitik verfrüht zu lockern. Dies würde Brasilien höchstwahrscheinlich tiefer in ein stagflationäres Loch fallen lassen und dadurch seiner Zahlungsbilanz und Kreditwürdigkeit schaden. Alternativ könnte Brasilien zu den klar erkennbaren Reformen zurückkehren, die dabei helfen würden, neben Mexiko zu einem Anker für ein stabileres Lateinamerika zu werden. Auf diese Weise wäre die Region besser in der Lage, mit den disruptiven Auswirkungen aus dem von niedrigen Ölpreisen und wirtschaftlichem Missmanagement erschütterten Venezuela zurechtzukommen sowie mit der Tatsache, dass auch Argentinien immer noch kein richtiges wirtschaftliches Gleichgewicht gefunden hat.

Auch die Türkei steht vor einigen schwierigen Entscheidungen bezüglich des Umgangs mit ihrer eigenen Wirtschaftsmisere. Sie ist zwar nicht Argentinien, nicht Brasilien, nicht Griechenland und nicht Venezuela, doch auch sie könnte auf die Liste der systemisch wichtigen Schwellenländer geraten, die zusammen ein Zentrum der Unsicherheit für die Weltwirtschaft bilden.

Alle vier Gruppen zusammen betrachtet lassen eine Weltwirtschaft mit unterschiedlichen Geschwindigkeiten erwarten, die insgesamt nur zögerlich wächst und in der sich die Probleme zunehmend häufen. Die Zentralbanken werden sich schwertun, den richtigen Umgang mit dieser Konstellation zu finden, weil sie nicht mehr in einem stark korrelierten Umfeld agieren und weil sie es nicht mehr nur mit Problemen in ihrer eigenen geografischen Zuständigkeit zu tun haben. Stattdessen wird das Auseinanderlaufen bei der Wirtschaftsentwicklung von geldpolitischer Divergenz begleitet werden. Dies wird zu noch größeren Preisanomalien und zunehmender Marktvolatilität beitragen. Dadurch wird es häufiger zu überschießenden Kursbewegungen kommen, ebenso wie zu disruptiver Ansteckung bei den Preisen und zu hochgradig instabilen Korrelationen zwischen unterschiedlichen Klassen von Finanzanlagen.

Kapitel 25

Eine Welt mit mehr Divergenz (II): uneinheitliche Geldpolitik der Zentralbanken

»Es ist die Aufgabe von Zentralbanken, sich Sorgen zu machen.«
– ALICE RIVLIN

The Economist hat eine gute Formulierung gefunden, als er im Dezember 2014 schrieb, »nur selten haben die großen Zentralbanken der Welt eine so unterschiedliche Geldpolitik betrieben«. Anlass dafür war natürlich das Ausmaß, in dem sich die Fed und die Bank of England von der Bank of Japan und der Europäischen Zentralbank abzusetzen begannen.

Die größte Bedeutung wird die Divergenz zwischen Fed und EZB haben – und ihre Auswirkungen und Reichweite werden umso erheblicher werden, je stärker diese Divergenz allmählich zunimmt (was der Fall sein wird). Der Kurs von Volkswirtschaften und Politik in anderen Ländern wird dadurch verändert werden. Die globale Preissetzungsmacht wird sich verschieben – tatsächlich hat diese Entwicklung bereits begonnen. Das globale System wird hart daran arbeiten, die Divergenz »unter einen Hut zu bringen«. Doch es wird sich schwertun, denn im Prinzip liegt die gesamte Last dabei auf einer einzigen Variable, nämlich Änderungen bei den Wechselkursen.[152]

Am einen Ende wird die Federal Reserve die verbesserte Wirtschaftslage in den USA nutzen, um ihr Vorgehen in der Geldpolitik allmählich zu normalisieren. Sie wird, sehr langsam und vorsichtig, den Fuß vom Gaspedal der unkonventionellen Geldpolitik nehmen. Auf das Ende der QE-Programme im Oktober 2014 werden sehr kleine und maßvolle Zinserhöhungen sowie eine Weiterentwicklung der Aussagen zur künftigen Zinspolitik folgen, um das Feld für einen milden Zinserhöhungszyklus über mehrere Jahre zu bereiten, der bei einem niedrigeren Zins endet als im historischen Durchschnitt. Zu erwarten ist also die »lockerste Straffung« in der Geschichte des modernen Zentralbankwesens.

Während des »Taper Tantrum« im Mai und Juni 2013 hat die Fed eine ernüchternde Lektion gelernt. Deshalb dürfte sie künftig höchstwahrscheinlich dem Beispiel von Zauberkünstlern folgen und zu einem Ablenkungsmanöver greifen, während sie von der jetzigen Ausrichtung der Geldpolitik zu einer anderen übergeht. Das Instrument dafür werden veränderte Aussagen zur zukünftigen Geldpolitik sein – Jon Hilsenrath vom *Wall Street Journal* hat dies als »linguistische Gymnastik« bezeichnet.

Die dynamisch weiterentwickelten Formulierungen der Fed werden nicht nur den sehr vorsichtigen Pfad und den niedrigeren Endzins signalisieren. Sie werden uns auch immer wieder daran erinnern, dass das konkrete Vorgehen stark von Daten abhängt und wahrscheinlich auch gelegentliche Pausen umfassen wird (vor allem wenn sich die Wirtschaft als weniger robust erweist, als von der Fed prognostiziert). Währenddessen wird die Fed das Verhalten der Märkte sehr genau im Auge behalten und versuchen, einen schwierigen Balanceakt durchzuführen, sodass bestehende Risikopositionen nicht zu schnell aufgelöst werden, aber gleichzeitig nicht noch größere Risikobereitschaft entsteht.

Um die Wirkung der Kommunikation zu verstärken, könnten Fed-Vertreter durchaus versucht sein, all das als ein Paket mit dem beeindruckenden Etikett »optimale Kontrolle« zu präsentieren. Dieser Ausdruck hat den Vorteil, dass er zwei Vorstellungen vermittelt, die nach der Hoffnung der Zentralbanker für die Märkte besonders beruhigend sind: erstens, dass die Fed unter dem Paradigma »optimal« agiert, und zweitens, dass sie die Kontrolle hat. Bei diesem Vorgehen geht sie davon aus, dass sie weiterhin gut in der Lage ist, die Erwartungen des Privatsektors zu beeinflussen und somit privates und staatliches Handeln aufeinander abzustimmen. Tatsächlich hat der frühere Fed-Chef Bernanke einmal gesagt: »Je besser eine Zentralbank die Öffentlichkeit darüber informieren kann, wie sich ihre Politik entwickeln dürfte, desto höher ist die Wahrscheinlichkeit, dass die Marktteilnehmer die richtigen Schlüsse ziehen.«[153]

Regulierung und Aufsichtsbehörden, weniger stark gehemmt durch Sorgen um ihre Auswirkungen auf Finanzintermediäre und somit auf das Wirtschaftswachstum, werden unterdessen strenger und weitreichender werden. Konkret dürften noch weitere Institutionen (einschließlich Nichtbanken) und eine größere Ansammlung an Risiken von ihnen erfasst werden (einschließlich, wie oben dargelegt, des Liquiditätswahns, der zu Zeiträumen mit Liquiditätsengpässen führt, vor allem wenn sich der Marktkonsens verändert).

Am anderen Ende wird die EZB noch tiefer in den Bereich der unkonventionellen Geldpolitik vordringen und, ebenso wie die Bank of Japan, eine Weile dort bleiben. Trotz der Ängstlichkeit einiger ihrer Ratsmitglieder wird sie den Vollgas-Ansatz beibehalten, der darauf abzielt, schädlicher Deflation entgegenzuwirken und die Wirtschaft am Laufen zu halten, wenn auch auf niedrigem Niveau. Die Absicht dahinter ist, Zeit zu erkaufen, bis sich die Politik auf ihre Verantwortung besinnt und der Privatsektor gesundet ist. Die Zinsen in Europa werden länger als in den USA außergewöhnlich niedrig bleiben, und statt ihre quantitative Lockerung zurückzufahren, dürfte die EZB sie im Rahmen ihrer nächsten Interventionen noch verstärken.

Die EZB hatte seit März 2015 pro Monat für 60 Milliarden Euro Wertpapieren aufgekauft. Diese stiegen mittlerweile auf 80 Milliarden pro Monat und sollen bis März 2017 weitergeführt werden. Dabei wird sie den Anteil der gekauften nicht staatlichen Papiere erhöhen und mit weiteren neuen Möglichkeiten zur tieferen und breiteren Liquiditätsinjektion in die Wirtschaft der Eurozone experimentieren. Ihr Bilanzvolumen wird sich dadurch von 2 Billionen Euro Ende 2014 auf mehr als 4 Billionen Euro zwei Jahre später erhöhen und das der Fed übersteigen (aktuell liegt die Bilanzsumme bei 3,3 Billionen Euro, Stand: Oktober 2016); die Nominalzinsen für »hochwertige« Staatsanleihen wird sie noch tiefer in den anomalen Bereich drücken; sie wird zusätzliche Kreditrisiken auf sich nehmen, die zum Teil an die nationalen Zentralbanken weitergegeben werden; und es wird nicht die Fed sein, sondern die EZB, die den größten Einfluss auf Zinsen und Devisenkurse anderer Länder haben wird.

Theoretisch gibt es auf kürzere Sicht keine Grenze für die oben skizzierte wirtschaftliche und geldpolitische Divergenz, also dafür, dass die Geldpolitik der Fed immer weniger locker wird und die der EZB immer lockerer. Doch weil Wechselkursbewegungen im Grunde der einzige Ausgleichsmechanismus dafür sind, kommt es dabei umso mehr auf Ordnung und Nachhaltigkeit an. Die Geschichte früherer jäher Veränderungen der Devisenkurse spricht dafür, dass die zu erwartenden Anpassungen in sich die Gefahr bergen, irgendetwas kaputtzumachen. Damit erhöht sich das Potenzial für Finanzinstabilität, das durch die immer größere Diskrepanz zwischen schwachen Fundamentaldaten und hohen, von den Zentralbanken unterstützten Preisen für Finanzanlagen entsteht; obendrein bringt es das Risiko von schädlichen Übertragungseffekten und Rückwirkungen mit sich.

In der Vergangenheit lag der Schaden durch starke Wechselkursbewegungen meist in der Gefahr eines »Währungskriegs« und der protektionistischen Vergeltung, die damit einhergehen kann. Oder es kam dazu, dass die Wirtschaft eines Schwellenlands mit einer zu starren Anbindung seiner Währung an eine jäh aufwertende G3-Währung (meist dem US-Dollar) in Turbulenzen geriet, weil es nicht über genügend Devisenreserven verfügte, um durch die Devisenkursbewegung ausgelösten Problemen mit Handelsbilanz, Kapitalabflüssen, Schuldenbedienung sowie Laufzeit- und Währungsinkongruenzen entgegenzuwirken.

Diese Risiken verdienen definitiv eine genaue Beobachtung. Ich glaube allerdings nicht, dass sie heute noch eine so hohe Gefahr bergen wie in der Vergangenheit, eine schwere globale Krise auszulösen. Das ist die gute Nachricht. Die schlechte lautet, dass stattdessen ein relativ neues Risiko entstanden ist: die Auswirkungen von instabilen Wechselkursen auf zu wenig abgesicherte Unternehmen und die Volatilität auf anderen Finanzmärkten. Diese könnten das geldpolitische Regime untergraben, das zuletzt als Grundlage für die Erholung der Weltwirtschaft gedient hat, auch wenn diese enttäuschend schwach gewesen sein mag.

Insgesamt sollten wir nicht davon ausgehen, dass der Wechselkursmechanismus eine reibungslose Anpassung im Umfeld der auseinanderlaufenden Geldpolitik ermöglichen wird, vor allem nicht wenn der Großteil dieser Last allein auf ihm liegt. Ja, er wird helfen, doch er bringt auch die Gefahr mit sich, die Wahrscheinlichkeit für Finanzinstabilität zu erhöhen. Und er kann gewiss nicht die einzige Antwort sein, um zu einer Annäherung der längerfristigen Zinsen in der finanziell hochgradig vernetzten Welt der Industrienationen zu kommen.

Kapitel 26

Eine Welt mit mehr Divergenz (III): Belastungen jenseits von Wirtschaft und Politik

»G-Null ist kein Ziel, sondern das Ergebnis einer Analyse. Leider haben wir genau diesen Punkt schon erreicht.«
– IAN BREMMER

Naturgemäß konzentrieren sich Ökonomen, Marktteilnehmer und Politiker auf das, was ihnen vertraut ist. Doch sie erkennen auch die Rolle, die nicht wirtschaftliche Faktoren spielen können (und tatsächlich spielen). Diese Offenheit für »exogene Faktoren« (wie Ökonomen sie nennen) ist besonders wichtig in einer Welt mit wechselseitigen Abhängigkeiten, in der es reichlich Potenzial für Rückkopplungsschleifen und multiple Gleichgewichte gibt. Konkret gibt es zwei exogene Faktoren, die besondere Aufmerksamkeit verdienen, weil sie starke Auswirkungen auf die Aussichten für die Wirtschaft und die Zentralbankpolitik haben können.

Der erste Faktor ergibt sich aus der nationalen Politik und insbesondere dem Aufkommen von nicht traditionellen, gegen das Establishment gerichteten Parteien. Amerikaner sind mit diesem Phänomen mittlerweile vertraut – sie konnten schon vor einigen Jahren beobachten, wie die Tea Party erstarkte und wie deren Mitglieder etwas verhinderten, was sie als schädliche Überparteilichkeit ansahen. Zu den Folgen für die Märkte zählten eine 17-tägige Unterbrechung der Regierungsarbeit im Jahr 2013 und ein politisches russisches Roulette mit der Schuldenobergrenze, das die USA sehr nah an eine technische Zahlungsunfähigkeit brachte.

Inzwischen haben die Abgeordneten im US-Kongress verstanden, dass ihre Wähler wenig Interesse an solchen politischen Spielchen haben, sodass sich diese Gefahr verringert hat. Allerdings nicht so sehr, dass die Zusammenarbeit zwischen Demokraten und Republikanern jetzt eine Politik ermöglichen würde, mit der sich das erhebliche nicht genutzte Potenzial der US-Volkswirtschaft realisieren ließe. So weit ist es nicht, jedenfalls noch nicht.

Es stimmt zwar: Die Wahrscheinlichkeit dafür, dass der Kongress die Wirtschaft mit politischem Posieren und Gezerre aus der Bahn wirft, ist gesunken. Einstweilen aber wird das Patt in Washington anhalten, was das Wachstum bremst, Ungleichheiten verschärft, inklusive Prosperität verhindert und der Führungsrolle der USA auf der internationalen Bühne in die Quere kommt.

Die große Frage für die Wirtschaft lautet deshalb, ob Haushalte und Unternehmen in der Lage sein werden, sich noch entschiedener vom »Nichtstuer«-Kongress zu lösen. Konkret stellt sich die Frage, ob sie die Dysfunktionalität in Washington und mit ihr all die damit zusammenhängende Unsicherheit abschütteln können. Oder werden sie sich für weiteres Abwarten entscheiden, in der Sorge, dass ihre heutigen Entscheidungen aufgrund von späteren politischen Maßnahmen des Kongresses dumm aussehen könnten?

Europa befindet sich noch in einer früheren Phase dieses politischen Phänomens – sie erinnert eher an das Aufkommen der Tea Party im Vorfeld der US-Zwischenwahlen 2010 mit ihrer Leidenschaft, die bestehende Ordnung auf den Kopf zu stellen und viele der Spielregeln für das Geschehen in Washington neu zu schreiben.

Wie erwähnt, wächst in ganz Europa die Unterstützung für nicht traditionelle Parteien links wie rechts. Von Syriza, der griechischen Koalition der radikalen Linken, bis zum rechtsextremen Front National in Frankreich sind diese Parteien darauf aus, den Status quo und die bestehende politische Ordnung zu kippen. Derselbe Trend ist in vielen anderen Ländern Europas zu beobachten, etwa in Dänemark und Spanien und sogar in Deutschland. Durch den großen Zustrom von Flüchtlingen nach Europa wird er noch verstärkt.

Potenziell gefährlich für Volkswirtschaften und Märkte ist daran, dass die meisten dieser Parteien genau sagen, was sie abschaffen wollen und warum; in Bezug auf konstruktive Vorschläge ist ihre Agenda jedoch deutlich unklarer. Die meisten von ihnen haben noch keinerlei umfassende und zusammenhängende Alternative zu dem vorgelegt, was sie ablehnen. Tatsächlich erinnern sie an Freiheitskämpfer, die es schaffen, eine etablierte Ordnung zu stürzen, sich dann aber schwertun, auf eigene Regierungsarbeit und den Aufbau einer neuen und besseren Ordnung umzusteigen.

Während ich diesen Teil des Buchs schreibe, lässt sich eine derartige Dynamik in Echtzeit in Griechenland beobachten. Wie erwähnt, tat sich Syriza nach dem klaren Wahlsieg im Januar 2015 schwer, politische Maßnahmen auszuarbeiten, die ihre Wahlversprechen erfüllen und gleichzeitig auch für die externen Kreditgeber akzeptabel sind, auf die das Land für seine finanzielle Überlebensfähigkeit angewiesen ist. Und was seitdem passiert ist, zeigt, wie schwierig all das ist. Zwar hatte Syriza einiges an Logik auf ihrer Seite, doch alle Bemühungen der Koalition konnten wenig bewirken, während die griechische Wirtschaft weiter einbrach – zum Teil lag das an Anfängerfehlern bei der Regierungsarbeit, zum Teil an der Unnachgiebigkeit aufseiten des europäischen Establishments.

Nachdem die neue Regierung im Januar 2015 gerade an die Macht gekommen war und noch keine Chance gehabt hatte, einen umfassenden Plan zur Abmilderung der Sparzwänge im Rahmen von tieferen Strukturreformen und einer Schuldenreduktion zu erarbeiten, gab die EZB eine Verringerung des griechischen Zugriffs auf ihre Sonderfinanzierungsfazilitäten bekannt. Dem griechischen Finanzminister wurde bei seiner Reise durch die europäischen Hauptstädte ein ziemlich kühler Empfang bereitet – vor allem in Berlin. Dort konnte er sich in der Pressekonferenz nach einem Treffen mit seinem deutschen Amtskollegen Wolfgang Schäuble, an die ich mich noch lange erinnern werde, mit seinem Gesprächspartner nicht einmal darauf einigen, dass sie sich darauf geeinigt hätten, sich nicht einig zu sein. Der deutsche Minister stellte laut infrage, ob man überhaupt so weit gekommen sei.

Letztlich war Syriza nach ziemlich intensiven internen Konflikten gezwungen, mehr von dem zu tun, was schon die Vorgängerregierung getan hatte. Erst dann ließen die europäischen Kreditgeber die dringend benötigten Finanzhilfen wieder fließen.

Der Fall Griechenland wird von traditionellen und nicht traditionellen Parteien in anderen Ländern genau beobachtet werden. Gleichzeitig wird er eine Probe für die Robustheit der Eurozone sein. Doch das Gesamtphänomen, für das er steht, wird sich in Europa aus drei Gründen noch eine Weile länger beobachten lassen.

Erstens haben die meisten der nicht traditionellen Parteien noch keine politische Wende herbeigeführt. Richtig ist, dass sie bereits Auswirkungen auf das Denken der etablierten Parteien haben, doch diese scheinen nicht besonders entschlossen. Das soll nicht heißen, dass sich das nicht ändern könnte. Tatsächlich stehen vom britischen Referendum bis zum Kampf um die Präsidentschaft in Frankreich einige wichtige Ereignisse ins Haus. Doch bis diese näher gerückt sind, werden sich die Märkte an anderen Faktoren orientieren.

Zweitens wurden die Auswirkungen in Form möglicher innenpolitischer Instabilität vom enormen Vertrauen der Märkte in die Macht der Zentralbanken und deren Fähigkeit, Volatilität zu unterdrücken, gedämpft. Die Märkte behalten politische Entwicklungen und deren mögliche zukünftige Folgen durchaus im Auge. Vorerst aber wurden Portfoliopositionierungen und Volatilität stärker von den Liquiditätsinjektionen der Zentralbanken und vom Einsatz der liquiden Mittel in den Bilanzen von Unternehmen bestimmt.

Drittens lassen sich viele Marktteilnehmer von historischen Beispielen beruhigen, in denen Parteien, die einst als »extremistisch« galten, relativ konventionell wurden, als sie erst einmal an der Macht waren. Eine solche Wende scheint sich auch in Griechenland nach dem konfrontativen Start von Syriza abgespielt zu haben. Und in manchen Fällen, etwa in Brasilien ab 2002, hat der Sieg solcher Parteien größere Fortschritte nach einer relativ traditionellen Wirtschaftspolitik sogar erst möglich gemacht.[154]

Werfen wir einen Blick zurück in den Oktober 2002. Damals waren die brasilianischen Märkte in Aufruhr, als klar wurde, dass Luiz Inácio Lula da Silva, der hitzköpfige Chef einer unerfahrenen und extrem auftretenden Linkspartei, kurz vor einem Sieg bei der Präsidentschaftswahl stand. Bei den schon vorher angeschlagenen Kursen von Aktien und Anleihen kam es zu einem heftigen Ausverkauf. Der Wechselkurs gab noch weiter nach. Einlagenkunden flohen von den Inlandsbanken. Regierung wie Unternehmen bekamen Probleme, Kreditlinien zu verlängern und fällige Schulden zu refinanzieren, und erst recht bei der Beschaffung von neuen Darlehen.

Lula wurde inmitten finanzieller Turbulenzen gewählt, was ihm Gelegenheit gegeben hätte, eine Drohung wahr zu machen, mit der er vorher schon mehrmals im privaten Rahmen und öffentlich geflirtet hatte: eine Schuldenrestrukturierung und den Beginn einer Wachstumsstrategie, die stark auf Etatismus basiert. Stattdessen aber wählte er einen relativ orthodoxen Ansatz für die Wirtschaftspolitik und bekräftigte seine Absicht, alle Rückzahlungs- und Zinsverpflichtungen bei offenen Schulden zu erfüllen. Bei beiden Themen blieb er dieser Linie dann treu.

An den Finanzmärkten kehrte wieder Ruhe ein. Das Wachstum zog an, angeschoben von der Umsetzung vieler lange verzögerter Reformen, und Brasilien erlebte eine der stärksten Zeiten für Wirtschaftswachstum und Verringerung von Armut in seiner Geschichte.

Der zweite exogene Faktor hängt mit geopolitischer Unbeständigkeit zusammen.

Vor noch nicht allzu langer Zeit diskutierten Experten für internationale Beziehungen und andere noch darüber, ob die Welt heute ein sichererer Ort sei als vor fünfzig Jahren. Wer daran glaubte, verwies auf das Fehlen von Spannungen zwischen den Supermächten Sowjetunion und USA, die jeweils über riesige Arsenale an aufeinander gerichteten Atomwaffen verfügten. Alles, was es gebraucht hätte, um große Bevölkerungszentren auszulöschen, wäre ein kleiner Fehler gewesen. Wie die Geschichtsbücher zeigen, kam die Welt einem solchen Punkt zwischendurch tatsächlich nah, sehr nah sogar.

Wer dagegen glaubt, dass die Welt von heute gefährlicher ist, sehnt sich nach den alten Zeiten der letztlich doch »rationalen« Nationalstaaten zurück. Die kann man schließlich an einen Verhandlungstisch bringen, und es gibt Strukturen, mit denen sich die Wahrscheinlichkeit von konstruktivem Austausch, ernst gemeinten Zusagen und glaubwürdiger Überprüfung erhöhen lässt. Ganz anders in der Welt der »nicht staatlichen Akteure« wie ISIS (auch bekannt als ISIL oder IS), die heute häufiger geworden sind. Weil es an Strukturen und einer Geschichte der gegenseitig durchsetzbaren Vereinbarungen fehlt, ist mit vielen von ihnen eine konstruktive Interaktion unmöglich, und dass sie Zusagen einhalten, lässt sich erst recht nicht garantieren.

Wie sich zeigt, ist diese Diskussion heute deutlich weniger relevant, da inzwischen beide problematischen Phänomene gleichzeitig auftreten. Mit den Spannungen zwischen Russland und dem Westen über die Ukraine und Syrien wiederholen sich Elemente des Kalten Kriegs, wenn auch in einer »Light«-Version bezüglich der Beteiligung des Rests der Welt – und auch bezüglich der potenziellen Folgen. Gleichzeitig müssen die Regierungen angesichts des ISIS-Siegeszugs im Nahen Osten, der Terrorattentate in Europa und der Gefahr weiterer Anschläge verspätet auf die neuen Arten von Sicherheitsrisiken reagieren, die durch nicht staatliche Akteure entstehen. Diese spielen selbst bei der Gewalt in der Ostukraine eine Rolle – zwar beeinflusst von Moskau; doch es ist nicht klar, ob ihnen der Kreml jederzeit deutlich vorgeben kann, was sie zu tun haben.

Auch hier lässt sich kaum behaupten, die Märkte hätten Ausmaß und Umfang der möglichen Verwerfungen , die sich aus dieser unglücklichen Kombination von geopolitischen Risiken ergeben, schon eingepreist. Und auch hier ist der Grund dafür durchaus rational, nämlich die Konditionierung auf enormes Vertrauen in die Macht der Zentralbanken, die Märkte abzuschotten, zusammen mit der Begeisterung über die hohen Barreserven in den Bilanzen von Unternehmen. Sollten diese Einflussfaktoren jedoch an Bedeutung verlieren, wie es in der Zukunft gewiss geschehen wird, werden die Märkte rasch zur Realität einer sehr unsicheren und beunruhigenden geopolitischen Konstellation aufschließen müssen – und die wird sich nicht eben leicht auf eine lineare und geordnete Weise einpreisen lassen.

Kapitel 27

Eine Welt mit mehr Divergenz (IV): Disruptive Innovation erreicht die Makroebene

»Die Diskrepanz zwischen dem Potenzial einer Innovation und ihrer weiten Verbreitung ist eine der Lektionen, die wir lernen und dann leicht wieder vergessen. Oder wir lernen sie erst gar nicht, weil wir die Geschichte und ihre Lehren über das Verhalten von Menschen und Organisationen nicht beachten.«

– MICHAEL SPENCE

Wir befinden uns inmitten zweier enormer technologischer Transformationen – eine im Energiesektor, ermöglicht durch Ölschiefer-Ressourcen, die andere angetrieben von einer digitalen Revolution, die Innovationen bei Internettechnologie, Mobilität, Anwendungen und Digitalisierung umfasst. All das zusammen führt zu raschen Veränderungen, die Kompetenzen, Anpassungsfähigkeit und in manchen Fällen das Überleben von Institutionen auf die Probe stellen.

Die meisten Menschen kennen aus ihrem Alltag bereits das, was man als die Mikroauswirkungen dieser disruptiven Technologien bezeichnen könnte – beispielsweise den steilen Verfall der Kosten für Unternehmen und Verbraucher bei Energie, vor allem in den USA. Oder die Art und Weise, wie das Internet das Einkaufsuniversum vergrößert und die Einkaufserfahrung verändert hat. Oder wie Smartphones und Tablet-Computer den Zugang zu Filmen, Spielen und Informationen auf den Kopf gestellt haben.

Weniger vertraut aber sind wir mit einer Reihe von makroökonomischen Herausforderungen, mit denen wir ebenfalls konfrontiert sind. Im Fall von Energie sind deren erhebliche Folgen sogar schon sichtbar und könnten undenkbare oder unwahrscheinliche Entwicklungen zur Realität werden lassen.

1. Veränderung des Paradigmas für die Energieversorgung

Ölschiefer-Technologie hat bereits zu einer fundamentalen Veränderung des Angebotsparadigmas für Öl beigetragen, sowohl direkt als auch indirekt.

Insbesondere in den USA, wo sie deutlich verbreiteter ist als irgendwo sonst auf der Welt, hat die Technologie erhebliche neue Energiequellen erschlossen. Die relative Preisstruktur im Energiekomplex hat sie bereits verändert, und sie hat eine ganze Reihe von neuen wirtschaftlichen Aktivitäten ermöglicht. Der Energieexperte Daniel Yergin hat in der *New York Times* völlig korrekt beobachtet: »Amerikanisches Schieferöl ist auf eine Weise, die sich vor fünf Jahren niemand hätte vorstellen können, zum entscheidenden neuen Faktor auf dem weltweiten Ölmarkt geworden. Es hat sich als wahrhaft disruptive Technologie erwiesen.«[155]

Ungeachtet dessen ist wichtig festzuhalten, dass die Auswirkungen von Schieferöl nicht wirklich die Makroebene erreichten, bis es Mitte bis Ende 2014 zu zwei anderen Auslösern dafür kam. Das Ergebnis war ein Umsturz auf dem Ölmarkt, der tiefe und lang anhaltende systemweite Auswirkungen haben wird.

Der erste Auslöser war ein Rückgang der Energienachfrage hauptsächlich aufgrund der Verringerung der Wachstumsraten in China. Die Bedeutung des Landes für den Rohstoffmarkt lässt sich angesichts der Größe seiner Volkswirtschaft kaum überschätzen. Zudem setzt es Rohstoffe relativ ineffizient ein, verbraucht also pro BIP-Einheit eine relativ große Menge davon. Solange es China gut geht, ist diese hohe Rohstoffintensität des Wachstums hervorragend für die Produzenten von Öl, Kupfer und anderen Rohstoffen. Doch wenn die chinesische Wirtschaft langsamer wächst, wird sie zum echten Problem.

Der zweite zusätzliche Faktor hat mit der Reaktion der Organisation erdölexportierender Länder (OPEC) zu tun, einer Gruppe, zu der viele, aber nicht alle großen Ölproduzenten gehören und die einen erheblichen Anteil der nachgewiesenen Ölreserven weltweit auf sich vereint.

Durch das Aufkommen von anderen Produzenten – traditionellen und nicht traditionellen – ist die Bedeutung der OPEC in den letzten Jahren zurückgegangen, doch die Organisation hat noch immer erheblichen Einfluss aus den Ölmarkt, sowohl in der Realität als auch hinsichtlich der Wahrnehmung. Zum Teil beruht dieser Einfluss auf der Tatsache, dass die Märkte über viele Jahre darauf konditioniert wurden, die OPEC als den »Swing-Producer« anzusehen – denjenigen Anbieter also, der bereit und in der Lage ist, die Förderung zu erhöhen, wenn die Preise zu sehr steigen, und sie zu verringern, wenn die Preise zu stark fallen.

Diese Konditionierung des Marktes wurde verstärkt durch den Glauben, es liege im kollektiven Interesse der OPEC-Mitglieder, die Rolle dieses Swing-Produzenten zu spielen. Schließlich bedeuteten anhaltend hohe Preise, dass alternative Energieanbieter in die Ölproduktion einsteigen würden, was den längerfristigen Wert der OPEC-Reserven verringert hätte; zu niedrige Preise wiederum hätten ihre Einnahmen so schnell verringert, dass es sich nicht gelohnt hätte, das in Kauf zu nehmen, um anderen Produzenten zu schaden und sie von den globalen Energiemärkten zu verdrängen.

Dieses Vorgehen konnte sich die OPEC wegen seines Mitglieds Saudi-Arabien leisten, des größten Ölproduzenten der Welt, der sich durch erhebliche nachgewiesene Reserven und sehr niedrige Produktionskosten auszeichnet. Lange Zeit über hatte das Königreich die Rolle der OPEC als Swing-Produzent unterstützt und dabei seine Bereitschaft gezeigt, einen überproportional großen Anteil der Produktionsverringerung auf sich zu nehmen – nicht nur direkt über die Kürzung seiner eigenen Produktionsquote, sondern auch indem es die Neigung anderer OPEC-Mitglieder tolerierte, die für sie vereinbarten Maximalmengen immer wieder zu überschreiten.

Bei den wenigen historischen Beispielen, in denen Saudi-Arabien zunächst nicht als Swing-Produzent auftrat, brachen die Ölpreise auf ein Niveau ein, das die wirtschaftliche Tragfähigkeit sogar einiger OPEC-Produzenten mit niedrigeren Kosten gefährdete. Bei einem dieser Fälle in den späten 1990er Jahren erlebte das Land selbst eine bis dahin undenkbare Spekulationsattacke auf seine Währung.

Sie können sich also den Schock für den Markt vorstellen, als die OPEC – unter dem Einfluss Saudi-Arabiens – als Reaktion auf den anfänglichen Rückgang des Ölpreises plötzlich beschloss, die individuellen und kollektiven Produktionsobergrenzen *nicht* zu verringern. Das Ergebnis war ein brutaler Einbruch, bei dem sich die Preise innerhalb von weniger als sechs Monaten (von Juni bis Dezember 2014, siehe Abbildung 14) halbierten; nach einer kurzen Phase der Stabilisierung kam die Abwärtsbewegung dann erneut in Gang.

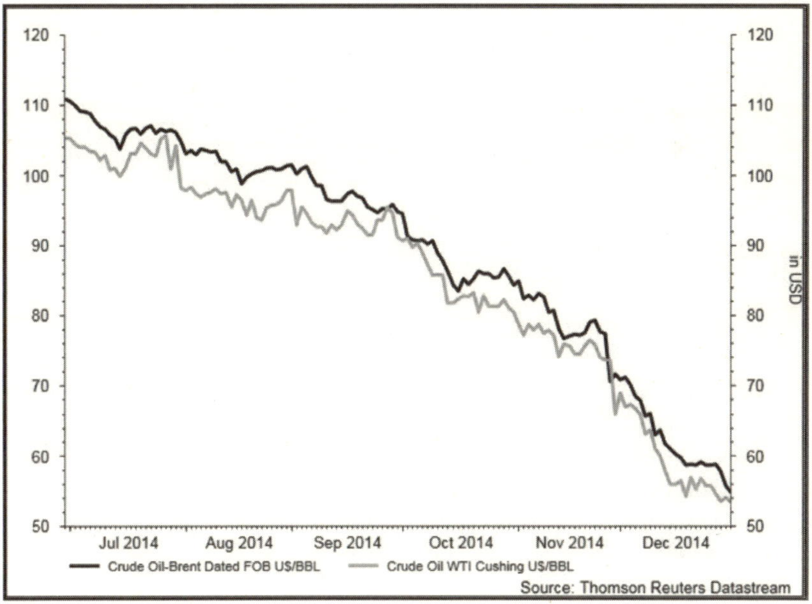

Abbildung 14: Ölpreise (Daten von Thomson Reuters)

Wichtig für unsere auf die Zukunft gerichtete Analyse ist: Saudi-Arabien verhielt sich hier nicht etwa irrational, unberechenbar oder leichtsinnig. Das Land wendete nur eine Lektion an, die es durch frühere Ereignisse gelernt hatte.

Tatsächlich wäre es durch seine Rolle als Swing-Produzent in der Lage gewesen, dem Abwärtsdruck auf den Ölpreis entgegenzuwirken. Damit hätte es aber Marktanteilsverluste in Kauf genommen, und in der Vergangenheit hatte es sich als schwierig erwiesen, so etwas wieder rückgängig zu machen. Heutzutage ist es sogar noch schwieriger, weil erhebliche Mengen an alternativen Energieangeboten auf dem Markt sind.

Noch zwei weitere Faktoren könnten bei den Überlegungen von Saudi-Arabien eine Rolle gespielt haben. Erstens brachten die gesunkenen Ölpreise manche politischen Gegner des Landes unter Druck, darunter Russland und den Iran, die gewisse Ziele des Königreichs in der Region, etwa in Syrien und später im Jemen, nicht teilen. Zweitens wurde dadurch erreicht, dass einige Energielieferanten (traditionelle wie nicht traditionelle) rasch von der Gewinnzone in die roten Zahlen gerieten. Tatsächlich berichteten Zeitungen ausgiebig über die wachsende Zahl der Bohrungen, die in den USA stillgelegt wurden, über das Schrumpfen nicht traditioneller Anbieter und über Kürzungen bei den Investitionsbudgets für neue Anlagen. Ja, Saudi-Arabien musste als Folge der weltweit steil gefallenen Preise für Energieprodukte eine deutliche Verringerung seiner Öleinnahmen hinnehmen. Gleichzeitig aber wurden dadurch Produktion und Investitionen bei anderen Anbietern überproportional stark gedrückt, was den zukünftigen Wert der erheblichen noch im Boden des Königreichs wartenden Ressourcen erhöhte.

Diese bemerkenswerte Veränderung beim Produktionsparadigma bedeutete, dass es jetzt Sache der Marktkräfte beim neuen De-facto-Swing-Produzenten (den USA) war, wieder für ein Preisgleichgewicht auf den Ölmärkten zu sorgen. Denn niedrige Preise sorgen dafür, dass unprofitabel gewordene Ölfelder und alternative Quellen geschlossen und Expansionspläne zusammengestrichen werden; außerdem sind sie förderlich für eine höhere Nachfrage.

All das wird passieren und letztlich zu einer stabileren Erholung der Ölpreise führen, doch es wird eine Weile dauern. In der Zwischenzeit haben sich die Preise auf deutlich niedrigeren Niveaus eingependelt. Die Folge davon war, dass sich manche wirtschaftlichen (und auch politischen)

Verhaltensweisen auf eine relativ dauerhafte Weise zu verändern begonnen haben.

An der wirtschaftlichen Front sollten wir auf Auswirkungen auf den Konsum, Veränderungen der Energieintensität und Ähnliches achten. Ebenfalls zu rechnen ist mit neuen globalen Gleichgewichten, die sich durch mehr Konsum bei Ölimporteuren (deren Grenzneigung zum Konsum höher ist als bei den Ölproduzenten) und niedrigere Produktionskosten bei einer ganzen Reihe von Aktivitäten auszeichnen.

Die Wahrscheinlichkeit für lang anhaltende Veränderungen nimmt zu, wenn man die Analyse über die reine Ökonomie hinaus ausweitet und auch geopolitische Folgewirkungen berücksichtigt. Die niedrigen Ölpreise bereiten Ländern wie Russland oder Venezuela enorme Probleme. Nicht nur bringen sie die interne Dynamik dieser Staaten näher an einen Wendepunkt, sie verringern auch ihren tatsächlichen und wahrgenommenen Einfluss auf andere Länder. Manche Beobachter glauben sogar, dass die historische Vereinbarung zwischen Kuba und den USA von Dezember 2014 – mit der ein fünfzig Jahre geltendes politisches Paradigma beendet wurde – nicht zustande gekommen wäre, wenn innerhalb der kubanischen Regierung nicht die Sorge bestanden hätte, dass die Unterstützung aus Russland und Venezuela als zwei von dem Preisverfall hart getroffenen Ölproduzenten nachlassen würde.

Kaum jemand hatte damit gerechnet, dass die Ölpreise derart weit fallen würden. Doch es dürfte noch mehr Überraschungen geben. Zu erwarten sind wirtschaftliche, politische und geopolitische Veränderungen, die vor gar nicht allzu langer Zeit noch als unwahrscheinlich, wenn nicht sogar unmöglich galten. Rechnen müssen wir sowohl mit Positivem wie mit Negativem, also sozusagen mit dem Guten, dem Schlechten und dem Hässlichen dieser neuen Welt der Energie.[156]

Wichtig für die größeren Hypothesen dieses Buchs: Die damit zusammenhängenden Dynamiken lassen zweiseitige Risiken erkennen, und zwar erhebliche. Wieder geht es um eine Verteilung, bei der die Ausläufer ziemlich dick sind; zusammen mit anderen Faktoren trägt dies zu einer allgemeinen Transformation bei, bei der mit der Zeit aus einer normalen glockenförmigen Verteilung der möglichen Ergebnisse eine eher bimodale wird.

Auf der positiven Seite erhöhen niedrige Ölpreise die Wahrscheinlichkeit für ein Anziehen des globalen Wirtschaftswachstums. Weil weniger wohlhabende Haushalte (deren Energieausgaben einen höheren Anteil ihres Gesamtbudgets ausmachen) davon relativ gesehen stärker profitieren als wohlhabendere, wirkt dies zugleich den Kräften der zunehmenden Ungleichheit entgegen – wenn auch nur marginal.

Auf der negativen Seite könnte der Druck auf ohnehin bereits schlecht regierte ölproduzierende Länder den Ausschlag dafür geben, dass sie regional und global eine stärker disruptive Rolle spielen. Niedrigere Preise werden zudem auch einige Rohstoff- und rohstoffnahe Unternehmen in Zahlungsschwierigkeiten bringen, was wiederum Ansteckungseffekte auf Anlageklassen erwarten lässt, die von ihnen klar dominiert werden (zum Beispiel High-Yield-Anleihen und Unternehmensanleihen aus Schwellenländern). Und sie wirken negativ auf die Bereitschaft zu Investitionen in Energiekapazität für die Zukunft, auch im Bereich der Ölschiefer-Ressourcen.

2. Disruptive technische Innovationen nutzen

Die laufende technische Revolution ist ein zweiter Faktor, der zu einer relativ instabilen Verteilung der potenziellen Ergebnisse für die Zukunft beiträgt. Bei dieser Revolution wirken zwei entscheidende Aspekte zusammen: Menschen erhalten Möglichkeiten, die vor nicht allzu langer Zeit noch als unwahrscheinlich, wenn nicht undenkbar gegolten hätten; und es gibt Big Data, künstliche Intelligenz und das, was Erik Brynjolfsson und Andrew McAfee als »das zweite Maschinenzeitalter« bezeichnen.[157] Viele Beobachter und Forscher bezeichnen diese revolutionären und transformativen Kräfte als die mächtigsten, die es je gegeben hat.

Im März 2015 fand in London eine Konferenz über die Zukunft der Arbeit statt, organisiert von WorldPost, einem Joint Venture zwischen dem Institut von Nicolas Berggruen und der von Arianna Huffington gegründeten *Huffington Post*. Die technische Revolution sei »das einzige Kostenlose, auf das sich die Ökonomen einigen können«, sagte Andrew McAfee bei der Veranstaltung (allerdings wies er darauf hin, dass es kein wirtschaftswissenschaftliches Gesetz gebe, das garantiert, dass die Vorteile davon gerecht oder fair verteilt werden).

Im Detail unterscheiden sich die Meinungen, doch über einen Punkt sind sich fast alle einig: Wir befinden uns in einem noch frühen Stadium von wahrhaft historischen Transformationen. Die Zahl der Innovationen steigt jeden Tag, und sie breiten sich in vielen Dimensionen aus.

Auf den ersten Blick kann es so aussehen, als würden die beiden Kräfte – mehr Möglichkeiten für den Einzelnen und Big Data – im Widerspruch zueinander stehen. Beim ersten dieser Faktoren geht es darum, dass Menschen gestärkt werden, der andere dagegen erinnert an Filme über das Aufkommen von Maschinen, die in Rekordzeit massenhaft Daten aufnehmen und sich dadurch so rasch weiterentwickeln, dass sie bald nicht mehr im Dienst von Individuen und Individualismus stehen, sondern die Menschheit verdrängen. Zur Veranschaulichung müssen Sie nur an ein einfaches Beispiel aus dem Bereich der Ratespiele denken: Die beeindruckenden Möglichkeiten zur Informationssammlung im Internet geben uns, zusammen mit der raschen technischen Entwicklung bei Smartphones, mächtige Werkzeuge an die Hand, um mehr Fragen korrekt beantworten zu können, und zwar schneller, als es die meisten Menschen je für möglich gehalten hätten. Doch dieselben Technologien liegen auch Maschinen wie Watson von IBM zugrunde, die Menschen in Spielshows besiegen können. Ebenso sind sie die Basis für die Entwicklung von fahrerlosen Autos, medizinischen Tele-Diagnosen und vielem mehr.

Trotzdem aber geht es hier keineswegs nur um eine einfache Dichotomie. Ja, das Phänomen des »Rennens gegen die Maschinen« macht sich am Arbeitsmarkt, beim Wert von Ausbildung, bei der Bezahlung für bestimmte Tätigkeiten und beim Charakter von Arbeit in modernen Volkswirtschaften bemerkbar.[158] Ebenso verändert es die Risiko/Rendite-Struktur von neuen Investitionen und führt zu einer Verstärkung des »Der-Gewinner-bekommt-alles«-Effekts.

Je innovativer eine Volkswirtschaft ist, desto schneller verändert sie sich und desto wichtiger sind soziale Sicherungsnetze. Zudem bringt die duale transformative Kraft dieser Innovationen – ermöglichend und ersetzend – Potenzial für Gutes wie Schlechtes mit sich. Aus diesem Grund sieht Ian Goldin, Leiter der Martin School an der Oxford University, sie als die Grundlage für eine »neue Renaissance«. Wie in der ersten Renaissance sind auch in der neuen herausragende Leistungen ebenso möglich wie schreckliche Ereignisse.

Weiter oben habe ich bereits geschildert, wie diese Kräfte Disruption aus »anderen Welten« ermöglicht haben. Von Uber bis Airbnb stellen Entrepreneure lange etablierte Segmente der Wirtschaft auf den Kopf.

Dabei nutzen sie keine traditionellen Ansätze, sondern Kernkompetenzen, die in diesen Segmenten anfangs weitgehend fremd sind – dann aber offensichtlich bald nicht mehr.

Als eine weitere, weniger naheliegende Veranschaulichung kann man sich ansehen, wie die beiden Kräfte bei Medien und im Finanzwesen zusammenwirken. In diesen zwei Bereichen gewinnen disruptive Technologien rapide an Bedeutung, aber welche makroökonomischen Auswirkungen dies am Ende haben wird, ist noch offen.

Bei Medien fällt auf, wie sich unsere Informationsquellen verändert haben. Technische Durchbrüche haben diese Landschaft grundlegend umgestaltet, weil sie die Bedingungen für Markteintritt und -beteiligung für Konsumenten wie Produzenten verändern. Der Zugang ist heute einfacher und die Kosten sind niedriger. Damit werden ehemals physische Anforderungen zu virtuellen, sodass neue Plattformen entstehen, die Konsum und Produktion erleichtern, sodass die Zugangsmöglichkeiten insgesamt exponentiell zunehmen. All das wiederum lässt immer mehr »Big Data« entstehen, die analysiert werden können und so die gesamte Kombination noch mächtiger machen.

Heute ist es weitaus einfacher möglich, dass viele Menschen Inhalte im Internet veröffentlichen, und ebenso viele Menschen können weitaus einfacher darauf zugreifen (weitgehend – wenn auch nicht völlig – unabhängig von Geografie, Einkommen und sozioökonomischem Status). Durch diesen Prozess hat die Zahl der Personen, die bei traditionellen Medien arbeiten, deutlich abgenommen, und die Technologie wird auch von Extremisten genutzt, um schreckliche Gewalttaten vorzubereiten.

All das ist Teil eines allgemeinen historischen Demokratisierungsprozesses, der soziale, wirtschaftliche, politische und geopolitische Interaktionen auf der ganzen Welt verändert. Einzeln beobachten lassen sich seine Folgen bei der Bedeutungszunahme von nicht staatlichen Akteuren ebenso wie bei der Erleichterung von Networking, Koordination und Selbstorganisation. Gleichzeitig bringt er eine breiter werdende, grundlegende Veränderung, die auf den individuellen und kombinierten Auswirkungen von sozialen Medien und der digitalen Revolution (mit Internet, Mobilität und Anwendungen) beruht. Diese bedeutet Vorteile für Neueinsteiger, die einen vielfältigeren kognitiven Hintergrund mitbringen, unter anderem eine besondere Vorliebe für technische Disruption und Verhaltenswissenschaft.

So mächtig diese Kräfte auch sein mögen: Im Medienbereich haben wir ihre vollständigen Auswirkungen noch gar nicht gesehen, und bei einer wachsenden Zahl von anderen Sektoren und Aktivitäten erst recht nicht. Denn noch scheint – bislang zumindest – niemand wirklich herausgefunden zu haben, wie eine profitable Kombination von neuen Inhalten mit älteren, großen und etablierten Plattformen aussehen könnte.

Das liegt nicht etwa daran, dass es nicht versucht worden wäre – ganz im Gegenteil. Manche Unternehmen geben neuen Inhalteanbietern mehr Möglichkeiten im Rahmen von traditionellen Plattformen (Beispiele dafür sind die *New York Times* mit Dealbook und die *Financial Times* mit Alphaville). Bei anderen werden solche Plattformen abgespalten, motiviert von dem Glauben, dass sie ansonsten nicht richtig in Schwung kommen können (zum Beispiel VOX von der *Washington Post*). Darüber hinaus gibt es Versuche von technisch starken und mächtigen Anbietern ohne klassischen Medienhintergrund, in etablierte Plattformen einzusteigen (so wie den Kauf der *Washington Post* durch den Amazon-Gründer Jeff Bezos).

Außerdem gibt es den Fall der Finanzdienstleistungsbranche, in der sich das Phänomen der Disruption in einem noch viel früheren Stadium befindet. Auch hier wirkt als Triebkraft die Kombination aus mehr individuellen Möglichkeiten auf der einen und Big Data, künstlicher Intelligenz und Maschinenlernen auf der anderen Seite.

Im vergangenen Jahr habe ich mehrfach beobachtet, wie die Kräfte der finanziellen Demokratisierung Randbereiche der Finanzdienstleistungsbranche neu definieren. Bei einigen davon war ich sogar selbst beteiligt, als Investor (Ellevate und Payoff) oder als Board-Mitglied (Payoff).

Am meisten zu hören ist bislang von stärker inklusiv und direkt gestalteten Kreditplattformen, mit denen teure und restriktive Intermediäre umgangen werden. Das Ergebnis ist eine direkte Verbindung zwischen Kreditnehmern und Kreditgebern auf der Grundlage von besseren und kostengünstigeren Methoden. Diese Entwicklung hat auf beiden Seiten des Konsumkreditgeschäfts bereits begonnen und dürfte in den nächsten Jahren auch in der Vermögensverwaltung einsetzen. Manche der neuen Angebote verbessern die Möglichkeiten von Einzelpersonen, weil sie Zugriff auf bessere Finanzwerkzeuge und Informationen bekommen, die ihnen dabei helfen, ein weniger anstrengendes Leben zu führen (was zum Beispiel Payoff mit allgemeinerem Zugang zu »Finanzpersönlichkeitstests« und Finanzmanagement versucht).

Vor dem Hintergrund der oben geschilderten Nachwirkungen der globalen Finanzkrise ist nicht weiter überraschend, dass dabei auch externe Faktoren eine Rolle spielen – vom Vertrauensdefizit, das die Banken schwächt, bis zu energischen Bemühungen um mehr Verbraucherschutz mit dem berechtigten Anliegen, Finanzdienstleistungen zu fördern, die stärker dem Wohl der Kunden dienen. Am offensichtlichsten ist das bei Nischenangeboten, bei denen es darum geht, bislang unterversorgte oder schlecht funktionierende Segmente aus Kundensicht zu verbessern. Ellevate versucht dies für Frauen, Payoff bei erdrückenden Kreditkartenschulden und verschiedene P2P-Anbieter für kleine Unternehmen.

Die progressiveren unter den etablierten Finanzinstituten werden früher oder später anfangen, sich solche Disruptionen zu eigen zu machen, doch deutlich mehr traditionelle Anbieter dürften sich ihnen widersetzen, vor allem diejenigen, die sich von der Vorstellung einer »Selbstdisruption« einschüchtern lassen. Noch hatten die neuen Angebote keine Gelegenheit, sich in einem wirtschaftlichen Abschwung zu bewähren. Sie werden schnellere regulatorische Reaktionen erfordern, unter anderem spezielle Regeln für florierende Digitalplattformen. Bei diesem Prozess wird die Finanzbranche langsam einen Weg beschreiten, den die Technologieindustrie schon geebnet hat – ebenso wie vor kürzerer Zeit und auf noch weniger vorhersagbare Weise die Welt der Medien. Und auch hier wird die Tendenz sein, dass wir von einer normalen glockenförmigen Verteilung der erwarteten Ergebnisse zu einer stärker bimodalen kommen.

Die Vorteile dieses Phänomens der Finanzdemokratisierung sind erheblich. Besonders mächtig an ihr ist, dass sie Markteintrittshürden und Hindernisse für besser individualisierte Lösungen schwinden lässt. Sie erschließt neue Quellen und Verwendungsmöglichkeiten für Kredite, verringert Verwaltungs- und andere Vermittlerkosten und verbessert die Konditionen für die Endnutzer. Der Zustrom von mehr kognitiver Vielfalt lässt die Branche dynamischer werden, unter anderem weil er die Anbieter ermutigt, über traditionelle Formen der Kundenakquise und Produktfokussierung hinauszugehen und stärker ganzheitliche, kundenzentrierte Lösungen anzustreben. Institute, die sich entscheiden, ihre Produkte und Dienstleistungen am langfristigen Erfolg ihrer Kunden auszurichten, verbessern ihre Chancen auf geschäftlichen Erfolg. Eine stärker »demokratisierte« technisch-finanzielle Infrastruktur (»Fintech«) ist besser in der Lage, die Prioritäten der Anbieter mit den wahren Bedürfnissen der Kunden für Finanzdienstleistungen und Lösungen in Einklang zu bringen.

Neben Big Data spielt auch die Berücksichtigung von Behavioral Finance eine wichtige Rolle, also die Erforschung, wie kognitive und psychologische Faktoren das Verhalten in Finanzfragen beeinflussen. Hier tragen disruptive Kräfte dazu bei, dass die Finanzbranche ihre Obsession mit den unweigerlich unvollständigen Standard-Kreditbewertungen allmählich ablegt und stattdessen analytische Modelle einsetzt, die viel eher die wahre finanzielle Gesundheit von Schuldnern erkennen lassen. Diese aufwendigeren Modelle haben ihre Leistungsfähigkeit noch nicht über einen vollständigen Konjunkturzyklus hinweg bewiesen. Insgesamt aber entsteht so ein umfassenderes Verständnis von finanzieller Mentalität und Verhalten, das durch die Arbeit an der Definition unterschiedlicher »Finanzpersönlichkeiten« noch verbessert wird.

Natürlich gibt es auch Nachteile. Manche der innovativen Aktivitäten erinnern an den Wilden Westen. Am beunruhigendsten sind schlecht regulierte und missbrauchte P2P-Plattformen, die letztlich die Finanzierung von illegalen Aktivitäten – von Drogenhandel bis Terrorismus – erleichtern können.

Wie bei vielen anderen bedeutenden Innovationen, die in der Vergangenheit Markteintrittshürden deutlich verkleinert haben, kommt auch in diesem Fall die menschliche Neigung zum Tragen, dass neuerdings leichter verfügbare Angebote anfangs im Übermaß produziert und konsumiert werden. Im Lauf der Zeit entsteht dann wieder ein stabileres Gleichgewicht – häufig aber erst nach einem Prozess mit einer ganzen Reihe von Höhen und Tiefen sowie vielen unerwarteten oder undenkbaren Entwicklungen.

Kapitel 28

Wie Mikro und Makro zusammenwirken

»Technische Fortschritte haben schon immer zu Disruptionen des Status quo geführt. Noch nie aber war das auf so vielen Märkten und so schnell und umfassend der Fall, wie heute zu beobachten ist.«

– RICHARD DOBBS, JAMES MANYIKA UND JONATHAN WOETZEL[159]

Was wir bislang gesehen haben, lässt sich vereinfacht zusammenfassen als eine Zukunft, in der das aktuelle Basisszenario *von oben wie von unten* disruptiv verändert wird, also von bedeutenden wirtschaftlichen/geopolitischen/politischen/sozialen Makrofaktoren und von disruptiven Mikrofaktoren gleichzeitig. Meiner Überzeugung nach läuft dies darauf hinaus, dass uns ein bedeutender Wandel bevorsteht – ich beziehe mich hier natürlich wieder auf das Eintreffen an der T-Kreuzung.

Top-down- wie Bottom-up-Kräfte stellen das Konsens-Basisszenario eines noch länger anhaltenden Gleichgewichts mit wenig Wachstum infrage, in dem die Zentralbanken weiterhin erfolgreich die Volatilität am Markt unterdrücken. Diese Konstellation wird mit der Zeit instabiler und deshalb immer schwieriger aufrechtzuerhalten werden. Als einzige handlungsfähige Akteure werden sich die Zentralbanken immer schwerer tun, alle

Beteiligten auf einem schwierigen Weg zu halten, der zu den gewünschten wirtschaftlichen und finanziellen Zielen führen soll. Ihr Arbeitsumfeld wird komplizierter, volatiler und weniger berechenbar werden.

Unterdessen wird ein direktes Umkippen der Entwicklung wahrscheinlicher, wobei die Wahrscheinlichkeiten dafür, in welche Richtung dieses Kippen letztlich erfolgt, ausgeglichen sind. Die Gründe dafür sind wahrhaft multidimensional und umfassen nicht nur die verschiedenen wirtschaftlichen, finanziellen, geopolitischen, politischen, gesellschaftlichen und technischen Faktoren, die in diesem Buch schon vorgestellt wurden. Sie haben auch mit den Auswirkungen von Innovation zu tun.

Die Innovationen von heute bedrohen eine ganze Reihe von bestehenden Branchen und Aktivitäten mit etwas, das ich in früheren Beiträgen als »Disruption aus anderen Welten« bezeichnet habe.[160] Um noch einmal auf die Beispiele Airbnb und Uber zurückzukommen: Beide haben eine Disruption ausgelöst und ihre jeweilige Branche neu definiert. Dabei nutzen sie Vorgehensweisen, die, wenn überhaupt, bis dahin nur wenig mit den Branchen zu tun hatten, die von ihnen so effektiv und gründlich auf den Kopf gestellt werden. Zur Erinnerung: Airbnb hat noch kein einziges Hotel gebaut, es aber trotzdem geschafft, innerhalb von sechs Jahren eine Million vermietbarer Zimmer zusammenzubekommen – bei der gesamten Hilton Group sind es nur 700.000, und sie hat viel länger dafür gebraucht. Das Ergebnis ist eine Ansammlung von radikal neuen Taktiken, die Regeln und operative Ansätze der anvisierten Branche grundlegend verändern.

Dies ist ein Phänomen, das sich noch weiter verbreiten wird, angetrieben von Kräften der Nachfrage- wie der Angebotsseite.

Auf der Nachfrageseite haben sich Verbraucher angewöhnt, von den von ihnen genutzten Produkten und Dienstleistungen deutlich mehr zu erwarten. Sie legen besonderen Wert auf Tempo, Produktivität, Bequemlichkeit, Vernetzung und mehr Individualisierung, und ihre Bereitschaft, bei diesen Aspekten Schwächen zu tolerieren, nimmt immer weiter ab. All das ereignet sich, während laut dem McKinsey Institute fast zwei Drittel des Werts von neuen Internetangeboten bei den Verbrauchern anfallen.

Auf der Angebotsseite werden lange bestehende Eintrittshürden und die Definition von Lagerhaltung an sich verändert. Denken Sie nur daran, wie Uber bestehende Technologien adaptiert hat, um eine lange Zeit abgeschottete Branche, die viel zu häufig schlechten und teuren Service bot, zu transformieren. Oder wie lange etablierte Hotelmarken wie Four Seasons und Starwood sich heute wegen Airbnb ebenso viele, wenn nicht sogar noch mehr Sorgen machen müssen wie wegen ihrer traditionellen Konkurrenten. »Angesichts der verringerten Eintrittshürden ist es heute üblich, dass kleine Unternehmen gegen etablierte Anbieter antreten und innerhalb von Monaten eine kritische Masse erreichen. Die Grenzen zwischen unterschiedlichen Sektoren sind unscharf geworden, und häufig treiben digitale Kompetenzen die Verschiebung von wirtschaftlichem Wert zwischen Akteuren und Sektoren voran«, haben Richard Dobbs, James Manyika und Jonathan Woetzel festgestellt.

Diese Dualität aus Disruption von oben und unten gleichzeitig macht es schwieriger, die bestehende globale Wirtschaftsstruktur aufrechtzuerhalten. Dies gilt umso mehr angesichts des Ausmaßes, in dem Zentralbanken sich selbst schon überstrapaziert haben. Mit der Zeit wird die Dualität zum Eintreten eines von zwei größeren Extremen auf globaler Ebene beitragen, und einige der heikleren Bereiche werden schon deutlich früher an diese Weggabelung kommen.

Konfrontiert mit der Herausforderung einer Prognose, welches der verschiedenen zukünftigen Ergebnisse tatsächlich eintreten dürfte, gibt es nichts Schlimmeres, als schwammig zu wirken – sich also nicht entschlossen auf eine Möglichkeit festzulegen. Doch so sehr ich selbst das vermeiden möchte, derzeit liegen einfach nicht genügend Daten vor, um vorherzusagen, welches der beiden mittelfristig möglichen Ergebnisse für die Weltwirtschaft gegenüber dem anderen die Oberhand behalten dürfte. Und um die Sache für mich noch frustrierender zu machen: Auch der zeitliche Rahmen für diesen Übergang ist nicht so klar und vorhersagbar, wie ich es gern hätte. Aber täuschen Sie sich nicht – wir nähern uns einem bedeutenden Wendepunkt, und wenn wir eine vernünftige Chance haben wollen, das Beste daraus zu machen, müssen wir das genau verstehen.

Dieses Eingeständnis, dass wir noch nicht sagen können, welchen Weg wir nehmen werden, und nicht einmal, wann genau sich der anstehende Wandel ereignen wird, ist keine Feigheit. Es bedeutet lediglich, die Uneindeutigkeit der »ungewöhnlich unsicheren Aussichten« von Fed-Chairman Bernanke anzuerkennen. Zudem sollte dieser Zustand kein Grund dafür sein, unser Handeln zu lähmen und unser Sichtfeld einzuengen. Ganz im Gegenteil: Er verlangt nach intensivem Nachdenken, und dabei sind wir gezwungen, Erkenntnisse aus Verhaltens- und

Neurowissenschaft zu berücksichtigen. Entscheidend dabei ist, dass wir uns beim Weg nach vorn auf allen Ebenen – Unternehmen, Regierungen, Haushalte und multilateral – dafür einsetzen, die richtige Mischung aus Optionalität, Widerstandsfähigkeit und Agilität stetig zu erweitern.

Die Folgen all dessen gehen weit darüber hinaus, dass sich traditionelle Akteure und Institutionen anpassen müssen. Selbst die agileren unter den Disruptoren werden sich schwertun, ihre Führungsrolle zu bewahren. Wie Amazon und Google vor kurzem gezeigt haben, werden sie gelegentlich bereit sein müssen, aus einer Position der Stärke heraus »Selbstdisruption« zu betreiben. All das lässt erkennen, dass uns allen eine wichtige Zeit bevorsteht, die nicht nur unser eigenes Wohlbefinden beeinflusst, sondern auch das unserer Kinder und Enkelkinder.

TEIL VI

ZURECHTKOMMEN MIT EINER BIMODALEN VERTEILUNG

»Ich will einen einarmigen Ökonomen! Alle meine Ökonomen sagen dauernd ›auf der einen Seite, auf der anderen Seite‹«.

– HARRY S. TRUMAN

Kapitel 29
Was die Geschichte uns lehrt

»Eine komplexe Organisation zu steuern, ist nicht einmal in der besten aller Zeiten einfach. Besonders schwierig wird es, wenn man von den Nachrichten ständig daran erinnert wird, dass alles, was man über die Welt zu wissen glaubte, falsch zu sein scheint. Oder zumindest ein bisschen daneben.«

– RICHARD DOBBS, JAMES MANYIKA UND JONATHAN WOETZEL[161]

Beginnen wir mit einer unbequemen Feststellung: Bimodale Verteilungen, wie sie der Vorstellung der T-Kreuzung zugrunde liegen, sind für uns alle nicht leicht zu handhaben, und dafür gibt es gute wissenschaftliche und verhaltenspsychologische Gründe. Damit sind die bisherigen Erfahrungen weit davon entfernt, Optimismus in Bezug auf die Frage zu wecken, wie gut die Welt in der Lage sein wird, mit den anstehenden Herausforderungen zurechtzukommen.

Die erste wichtige Bedingung für richtiges Handeln in diesem Umfeld besteht darin zu verstehen, wie die meisten von uns – als menschliche Wesen – auf solche Herausforderungen zu reagieren neigen, ob wir dabei allein aktiv sind oder im Kollektiv (in Haushalten, Unternehmen oder auf der Ebene von Regierungen oder gar bei multilateraler Zusammenarbeit, wo es um Interaktionen zwischen Menschen aus unterschiedlichen

Ländern und Kulturen geht). Bimodale Verteilungen von potenziellen Ergebnissen laufen dem Paradigma zuwider, in dessen Rahmen wir die meisten der Dinge einordnen, die in unserem Leben geschehen. Dieses basiert auf glockenförmigen Verteilungen, die für uns unglaublich beruhigend sind. Bei diesen »Normalverteilungen« besteht eine hohe Wahrscheinlichkeit für ein bestimmtes Ergebnis im Bauch der Ergebnisverteilung. Natürlich gibt es an beiden Seiten Ausläufer, extrem gut und erschreckend schlecht, aber weil die erwarteten Wahrscheinlichkeiten dafür gering sind, sind sie dünn.

Eine einfache Veranschaulichung kann helfen, das zu verstehen. Denken Sie an ihre übliche Vorbereitung für einen Flug, der um 14 Uhr starten soll. Sie planen, pünktlich für den Abflug um 14 Uhr am Flughafen zu sein, obwohl Sie nicht mit hundertprozentiger Sicherheit wissen, dass Ihre Maschine tatsächlich um diese Zeit abheben wird. Sie könnte sich deutlich verspäten (das wäre das ungünstige Ergebnis, das Ökonomen und Marktteilnehmer als »linker Rand« bezeichnen); alternativ könnte der Flug pünktlich losgehen, sie haben so viel Platz, wie Sie wollen, und Sie bekommen unterwegs einen hervorragenden Service (der »rechte Rand«). Wichtig dabei: Sie sind sich der Ränder zwar bewusst, aber Sie richten Ihr Verhalten nicht danach aus. Hier haben Sie es mit einer glockenförmigen Verteilung der möglichen Ergebnisse zu tun (Abbildung 15).

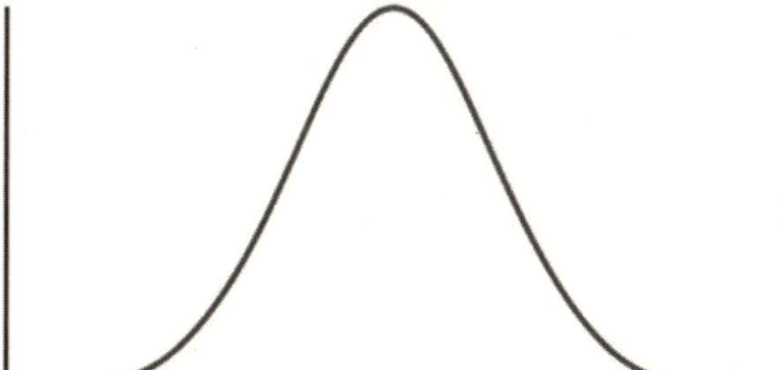

Abbildung 15: Glockenförmige Verteilung

Stellen Sie sich jetzt vor, statt 14 Uhr bekommen Sie am Tag vor dem Flug entweder 8 Uhr oder 20 Uhr als planmäßige Startzeit genannt (also entweder sechs Stunden vor oder nach 14 Uhr, siehe Abbildung 16). Die meisten von uns würden eine so breite Zeitspanne ziemlich befremdlich finden. Wir würden uns erst mental daran gewöhnen und dann entsprechend reagieren müssen.

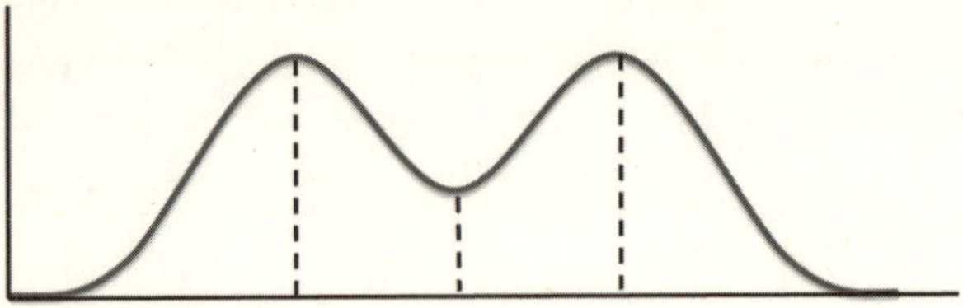

Abbildung 16: Abflugzeit

Das Folgende haben die empirische und die theoretische Forschung – stark vereinfacht und zusammengefasst – über unsere wahrscheinlichen Reaktionen auf einen Wechsel von einer normalen glockenförmigen zu einer bimodalen Verteilung der potenziellen Ergebnisse zu sagen. Für mehr Übersichtlichkeit bei der Darstellung kann man sie in vier allgemeine Kategorien unterteilen.

Bei einer Handvoll Menschen würde ein Wechsel zu einem bimodalen Flugplan schlicht nicht ankommen. Er wird der Wirkung nach blockiert von »blinden Flecken«, die Veränderungen im Denkprozess nicht zulassen und somit auf Kosten der Fähigkeit gehen, Informationen aufzunehmen, ihre Bedeutung zu erkennen und entsprechend zu reagieren. Diese erste Gruppe kann die Veränderung in der Verteilung der potenziellen Ergebnisse schlicht nicht sehen. Ihre Mitglieder orientieren sich weiter am alten Paradigma, und zwar mit ziemlicher Überzeugung.

Eine zweite Gruppe wird den Wechsel weg von einer normalen Glockenverteilung durchaus registrieren. Doch bei ihrer Überlegung, wie damit umzugehen ist, wird ihr interner Denkprozess dazu neigen, die unbequeme und unvertraute Information wieder in den beruhigenderen Rahmen einer Normalverteilung umzudeuten. Um dazu noch einmal das Flugzeug-Beispiel aufzugreifen: Bei diesen Menschen ist es so, als ob sie die zwei möglichen Abflugzeiten (8 Uhr und 20 Uhr) nehmen und davon ausgehen, dass die Mitte zwischen ihnen entscheidend ist – also findet der Abflug für sie doch wieder um 14 Uhr statt!

Eine dritte Gruppe wird besser sein, aber auch noch nicht wirklich gut. Ihre Mitglieder erkennen, dass der Wechsel zu einem bimodalen Regime eine Verhaltensänderung erfordert. Sie werden darüber diskutieren, wie diese aussehen könnte. Doch beim Übergang vom Überlegen zur Umsetzung laufen sie Gefahr, »aktiver Untätigkeit« zum Opfer zu fallen: Sie haben vor, etwas anders zu machen, doch angesichts all der Einflüsse durch frühere Erfahrungen und eigene Trägheit enden sie letztlich dabei, mehr desselben zu machen.

Die vierte und erfolgreichste Gruppe wird erkennen, dass eine bimodale Verteilung bedeutende Veränderungen bei Verhalten und Strategie erfordert – und genauso wichtig: Sie wird auch entsprechend handeln. In manchen Fällen werden ihre Mitglieder institutionelle und Prozessveränderungen einleiten, um Strukturen aufzubauen, die bei der schwierigen Umstellung helfen. Sie werden Pläne ausarbeiten, um für beide möglichen Abflugzeiten rechtzeitig vor Ort zu sein, ebenso wie eine Notfallplanung und Pläne für die Zeit dazwischen. Und sie werden versuchen herauszufinden, wo sie genauere Informationen über die tatsächliche Abflugzeit bekommen können.

Im Jahr 2009 war Donald Sull, Professor am Massachusetts Institute of Technology sowie Experte für Geschäftsstrategie und Umsetzung in turbulenten Märkten, zu Besuch in den Büros von PIMCO. Bei dieser Gelegenheit hat er uns einige interessante Beispiele aus der Welt der Unternehmen vorgestellt.

Sie erinnern sich bestimmt noch an die dominierende Stellung von IBM vor dem Beginn der Revolution der Personal Computer (PC). Das Unternehmen hatte die mit Abstand stärkste Marke in der Technologiebranche. Jedes Jahr stand ihm ein großes Budget für Forschung und Entwicklung zur Verfügung. Und es war profitabel. Nach diesen Kennzahlen war IBM in einer sehr guten Position, um auch die PC-Revolution zu beherrschen.

Untersuchungen zeigen, dass sich die IBM-Führung der Tatsache bewusst war, dass der PC eine »disruptive Technologie« ist. Sie diskutierte über die dadurch aufgeworfenen Probleme und erkannte das Potenzial für ein bimodales Ergebnis in Bezug auf die Mainframe-Nutzer, ihre Brot-und-Butter-Kundschaft. Einige Kunden würden dauerhaft an den PC verlorengehen, während andere an weiterentwickelten Mainframes für neue Anforderungen interessiert sein würden.

Die Auswirkungen schienen also klar, und sie sprachen für einen strategischen Neustart mit einem entschlossenen Umstieg auf ein stärker zweigeteiltes Vorgehen. Doch als es an die Umsetzung ging, tappte IBM in die Falle der »aktiven Untätigkeit«. Statt entschieden den neuen Ansatz zu verfolgen, ließ das Unternehmen zu, dass sein viel vertrauteres Verhalten aus der Vergangenheit übermäßigen Einfluss auf sein zukünftiges Handeln gewann.

Letztlich kam es so, dass das Unternehmen gleichzeitig die PC-Disruption unterschätzte und zu viel in bestehende Mainframe-Projekte investierte. Infolgedessen wurde es bei lebendigem Leib gefressen, erst von Compaq, dann von Hewlett-Packard. Wenn es später nicht eine Neuerfindung gegeben hätte, die IBM stärker zu einem Serviceanbieter machte, würde das Unternehmen heute vielleicht gar nicht mehr existieren. Im Grunde hatte es die anstehende bimodale Verteilung erkannt und wäre auch in der Lage gewesen, richtig damit umzugehen. Doch das gelang nicht, weil man sich zu sehr von dem beeinflussen ließ, was in der Vergangenheit gut funktioniert hatte (als IBM noch im Bauch einer glockenförmigen Kurve tätig war), statt von dem, was in der Zukunft unter veränderten und unsichereren Bedingungen besser gewesen wäre.

Ein weiterer Fall ist der von Pan American Airways (Pan Am) und Trans World Airlines (TWA). Als ich ein Kind war, waren die beiden neben Eastern Airlines in den USA die dominierenden Fluggesellschaften. Ihre Netze (und Umsätze) basierten stark auf Verbindungen von Küste zu Küste und ins Ausland. Dann aber kamen Southwest und andere mit einer disruptiven Technologie: Das Unternehmen nutzte nur noch einen Flugzeugtyp und konzentrierte sich anfangs auf kürzere regionale Strecken, bevor es auf ein Nabe-Speiche-Modell umstieg.

Die etablierten Anbieter sahen mit an, wie Southwest mit seiner disruptiven Technologie an Schwung gewann und allmählich ihre Marktanteile anknabberte. Sie schafften es nicht, ihr Verhalten und ihre Strategien substanziell zu verändern. Stattdessen machten sie im Prinzip weiter wie bisher, und es war nur eine Frage der Zeit, bis sich ihre Dominanz in Luft auflösen und sie sogar in die Insolvenz getrieben würden.

Dies sind nur einige Beispiele, aber sie zeigen, dass es eine lange Geschichte von Unternehmen gibt, die sich schwer damit tun, sich an eine veränderte Verteilung der potenziellen Ergebnisse anzupassen.

Bei der Geschichte von Regierungen sieht es ähnlich aus.

Weiter oben habe ich darüber geschrieben, wie schwer sich die Regierungen der Industrienationen nach der globalen Finanzkrise damit taten, zu verstehen, dass sie es mit einer ziemlich neuen Verteilung der potenziellen Ergebnisse zu tun haben. Dadurch gelang es ihnen nicht, ihre konventionellen zyklischen Denkweisen rechtzeitig um längerfristige und strukturelle Elemente zu ergänzen, und sie waren blind für die Notwendigkeit, Lehren aus den Erfahrungen von Entwicklungsländern zu ziehen (in denen längerfristige/strukturelle Einflüsse zyklische Kräfte tendenziell überwiegen). Also nutzten die Regierungen nicht das politische Fenster, das sich durch die Krise öffnete, um die richtigen neuen Werkzeuge einzusetzen und neu zu investieren (sodass sie die bekannte Erinnerung von Rahm Emanuel, Präsident Obamas Stabschef von 2009 bis 2010, »Man sollte niemals eine ernsthafte Krise verschwenden«, nicht beachteten).

Was in jedem dieser Fälle erforderlich gewesen wäre, war ein überlegterer, ganzheitlicherer und kognitiv offenerer Ansatz. Tatsächlich reagiert wurde stattdessen im Grunde immer nur mit mehr desselben.

Die Einschätzungen und Entscheidungen von Unternehmen wie Regierungen basierten auf traditionellen, vertrauten und beruhigenden Denkprozessen – auf der relativ einfachen Option also, analytische Abkürzungen zu nehmen und Lehren aus Erfahrungen der Vergangenheit zu ziehen. Leider aber war das nicht das, was gebraucht wurde, sodass es nicht gut funktionierte.

Dieses Phänomen erinnert an die Arbeit von Daniel Kahneman, dem bekannten Psychologen, der für seine Beiträge zur Verhaltensökonomik mit dem Nobelpreis ausgezeichnet wurde. Konkret hat er sich damit beschäftigt, dass wir dazu neigen, zwei unterschiedliche Denkarten einzusetzen, und zwar auf eine ziemlich asymmetrische Weise.[162]

Häufig hat unser automatisches, intuitives Denken (Kahneman spricht hier von »System 1«)[163] das Sagen. Das ist aus gutem Grund so, denn es passt zu den Eigenschaften der Welt, in der wir uns normalerweise bewegen – eine Welt, der die beruhigende Vorstellung einer glockenförmigen Verteilung der erwarteten Ergebnisse zugrunde liegt. In den meisten Fällen leistet uns dieses System gute Dienste.

Jedoch kann es auch in die Irre führen, wenn es nicht zusammen mit unserem »kontrollierten, überlegten, analytischen Denken« (»System 2«) eingesetzt wird. Dieses »langsame, mühsame und überlegte« Denken ermöglicht eine Reihe von Gegenprüfungen und Kontrollen, die in einer veränderlichen Welt besonders wichtig und wertvoll werden – vor allem in einer Welt, in der Randereignisse wahrscheinlicher werden.

Wie Kahneman warnt, neigen wir dazu, uns zu sehr auf System 1 zu verlassen. Schließlich geht es bei dieser Denkweise um »Aktivitäten, die weitgehend mühelos und automatisch erledigt werden«. Ganz anders System 2: Es ist »umständlich«, aber, und das ist wichtig, »in der Lage, komplizierte Aktionen auszuführen, die System 1 nicht leisten kann«.

Im Gegensatz zu System 1, das uns ganz natürlich gegeben ist, erfordert System 2 Investitionen in uns selbst und muss gepflegt werden. Es lässt sich stärken durch Bildung und analytische Aufmerksamkeit. Nur dann ist es in der Lage, »Hinweise dazu aufzunehmen, dass man sich in einer Situation befindet, ist der man wahrscheinlich einen Fehler macht«.[164]

Man kann gar nicht zu sehr betonen, wie wichtig es ist, die hier wirkenden Dynamiken zu verstehen und zu erkennen, wann es angemessen ist, System 2 einzusetzen. Weitere Erkenntnisse lassen sich gewinnen, indem man sich genauer damit beschäftigt, was wir aus den Sozial-, Verhaltens- und Neurowissenschaften lernen können. Beginnen wir mit der Notwendigkeit, blinde Flecken und Verzerrungen besser zu erkennen und damit umzugehen.

Kapitel 30

Blinde Flecken erkennen und Verzerrungen überwinden

»Nicht die stärkste Spezies überlebt, und auch nicht die intelligenteste. Überleben wird die Spezies, die sich am besten an Veränderungen anpassen kann.«

– CHARLES DARWIN

Ob als CEO eines globalen Unternehmens oder als stolzer und glücklicher Vater: Ich bin schon vielen Beispielen für Verzerrungen begegnet – sowohl bewussten (offenen) als auch unbewussten (versteckten). Beide haben gemeinsam, dass sie Einzelpersonen ausbremsen und das Kollektiv daran hindern, sein Potenzial zu realisieren.[165] Besonders aufmerksam bin ich im Lauf der Jahre dafür geworden, wie Verzerrungen eine Kultur von herausragender Leistung und Meritokratie untergraben können.

Sie können mich zu der großen Gruppe von Menschen zählen, die fest daran glaubt, dass es sehr gute geschäftliche und gesellschaftliche Argumente für Inklusion und Diversität gibt. Kein Unternehmen und mit Sicherheit kein Land wird in der Lage sein, sein gesamtes Potenzial zu realisieren, wenn es ihm nicht gelingt, menschliche Talente unabhängig von Geschlecht, ethnischer Herkunft, Kultur, sexueller Ausrichtung und

Weltanschauung zu schätzen und zu fördern. Dazu müssen Menschen aktiv und unablässig dazu angehalten werden, im Kopf zu behalten, dass die Frage, *wie* sie über Herausforderungen nachdenken und *warum,* ebenso wichtig ist wie das *Was* und *Wann.* Andernfalls fallen sie schädlichen Verzerrungen zum Opfer, oft unbeabsichtigt, und werden anfällig für problematische blinde Flecken. Angesichts all der Forschung, die es zu diesem Thema gibt, sollte tatsächlich niemand mehr infrage stellen, dass man Inklusion und Diversität nur schwer voranbringen kann, wenn man diese Themen nicht in den Griff bekommt, sowohl vorbereitend als auch dauerhaft.

All das sind schon für eine Welt in einem stabilen Zustand wichtige Überlegungen. Wenn die Zeichen auf Uneindeutigkeit stehen, wie es heute der Fall ist, werden sie nur noch wichtiger. Das gilt für Einzelpersonen ebenso wie für Haushalte, Unternehmen und Regierungen – und in einer Welt, die auf eine T-Kreuzung zusteuert, umso mehr.

Meiner Meinung nach schärft nichts so sehr die Aufmerksamkeit für die Schwierigkeiten bei der Verankerung von mehr Inklusion und Diversität, als wenn man sich in einer leistungsorientierten Gruppe wiederfindet, der plötzlich auffällt, dass sie Gefahr läuft, einen dummen Fehler zu machen. Mir selbst ist das in den vergangenen Jahren mehr als einmal passiert, unter anderem als ich Mitglied eines Ausschusses für die Entscheidung über Beförderungen war.

Bei einem Meeting zur Bewertung der Eignung verschiedener Personen auf einer Beförderungsliste war sich unsere aus hochrangigen Führungskräften bestehende Gruppe nicht sicher hinsichtlich eines Kollegen in Asien, dessen Leistung herausragend war, dessen interne Kommunikationskompetenz aber noch etwas Arbeit erforderte. Die Gruppe tendierte zu der Entscheidung, seine Beförderung noch mindestens ein Jahr zu verschieben, um dem Kandidaten die Chance zu geben, bei der internen Kommunikation dazuzulernen. Dann aber erklärte einer der Sitzungsteilnehmer: Indem wir Kommunikationskompetenz *auf Englisch* betonen, betrachten wir eine Person mit herausragender Leistung, die den Großteil ihrer Arbeit in einer fremden Sprache erledigt, mit einem sehr engen Blick. Wie viele von uns könnten wohl, wie gefordert, gut in der lokalen Sprache mit den dortigen Kunden interagieren, wenn wir nach Asien versetzt würden?

Diese wichtige Beobachtung machte uns sofort der Tatsache bewusst, dass wir unabsichtlich eine enge Perspektive eingenommen hatten, die auf unseren eigenen kulturellen Voreingenommenheiten beruhte. Außerdem war weniger wahrscheinlich, dass wir auch die Beförderung von angloamerikanischen Kollegen (aus der »Mehrheitsgruppe«) mit guter Leistung verschieben würden, wenn sie außerhalb der USA oder Großbritanniens arbeiten, nur weil sie die Sprache des Landes, in das sie entsandt worden waren, nicht beherrschten.

Wir waren einem Fehler also sehr nahe gekommen, und zwar nicht nur irgendeinem – es ging hier um einen Fehler, der unserer meritokratischen Kultur und unserem eigenen Motto der »konstruktiven Paranoia« zuwiderlief. Dazu war es gekommen, obwohl das Unternehmen viel Mühe darauf verwandt hatte, für mehr Aufmerksamkeit bei derartigen Angelegenheiten zu sorgen und die Wahrscheinlichkeit für solche Geschehnisse zu minimieren.

Für eine ganze Reihe von uns in dem Raum war es ein Schock zu bemerken, wie wir beinahe unbewussten Verzerrungen und einem unabsichtlichen blinden Fleck zum Opfer gefallen wären. Denn wir hielten uns ja für informierte und engagierte Menschen, die gewissenhaft in einer leistungsorientierten Kultur arbeiten und überlegene Ergebnisse anstreben.

Die Realität ist: Trotz aller Aufmerksamkeitsschulungen sind wir nicht immer so neutral, wie wir es gerne glauben würden. Zudem können veraltete, aber noch wirksame gesellschaftliche Kräfte dafür sorgen, dass unsere Schwächen ziemlich tief verwurzelt sind, was Prozesse und Entscheidungen beeinträchtigt.

Aufsätze und Vorträge von Mahzarin Banaji, einer Professorin für Sozialethik am Department of Psychology der Harvard University, hatten besonders großen Einfluss darauf, wie ich selbst über diese Themen denke. In ihrer Arbeit führt Banaji aus, wie unbewusste Verzerrungen und blinde Flecken funktionieren – unter anderem warum selbst die überlegtesten Menschen und die erfolgreichsten Unternehmen ihnen auf den Leim gehen können. Zum Glück hat Banaji etwas Ähnliches parat wie die kleinen Lichter am Rückspiegel von modernen Autos, die aufleuchten, wenn sich ein Auto hinter uns im toten Winkel befindet: Werkzeuge, um den potenziellen Schaden zu minimieren.

In Zusammenarbeit mit Professor Anthony Greenwald von der University of Washington liefert die mehrjährige Forschung von Banaji gut etablierte wissenschaftliche Gründe dafür, dass die meisten von uns blinde Flecken haben und auch unbewussten Verzerrungen erliegen[166] – was kein Werturteil über uns beinhaltet. Tatsächlich ist es auch bei »guten Menschen« so. Das Problem hängt also eher mit der Verdrahtung unserer Gehirne zusammen, mit unserer Evolution im Lauf der Zeit, Einflüssen unserer Kindheit, historischen Interaktionsformen, unserer Neigung zum Nutzen von analytischen Abkürzungen sowie mit der Art und Weise, wie wir Themen in einen gedanklichen Rahmen einordnen.

Die Folge können erhebliche Verluste für Einzelpersonen wie Kollektive sein. Andersherum könnte man auch sagen, die entgangenen Gelegenheiten sind nicht unbedeutend. Zur Veranschaulichung: In einer Untersuchung von 1000 großen geschäftlichen Investitionen[167] haben Forscher von McKinsey gezeigt, dass die Renditen um 7 Prozentpunkte höher ausfielen, wenn in den Unternehmen Entscheidungsprozesse zum Einsatz kamen, bei denen großes Gewicht auf Maßnahmen gegen die Wirkungen von Verzerrungen gelegt wurde.

Dafür, wie Verzerrungen konstruktive Dialoge innerhalb von Unternehmen und den anschließenden Prozess der Entscheidungsfindung beeinträchtigen, gibt es viele Einzelbeispiele. In einer Serie der *New York Times* über »Frauen und Arbeit« schrieben Sheryl Sandberg und Adam Grant über ein Problem, das, so vermute ich, viele von uns aus angelsächsischen Unternehmenskulturen kennen: häufig unabsichtliches (aber manchmal auch durchaus beabsichtigtes) Gruppenverhalten, das Frauen davon abhält, in Meetings frei ihre Meinung zum Ausdruck zu bringen, selbst wenn sie wichtige Dinge zu sagen hätten.

»Wir haben es immer wieder beobachtet. Wenn eine Frau in einem professionellen Umfeld spricht, ist das ein Drahtseilakt. Entweder hört man ihr kaum zu, oder sie wird als zu aggressiv abgeurteilt. Wenn ein Mann im Prinzip genau dasselbe sagt, nicken die Köpfe in Anerkennung seiner guten Idee. Infolgedessen beschließen Frauen oft, dass es besser ist, weniger zu sagen«, schreiben Sandberg und Grant.[168]

Wie die Autoren anmerken, ist dieses Phänomen nicht auf die Unternehmenswelt begrenzt. Sie verweisen auf die Forschungsarbeit von Victoria Brescoll, einer Psychologin an der Yale University, die ähnliches Verhalten mit ähnlichen Ergebnissen im US-Senat dokumentiert hat.

In beiden Fällen müssen die Gegenmaßnahmen aus mindestens zwei Schritten bestehen: Erstens muss man erkennen, dass es hier um ein

Thema geht, das angegangen werden muss, damit es nicht die Effektivität des Kollektivs untergräbt. Und zweitens ist sicherzustellen, dass (wiederholt) gut überlegte Maßnahmen ergriffen werden, um etwas daran zu ändern. In diesem Fall zählt dazu, Meetings so zu organisieren, dass erkannt wird, wenn unterschiedliche Menschen zu der Diskussion beitragen wollen, und ein sicheres Umfeld zu schaffen, in dem sie das tun können.

Die Auswirkungen in privaten Haushalten sind ebenfalls erheblich. So zeigen Studien, dass offene und versteckte Verzerrungen in Bezug auf Mädchen und Frauen positiv mit häuslicher Gewalt, Teenager-Schwangerschaften, Verheiratung von Minderjährigen, Unterernährung, Kindersterblichkeit sowie tiefer und hartnäckiger Armut korrelieren. Dies gilt insbesondere für Schwellenländer.

Und der Schaden ist nicht auf Mädchen und Frauen begrenzt. Auch der ganzen Familie geht es dadurch schlechter, sodass die Kosten für die Gesellschaften – auch solche, die am wenigsten in der Lage sind, sie zu verkraften – noch höher ausfallen.

In all diesen Fällen – ob es um Einzelpersonen, Haushalte, Unternehmen oder Regierungen geht – sind für die Lösung Einsicht, Bildung, Fürsprache und entschlossenes Handeln erforderlich. Hinzukommen müssen Messungen, wissenschaftliche Begleitung und Offenheit für Kurskorrekturen. Ansonsten sind die Kräfte der Trägheit zu stark, um sie zu überwinden, und das Verhalten bleibt, wie es war.

Vor einigen Jahren habe ich einer Journalistin eine Erfahrung geschildert, die ich mit meiner damals neun Jahre alten Tochter gemacht hatte. »Ich hätte nie gedacht, dass ich einmal zu den Eltern gehören würde, die sich Schnitzer erlauben, wenn es um den Schutz ihrer kleinen Tochter vor Geschlechterverzerrungen und -stereotypen in der frühen Entwicklung eines Kindes geht. Nun, ich habe mich getäuscht«, schrieb ich.[169]

Worum es ging: Im Jahr 2013 wollte meine Tochter zum zweiten Mal in ein Sommerlager fahren, in dem die Teilnehmer auch ein akademisches Thema bearbeiten, und statt den naturwissenschaftlichen Kurs fortzusetzen, der ihr im Vorjahr so viel Spaß gemacht hatte, entschied sie sich dieses Mal für »alte Kulturen«. Anfangs sagte ich mir, ihre Wahl sei von Interesse an Geschichte und von dem Wunsch motiviert gewesen, mehr über Ägypten zu erfahren (was mich angesichts meiner Herkunft von dort erfreute). Aber die Erklärung schien mir nicht ganz überzeugend. Also fragte ich ein paarmal nach. Irgendwann sagte mir meine Tochter, im

Wissenschaftskurs sei sie das einzige Mädchen gewesen, und deshalb habe sie ein neues Thema gesucht und ausgewählt, in dem das Geschlechterverhältnis im Kurs ausgewogener sein würde.

Wie ich damals zugeben musste, war ich nicht sensibel genug dafür gewesen, wie veraltete Kräfte noch immer große Wirkung haben. Ich hatte das übersehen und zugelassen, dass ein schädliches Stereotyp die Oberhand behielt.

All solche Schnitzer sind für mich eine stetige Erinnerung daran, dass mehr Bewusstsein zwar notwendig ist, aber nicht ausreicht. Darüber hinaus muss man ständig wachsam bleiben, und wenn das nur dem Ziel dient, dem immer wieder auftretenden Einfluss überholter Verzerrungen entgegenzuwirken. Und in einem Gruppenumfeld gibt es dafür keine bessere Methode, als für kognitive Diversität zu sorgen.

Kapitel 31

Kognitive Diversität fördern und erhöhen

»Stärke liegt in Unterschieden, nicht in Ähnlichkeiten.«
– STEVEN R. COVEY

Die geschäftlichen Gründe für kognitive Diversität sind gut belegt und sehr überzeugend. In der überwältigenden Mehrzahl der Fälle lassen sich anstehende Themen besser beleuchten, wenn dabei mehr als eine Sichtweise vorgetragen wird. Durch passend strukturierte Prozesse kann man unterschiedliche Ansichten in Einklang bringen und dann als Basis für Entscheidungen nutzen, die bessere Ergebnisse bringen als die von einzelnen Entscheidern.

Bei meinen Überlegungen zu diesen Themen wurde ich stark von der Arbeit von Scott Page beeinflusst, einem Professor für Politikwissenschaft, komplexe Systeme und Ökonomie an der University of Michigan. In seiner Arbeit kombiniert Page theoretische Grundlagen mit praktischen und verständlichen Beispielen und liefert so wichtige, konkrete und umsetzbare Erkenntnisse darüber, was erforderlich ist, um die Wahrscheinlichkeit für eine nachhaltige bessere Entscheidungsfindung zu maximieren.[170]

Wie Page argumentiert, führen Bemühungen um effektive Inklusion und Diversität nicht nur zu einer Verbesserung der individuellen

Entscheidungsfindung. Seine Forschungsarbeit zeigt, dass »Gruppen von Einzelpersonen mit unterschiedlichen Werkzeugen beim Lösen von Problemen und bei prädiktiven Tätigkeiten bessere Leistungen zeigen können als Gruppen von Einzelpersonen mit ›besonderen Fähigkeiten‹«. Dies bringt ihn zu einer einfachen, aber mächtigen Schlussfolgerung: »Diversität kann das Ergebnis verbessern. Möglicherweise spielt sie eine ebenso große Rolle wie Fähigkeiten.«[171]

Der Grund dafür hängt mit »Superadditivität« zusammen – der Möglichkeit, dass »Kombinationen von Werkzeugen leistungsfähiger sein können als die Werkzeuge selbst«. Ein entscheidender Transmissionsmechanismus dafür sind die unterschiedlichen »Sichtweisen«, die Menschen für das Lösen von Problemen einsetzen, insbesondere wenn noch die richtige »Heuristik« hinzukommt.

»Zwei Menschen mit unterschiedlichen Sichtweisen testen unterschiedliche potenzielle Verbesserungen und erhöhen die Wahrscheinlichkeit für eine Innovation«, schreibt Page. Noch leistungsfähiger können sie mit Hilfe von operativen Vorgehensweisen werden, die Einfluss darauf nehmen, auf welche Weise nach Lösungen gesucht wird. Auch hier kommt es auf Diversität an, denn mit unterschiedlichen Heuristiken lassen sich »unterschiedliche Lösungskandidaten identifizieren, was die Wahrscheinlichkeit für einen Durchbruch erhöht«.[172]

Dies soll nicht heißen, dass man Diversität auf Kosten von Fähigkeiten anstreben sollte. So ist es gewiss nicht. Stattdessen geht es um die richtige Mischung – immerhin korreliert beides positiv miteinander. Man hat bessere Chancen, Talente zu sich zu holen, wenn man den Suchraum dafür nicht künstlich einschränkt, vor allem nicht auf der Grundlage von schädlichen Verzerrungen und blinden Flecken.

Wie Donald Sull mit seinen einleuchtenden Beispielen nennt auch Page seinen Lesern viele Beispiele aus dem Alltagsleben, die seine Schlussfolgerungen mit Leben füllen. Sie veranschaulichen die wichtige Erkenntnis, dass »Teams, Gruppen und Organisationen mehr potenzielle Innovationen entdecken können, wenn sie Probleme unterschiedlich betrachten (diverse Sichtweisen) und auf unterschiedliche Arten (diverse Heuristiken) nach Lösungen suchen«.[173] Wenn Diversität und Fähigkeiten zusammenkommen, dann läuft das Phänomen der Superadditivität zudem darauf hinaus, dass die Gesamtwirkung über die der Summe der einzelnen Teile hinausreicht.

Auch wenn es darum geht, nicht lineares Denken zu fördern, kommt es entscheidend auf kognitive Diversität an – und dieses Denken wird immer wichtiger, wenn die Welt tatsächlich auf eine T-Kreuzung zusteuert, wie es meiner Meinung nach der Fall ist. Um hier ein wunderbares Argument zu adaptieren, dass zuerst von Pattie Sellers vom *Fortune*-Magazin vorgebracht und dann von Sheryl Sandberg in ihrem Buch *Lean In* – beide sind einflussreiche Denkerinnen, vor allem hinsichtlich von Karrierehindernissen für Frauen – verwendet wurde: Man sollte eine berufliche Laufbahn nicht nur als das Erklimmen einer Leiter betrachten, sondern auch offen sein für die Vorstellung, dass sie der Dynamik beim Ersteigen eines Klettergerüsts ähnelt.

Das ist eine sehr wichtige Unterscheidung, und Einzelpersonen, Unternehmen wie Regierungen sind gut beraten, sie auf ihrem Radarschirm zu behalten. Ein Klettergerüst ermöglicht mehr Erkundung, Optionalität und breiteren Raum für Erfolg. Ebenso ist es besser für die Motivation und bietet beste Voraussetzungen für Teamarbeit.[174] Sheryl Sandberg formuliert es in ihrem Buch so: »Ein Klettergerüst bietet tolle Ausblicke für viele Menschen, nicht nur für die an der Spitze. Auf einer Leiter dagegen kommen die meisten Kletterer irgendwann nicht mehr weiter und müssen sich den Hintern der Person über ihnen ansehen.«[175]

Haushalten, Unternehmen und Regierungen wird es besser ergehen, wenn sie kognitive Diversität fördern und einsetzen. Eine gute Möglichkeit dazu besteht darin, dafür zu sorgen, dass die einzelnen Beteiligten besser verstehen, wie Diversität zu mehr Erfolg beiträgt, weil sie Verbesserungen bei Bewusstsein, Problemlösung, Prognosen und Innovationen bringt, und somit gut zu einer Kultur der Meritokratie passt. Dadurch werden Kollektive deutlich besser darin, Talente zu identifizieren, zu fördern und handlungsfähig zu machen, sodass sowohl die einzelnen Personen als auch die Gruppe bessere Chancen haben, ihr Potenzial in vollem Umfang zu realisieren.

Scott Page demonstriert jedoch nicht nur die Kraft von kognitiver Diversität und ihre Bedeutung für das Erreichen überlegener Ergebnisse: Er stellt auch den falschen Glauben infrage, dass Unternehmen um der Diversität willen etwas anderes opfern müssten. Das müssen sie keineswegs.

Mehr und mehr Unternehmen verstehen das. Manche von ihnen reagieren damit auf wissenschaftliche Erkenntnisse. Andere sind motiviert von dem unablässigen Wunsch, kontinuierlich überlegene Ergebnisse zu produzieren. Je globaler ein Unternehmen ist, desto eher wird darin erkannt, dass Diversität auch dabei hilft, eine vielfältige Mischung von Kunden besser zu bedienen. Und für die innovativsten Technologiefirmen ist Diversität inzwischen fast zu einer Selbstverständlichkeit geworden.

Allerdings wurde der Schritt von der Erkenntnis zur effektiven Umsetzung bislang noch nicht konsequent genug vollzogen, weder im privaten noch im öffentlichen Sektor. Tatsächlich sieht es, wie oben erwähnt, eher so aus: Selbst multilaterale Institutionen, die aufgrund ihrer Zusammensetzung und Mission eigentlich am sensibelsten für Inklusion und Diversität sein sollten, stecken zum Teil auch heute noch in überholten Mentalitäten und feudalen Praktiken fest.

Nicht wenige Menschen vergessen, dass für die Arbeit mit kognitiver Diversität weitaus mehr erforderlich ist als Lippenbekenntnisse zu Leistungsorientierung und mehr Ausgewogenheit bezüglich Geschlecht, ethnischer Herkunft, Kultur, Alter und dergleichen. Dafür gibt es einen guten (wenn auch deprimierenden) Grund, und jeder, auf den ich mich in diesem Buch beziehe, hat ihn immer und immer wieder betont – ebenso wie fast wie jeder andere, der in diesem Bereich forscht und versucht, die Erkenntnisse daraus in der Praxis umzusetzen: Um wirklich effektive Diversität zu erreichen, ist ein erhebliches Maß an Sorgfalt, Aufmerksamkeit, Entschlossenheit und Engagement erforderlich. Und das ist alles andere als einfach.

Kapitel 32

Bewusstsein in Optionalität, Widerstandsfähigkeit und Agilität wandeln

»Seien Sie mutig. Ich habe schon viele Depressionen in der Wirtschaft gesehen, und jedes Mal ist Amerika stärker und erfolgreicher aus ihnen hervorgegangen. Seien Sie so kühn wie Ihre Väter vor Ihnen. Haben Sie Vertrauen! Gehen Sie voran!«

– THOMAS EDISON

Viele Forscher – darunter die Professoren Banaji, Grant, Kahneman und Page ebenso wie Sheryl Sandberg, Anne-Marie Slaughter und andere kluge Beobachter – haben für uns Werkzeuge entwickelt, die wir nutzen können, um für mehr Diversität zu sorgen und weniger Fehler bei Bewertungen und Entscheidungen zu machen, die sich aus blinden Flecken und unbewussten Verzerrungen ergeben. Sie betreffen Verhaltensänderungen in den Bereichen Kommunikation, Talententwicklung und -gewinnung sowie Leistungsmessung und -beurteilung. Dabei zeigen sie, wie wichtig die richtige Mischung aus Sichtweisen und Heuristiken sowie leistungsfähige Systeme zu ihrer Unterstützung sind, wie überzeugend von Anne-Marie Slaughter dargelegt wurde.

Wichtig sind diese Werkzeuge auch dann, wenn es darum geht, frühe und sichtbare Erfolge zu erzielen – schließlich zeigt die Geschichte, dass sich schon viele Kollektive schwergetan haben, Bemühungen auf diesen Gebieten am Laufen zu halten. Der Fortschritt kann hier langsam sein, vor allem am Anfang. Die Rückmeldungen können lückenhaft ausfallen und nicht frühzeitig oder offen genug abgegeben werden. Und angesichts der ständigen Notwendigkeit, regelmäßig über Korrekturen mitten auf dem Weg nachzudenken, besteht für den gesamten Prozess stets die Gefahr, dass er durch interessierte oder schlecht informierte Gruppen aus der Bahn geworfen wird.

Hinzu kommt, dass oft die Versuchung besteht, Taten durch Worte zu ersetzen. Meistens geschieht dies in Form von elegant formulierten internen (und manchmal auch externen) PR-Mitteilungen, die erhöhtes Bewusstsein und Engagement signalisieren sollen, letztlich dann aber an die Stelle von echtem Handeln treten.

Eine entscheidende Erfolgsbedingung ist die erkennbare Aufmerksamkeit der obersten Führungsebene – doch die kann von anderen Erfordernissen im Unternehmen, echten wie eingebildeten, abgelenkt werden. Und wenn das wiederholt passiert, fangen Mitarbeiter weiter unten in der Unternehmenshierarchie an, das Vertrauen in die Ernsthaftigkeit der Bemühungen und in die Wirksamkeit von Inklusion und Diversität für bessere Ergebnisse zu verlieren.

Viele der wissenschaftlichen Erkenntnisse laufen darauf hinaus, dass man »Sicherheitszonen« schaffen sollte, in denen Menschen laut denken, mit unterschiedlichen Ansätzen und Prozessen experimentieren und konstruktiv interagieren können. Das Ziel dabei ist nicht nur, die Berücksichtigung von unterschiedlichen Sichtweisen und Heuristiken bei Einschätzungen und Entscheidungen zu fördern. Zugleich geht es darum, Hürden niederzureißen (echte und eingebildete), die den Austausch von Ideen und das Zusammenwirken von kognitiver Diversität verhindern. Dadurch werden sowohl Einzelpersonen als auch Gruppen es deutlich einfacher finden, außerhalb ihrer individuellen Komfortzonen zu agieren, die ungewollt übermäßig einengend und schädlich für gute Entscheidungsfindung und Einschätzungen werden können.

Darüber hinaus geht es darum, Strukturen zu schaffen, die verhindern, dass Personen mit rechthaberischem Anspruchsdenken in der Lage sind, Wandel unmöglich zu machen – denn solche Kräfte haben oft Angst vor

Veränderungen. Als Gegenmaßnahme reicht es manchmal aus, wenn sich diejenigen, die bei Meetings üblicherweise den Vorsitz innehaben, stärker darum bemühen, dass unterschiedliche Sichtweisen geäußert werden; dazu sollten sie genauer auf die häufig unsichtbaren Auswirkungen von blinden Flecken und unbewussten Verzerrungen achten. Ambitionierter können die Maßnahmen sein (und das sollten sie in vielen Fällen auch), wenn man Organisationssilos und Prozesse für die regelmäßige Leistungsbeurteilung so umstellt, dass sie kognitive Diversität besser zulassen, pflegen und fördern. Und ja, manchmal können hier auch Beratungsfirmen zusätzliche Erkenntnisse und Wert liefern.

Den gesamten Prozess über kommt es entscheidend auf Messungen an. In ihrem faszinierenden Buch *How Google Works* (dt.: *Wie Google tickt*) schreiben Eric Schmidt und James Rosenberg: »Das Management von Leistung sollte von Daten getrieben sein, mit dem alleinigen Ziel, eine Meritokratie zu schaffen. Man kann nicht per Dekret blind hinsichtlich des Geschlechts oder der ethnischen Herkunft werden – man muss empirische, objektive Methoden für die Beurteilung von Menschen entwickeln. Dann werden die Besten florieren, unabhängig davon, woher sie kommen und wie sie aussehen.«[176]

Letztlich geht es bei alldem darum, Talenten Möglichkeiten zu geben – jungen und alten, neuen und hochrangigen und mit traditionellen wie nicht traditionellen Hintergründen. Es geht darum, nicht zuzulassen, dass Dringendes ständig Wichtiges verdrängt, vor allem dann, wenn das Dringende obendrein nicht einmal wichtig ist, wie es gelegentlich vorkommt.

Es geht darum, offener zu sein für externe Sichtweisen; unter anderem sollte man Außenstehende einladen, die nicht wegen der Schlussfolgerungen, die sie ziehen, geschätzt werden, sondern wegen ihrer Art zu denken und (noch besser) weil sie anders denken. Für viele schwieriger: Es geht darum, bereit zu sein, abweichenden Meinungen und Personen, die gern intelligent die Rolle des Advocatus Diaboli spielen, offen zuzuhören. Ein solches Vorgehen kann besonders hilfreich sein, um schädlichem Gruppendenken entgegenzuwirken und Kollektive dazu zu bringen, sich von bequemen, aber weniger effektiven Ansätzen wegzuentwickeln.

Das Einholen von externen Ansichten wird sogar noch wichtiger in einer Welt, in der, wie es derzeit der Fall ist, traditionell dominierende Akteure und Strukturen von oben und von unten infrage gestellt werden. Minimal ist es erforderlich, sich Hilfe dabei zu holen, die eigenen

Kernkompetenzen zu modernisieren, indem man sie an mehr misst als der Vergangenheit und der Art und Weise, wie die Dinge schon immer gemacht wurden. Ohne all das ist rechtzeitige »Selbstdisruption« fast unmöglich.

Dies ist ein weiterer Bereich, in dem multiple Gleichgewichtsdynamiken sehr wichtig sein können. Je erfolgreicher ein Unternehmen darin ist, kognitive Diversität anzustreben und das auch zu signalisieren, desto größer wird der Pool an Personen, auf den es für Neueinstellungen, Mentoring und Beförderungen zugreifen kann.

So ist es jedenfalls bei Google gewesen, einem Unternehmen, dessen Einstellungspraxis großes Interesse geweckt hat.

Wie dort arbeitende Führungskräfte betonen, ist für Google nicht entscheidend, wer die besten Noten von den besten Hochschulen mitbringt. Stattdessen setzen sie auf »Erkenntnisse, die nicht gelehrt werden können«, und nehmen Inklusion und Diversität ausgesprochen ernst. Denn, so Schmidt und Rosenberg, »hervorragende Talente sehen oft nicht aus wie man selbst und verhalten sich nicht so. Wenn man solche Bewerbungsgespräche führt, sollte man seine Vorurteile an der Tür abgeben und sich darauf konzentrieren, ob die jeweilige Person die Leidenschaft, den Intellekt und den Charakter hat, um erfolgreich zu sein und zu brillieren.« Und diese Mentalität sollte nicht nur beim Einstellungsprozess herrschen: »Dasselbe gilt für das Führen von Menschen.«[177]

Ermutigend dabei ist, dass die dafür nötigen Maßnahmen nicht immer eine große Sache sein müssen, für die viele Ressourcen gebraucht werden. Konkreter: »Erhebliche Veränderungen lassen sich mit (...) ›Nudge‹-Techniken oder kleinen Interventionen erreichen, die Menschen dazu ermutigen, sich in entscheidenden Momenten ein wenig anders zu verhalten. Schon der einfache Akt, offen über Verhaltensmuster zu sprechen, macht das Unbewusste bewusst.«[178] Stark unterstützt wird dies, wenn man Rückmeldungen von einer großen Bandbreite an Personen einholt.

In meiner Zeit bei PIMCO habe ich enorm von regelmäßigen informellen Treffen mit kleinen, nach dem Zufallsprinzip ausgewählten Gruppen von Kollegen profitiert. Nach einem vorsichtigen Beginn zogen sich diese Meetings oft lange hin, weil die Teilnehmer in dem relativ vertraulichen Rahmen über ihre Gedanken, Empfehlungen und Ängste sprachen. Oft ergaben sich sogar noch mehr Erkenntnisse (was für mich als CEO noch wertvoller war), wenn wir am Ende des Treffens eine »Tour de Table«

machten, bei der jeder Anwesende der Reihe nach gebeten wurde, zu erzählen, was ihm durch den Kopf geht, ob bedeutend oder unbedeutend.

Ebenfalls nie vergessen werde ich eine Interaktion mit einer besonders brillanten Frau, die sich entschieden hatte, nicht zu PIMCO zu kommen. Wie andere, die mit ihr gesprochen hatten, fand ich sie wirklich beeindruckend, und wir alle waren überzeugt, dass sie sehr interessiert daran wäre, für PIMCO zu arbeiten. Als ich hörte, dass sie abgesagt hatte, rief ich sie an. Ich betonte, dass dies nicht der übliche Anruf sei, in dem ich versuchen würde, sie umzustimmen. Stattdessen bestehe mein Ziel darin, ihre Entscheidung und den Einstellungsprozess des Unternehmens besser zu verstehen. Also fragte ich nach ihren Beweggründen. Sie sagte, sie sei sehr beeindruckt von dem Unternehmen und den Menschen, die sie dort kennengelernt habe. Aber sie habe nicht übersehen können, dass bei den vielen Gesprächen, die PIMCO-Kollegen mit ihr geführt hatten, auf unserer Seite nur Männer am Tisch saßen. Bei dem Prozess habe das Unternehmen also signalisiert, dass es Inklusion und Diversität nicht genügend zu schätzen weiß.

Diese Antwort war für mich erschreckend und schmerzhaft. Wie konnte das sein?

Ich rief bei unserer Personalabteilung an und fragte nach, wie wir die Teilnehmerlisten für Einstellungsgespräche zusammenstellen. Wir wählen Gesprächspartner, die am besten die fachliche Kompetenz, die kulturelle Eignung und die relevante Erfahrung des Bewerbers einschätzen können, lautete die Antwort; außerdem versuche man, mehrere verschiedene Abteilungen zu berücksichtigen. Als Nächstes fragte ich, ob wir bei den Listen auch auf Verzerrungen und übermäßige Homogenität bezüglich Geschlecht, Kultur, ethnischer Herkunft und so weiter achten. Von da an sorgten wir dafür, dass das getan wurde.

Wenn es darum geht, von Bewusstsein zu effektivem Handeln zu kommen, ist es wichtig, die Vorgehensweise auf die Besonderheiten des jeweiligen Anwendungsfalls abzustimmen. Im Fall von PIMCO zum Beispiel haben wir sieben Einsichten formuliert, die in unseren Augen besonders wichtig waren. Ich möchte sie hier kurz auflisten, wobei ich mich eines früheren Artikels von mir bediene:[179]

- Mache die auf Leistung basierenden Argumente für Inklusion und Diversität klar.

- Passe an, was du von externen Studien und Experimenten gelernt hast.

- Geh die unbewussten Verzerrungen an, die in jedem von uns stecken.

- Hüte dich vor der »Kästchen-abhaken«-Mentalität einer übertriebenen Konzentration auf Kennzahlen.

- Erkenne an, dass Geschlechterdiversität und andere Formen der Diversität eine unverzichtbare Grundlage für kognitive Diversität sind, die entscheidend dafür ist, sich in einer veränderlichen und zunehmend komplexen Weltwirtschaft zurechtzufinden.

- Übernimm die Initiative und, als CEO, explizit die Verantwortung gegenüber den Kollegen.

- Lass dich, letztens, nie von aktuellen Erfolgen blind machen für die noch größeren Erfolge, die in der Zukunft möglich sind.

Kapitel 33

Die Macht von Szenarioanalysen

»Alles, worum es ging, war, eine Möglichkeit zu finden, einen Atomkrieg zu üben, ohne uns selbst zu zerstören. Wir wollten, dass die Computer von Fehlern lernen, die wir uns in der Realität nicht leisten konnten.«

– *WAR GAMES* (FILM)

Falls Sie daran interessiert sind, blinde Flecken und unbewusste Verzerrungen zu identifizieren und zu überwinden, kann ich Ihnen empfehlen, sich mit Mahzarin Banajis und Anthony Greenwalds Arbeit mit IAT zu beschäftigen, also impliziten Assoziationstests. Diese sind eine effektive Methode, um »gruppenbasierte Präferenzen, Stereotype und Identitäten zu untersuchen, die für das Bewusstsein möglicherweise nicht zugänglich sind«.[180] Sie können als konstruktive Ergänzung zu einem weiteren Werkzeug dienen, das nach meinen Erfahrungen ebenfalls sehr nützlich ist, jedoch häufig – ob in Haushalten, Unternehmen, Regierungen oder multilateralen Institutionen – chronisch vernachlässigt wird: Szenarioanalysen.

Bei Szenarioanalysen geht es um die Welt des »Was wäre, wenn«. Sie erweitern unser Denken über unsere natürliche Neigung hinaus, uns nur mit dem einen, wahrscheinlichsten Ergebnis zu befassen. Definitionsgemäß muss man für sie viele Ressourcen, Zeit und Mühe aufwenden und sich mit Möglichkeiten beschäftigen, die vielleicht nie eintreten werden.

Und wenn das bedeutet, dass man immer wieder Krisenbedingungen formuliert, die es vielleicht nie geben wird, sind die Kosten relativ hoch.

Ich verstehe diesen Standpunkt, aber ich glaube, dass er die Unterschiede zwischen Fehlern des Typs I und des Typs II ignoriert. Tatsächlich ist es kostspielig, über verschiedene Krisen nachzudenken, die nie eintreten (Typ I). Noch teurer aber ist es, nicht über eine Krise nachzudenken, zu der es dann doch kommt (Typ II).

Bei der Entscheidung für dieses Vorgehen war ich stark beeinflusst nicht nur von meinen fünfzehn Jahren beim IWF, wo ich relativ häufig mit komplizierten Situationen zu tun hatte, sondern auch von dem, was ich während des ungeordneten Zusammenbruchs von Lehman Brothers im September 2008 erlebte.

Die gängige Meinung lautet, dass PIMCO den Lehman-Zusammenbruch vorhergesehen haben muss. Schließlich konnte die überwältigende Mehrheit unserer Kunden nicht nur große Verluste vermeiden, sondern verdiente mit dem, was sie uns zur Anlageverwaltung anvertraut hatten, sogar zusätzliches Geld.

Immer wenn ich diese Ansicht höre, erkläre ich (so wie andere) schnell, dass wir die Pleite von Lehman keineswegs vorhergesehen haben. Wir haben lediglich besser und schneller reagiert als andere, weil wir vorher eine Reihe von robusten Szenarioanalysen vorgenommen und detaillierte Aktionspläne dazu entwickelt hatten.

Ich erinnere mich noch gut an das Wochenende Mitte September 2008. Regierungsvertreter und Banker trafen sich im Gebäude der Federal Reserve Bank of New York, und währenddessen kam eine Gruppe von uns bei PIMCO im Raum des Anlageausschusses im Hauptquartier des Unternehmens in Newport Beach im Bundesstaat Kalifornien zusammen. Kollegen aus unseren Büros in Übersee waren auf drei TV-Bildschirmen über Videokonferenzleitungen zugeschaltet. Auf den Tischen lag eine Unzahl Papiere, um sie herum Donut- und Pizzakartons. Am wichtigsten aber: Auf dem Whiteboard standen Details zu drei möglichen Szenarien bis zur Eröffnung der Märkte am Montag.

Die größte Wahrscheinlichkeit sahen wir für eine Wiederholung des Geschehens um Bear Stearns im März 2008 – dass also das fragile und fallende Institut Lehman Brothers von einer Bank mit starker Bilanz übernommen würde. Eine Pleite wäre abgewendet worden, und das System wäre einer Kugel ausgewichen, die systemische Verwerfungen mit sich gebracht hätte.

Das war unser Basisszenario. Die relativ hohe Wahrscheinlichkeit, die wir dafür ansetzten, wurde zunächst bestätigt von Nachrichten aus New York und London, laut denen Barclays darüber nachdachte, die Rolle zu übernehmen, die sechs Monate zuvor bei Bear Stearns JP Morgan gespielt hatte. Doch wir konzentrierten uns nicht ausschließlich auf diese Möglichkeit, sondern stellten uns zusätzlich zwei Fragen: Angenommen, unsere Prognose würde sich als falsch erweisen, wie genau könnte dieser Fehler aussehen? Und wenn es mehr als nur einen möglichen Fehler gab, der sich nicht vermeiden ließe, welchen davon konnten wir uns dann am wenigsten erlauben? Dies brachte uns dazu, zwei weitere allgemeine Szenarien auszuarbeiten.

Die zweithöchste Wahrscheinlichkeit sahen wir dafür, dass Lehman pleitegeht, aber in einem geordneten Prozess. Schließlich waren sich die Behörden der Vernetzung von Lehman vermutlich nicht weniger bewusst als wir, ebenso wie angesichts des Wirrwarrs an Interdependenzen der Fragilität der Sicherungsmechanismen. Finanzielle Ansteckung war eine echte Gefahr, und das Gleiche galt für negative Schocks für Wachstum und Arbeitsmarkt. Aus diesen Gründen beschäftigten wir uns mit einem weiteren möglichen Ergebnis, nämlich mit einer ungeordneten Pleite von Lehman Brothers, auch wenn wir ihm die niedrigste Eintrittswahrscheinlichkeit zumaßen.

Letztlich kam es so, dass das Szenario mit der geringsten Wahrscheinlichkeit und den höchsten potenziellen Kosten zur Realität wurde. Doch trotz unserer falschen Einschätzung der Wahrscheinlichkeiten (mit der wir weder im privaten noch im öffentlichen Sektor allein standen) waren wir in der Lage, rasch wieder aktiv zu werden, uns zu sammeln und die Portfolios unserer Kunden zu schützen.

Wir hatten diese Möglichkeit diskutiert, bevor es wirklich zum Schlimmsten kam, und in Ruhe einen Aktionsplan dafür (wie für die beiden anderen Szenarien) ausgearbeitet, in den Beiträge von mehreren talentierten Kollegen einflossen. Er war sehr detailliert. Unter anderem war darin beschrieben, wer zu Lehman gehen würde, um dort die offiziellen Zahlungsausfallbenachrichtigungen abzugeben, sodass wir bestimmte Positionen zeitnah bei anderen Parteien wieder aufbauen könnten.

Ebenfalls enthielt der Plan sehr gut überlegte Regelungen zum Bargeld- und Sicherheitenmanagement.

Ganz früh am Montagmorgen setzten wir unseren Aktionsplan in Kraft und waren dadurch in der Lage, für unsere Kunden von vielen erheblichen Vorteilen zu profitieren, die das Handeln vor allen anderen mit sich brachte. Wir besaßen eine bessere Mentalität und waren kognitiv weitaus besser darauf vorbereitet, nach vorn zu gehen statt verzweifelt zu verteidigen, um nicht unterzugehen. Im Fußball wäre das ungefähr so, als würde man mit einem Tor Vorsprung statt mit zwei Toren Rückstand in die zweite Halbzeit gehen.

Bei den Wahrscheinlichkeiten lagen wir falsch, aber die vorsorglichen Analysen und entsprechenden Aktionspläne versetzten uns in die Lage, rasch wieder ins Spiel zu kommen. Dadurch konnten wir mehr tun, als nur das Geld zu schützen, das unsere Kunden uns anvertraut hatten: Wir hatten die Möglichkeit, Chancen zu nutzen, die sich durch die panikartige Reaktion von Marktteilnehmern ergaben, die schlechter vorbereitet waren als wir.

Ich erinnere mich noch, wie erstaunt ich damals darüber war, dass sich nur so wenige andere die Zeit genommen und die Mühe gemacht hatten, frühzeitig über unterschiedliche Szenarien nachzudenken. Offenbar teilten zu wenige von ihnen die PIMCO-Kultur der »konstruktiven Paranoia«. Noch überraschter war ich, als ich ein paar Tage nach der Lehman-Pleite einen Anruf von einem ziemlich in Nöten steckenden Freund bei einer anderen Anlagemanagementfirma bekam. Weil sein Arbeitgeber von dem ungeordneten Zusammenbruch von Lehman Brothers gelähmt worden war und nicht über ein analytisch-operatives Modell dafür verfügte, begann er erst jetzt mit seiner Aufholjagd. Dadurch hatte er nicht nur Probleme mit seiner Portfoliopositionierung, sondern bekam noch viel unmittelbarere Schwierigkeiten im Zusammenhang mit Liquidität.

Natürlich erweisen sich nicht alle Szenarioanalysen als derart lohnenswert. Nur wenige Jahre später machten wir uns aufgrund des Geschehens in der Eurozone an einen noch detaillierteren Prozess dieser Art. Er war analytisch deutlich komplexer und schwieriger, denn in mehreren der Stress-Szenarien ging es um die mögliche Wiedereinführung verschiedener nationaler Währungen, die Auswirkungen unterschiedlicher Vertragsformen und Rechtsgebiete und damit um eine noch komplexere Ansammlung von Vernetzungen und Interdependenzen.

Geleitet wurde diese Initiative von beeindruckenden Kollegen aus Europa, die ihr enorm viel Zeit und Mühe widmeten – alles für Eventualitäten, zu denen es letztlich niemals kam. Anschließend befanden manche, der ganze Aufwand sei deshalb eine kolossale Zeitverschwendung gewesen. Im engsten Sinne des Wortes war er das tatsächlich, denn keinerlei bedeutende Teile des Aktionsplans wurden wirklich gebraucht. Wichtig war er aber trotzdem.

Die Eurozone war einem Auseinanderbrechen sehr nahe gekommen, vor allem in der letzten Juliwoche 2012. Durch die mutige Reaktion der EZB ließ sich das Chaos doch noch verhindern, und unsere Szenarioanalysen waren für die Katz. Doch sie gaben uns einen wichtigen analytischen Rahmen und natürlich ein Regelbuch für den Fall, dass derartige Sorgen noch einmal hochkochen würden (wozu es dann 2015 mit der Rückkehr der Angst vor Grexit und Graccident tatsächlich kam).

Der intuitiv einleuchtende Aspekt von Szenarioanalysen liegt darin, dass es besser ist, während der vorherigen ruhigen Zeiten über mögliche Extremereignisse nachzudenken, als sich vollkommen überraschen zu lassen und anschließend hektisch eine Aufholjagd zu beginnen. Und das gilt nicht nur für unschöne Ereignisse: Selbst mit manchen sehr positiven Überraschungen kann man falsch umgehen und so, ganz kontraintuitiv, dafür sorgen, dass man doch wieder schlechte Ergebnisse bekommt. Denken Sie nur an Lottogewinner, die wenige Jahre später bankrott sind, obwohl sie eine enorme Menge Geld gewonnen haben.

Die Vorteile der Arbeit mit Szenarioanalysen werden bestätigt von psychologischer Forschung wie der von Gary Klein, einem Psychologen, der mit seiner Arbeit zur naturalistischen Entscheidungsfindung Bekanntheit erlangt hat. Seine Erkenntnisse wurden unter anderem von der US Army in ihren Befehls- und Kontrollleitlinien umgesetzt. Auch Daniel Kahneman hat sie bei seiner innovativen Arbeit berücksichtigt.

In früheren Studien war bereits festgestellt worden, dass »Rückblicke auf die Zukunft« – also die Vorstellung, ein Ereignis habe bereits stattgefunden – die Fähigkeit, die Gründe für zukünftige Ergebnisse korrekt zu identifizieren, um 30 Prozent erhöhen. Auf dieser Grundlage nutzten Klein und seine Kollegen »Rückblicke auf die Zukunft für die Entwicklung einer Methode namens *pre mortem*, die Projektteams dabei hilft, Risiken von Anfang an zu identifizieren«.[181]

Die Intuition dahinter ist ziemlich einfach und mächtig, und es wurde belegt, dass sie zu erhöhter kognitiver Aufmerksamkeit beiträgt, Barrieren gegen breiter angelegtes Denken abbaut und sehr dabei hilft, die Wahrscheinlichkeit für einen Misserfolg zu minimieren.

Anders als eine Post-mortem-Analyse »wird ein pre mortem in Unternehmen zu Beginn eines Projekts vorgenommen statt nach seinem Ende, sodass das Projekt frühzeitig verbessert werden kann, statt es später zu obduzieren«. Bei diesem Konstrukt geht man davon aus, dass die Randereignisse tatsächlich eingetreten sind und sucht nach den Gründen dafür. Zu den konkreten Schritten dabei zählen das Identifizieren der Ereignisse, das Herausarbeiten der Gründe dafür, die Überarbeitung des ursprünglichen Aktionsplans und das Vornehmen von regelmäßigen Überprüfungen.[182]

Kapitel 34

Der unterschätzte Wert von Liquidität und Optionalität

»Meist ist es also so, dass Liquidität a) dann ausreichend vorhanden ist, wenn man sie nicht braucht, und b) dann nicht zu finden ist, wenn man sie am dringendsten benötigen würde.«

– HOWARD MARKS

Wie Unternehmen und Anleger im Jahr 2008 unter Schmerzen lernen mussten, ist Liquidität oft genau dann am schwierigsten zu bekommen, wenn man sie am dringendsten braucht. Mit Blick auf die Zukunft spricht aus strukturellen wie operativen Gründen alles dafür, dass die Liquidität erneut ziemlich lückenhaft werden wird, wenn die Märkte auf das nächste größere Luftloch treffen oder wenn sich das Konsens-Paradigma am Markt verändert. Trotzdem neigen Anleger dazu, ihren Wert zu unterschätzen – sowohl absolut gesehen als auch im Vergleich zu Unternehmen, die auch heute noch dazu neigen, eine ganze Menge liquide Mittel in ihrer Bilanz vorzuhalten.

Es gibt zwei Hauptgründe dafür, dass Finanzinvestoren Liquidität tendenziell so wenig zu schätzen wissen und somit auch die erhebliche Optionalität unterschätzen, die sie mit sich bringt. Erstens wurden sie immer wieder darauf konditioniert, zu glauben, dass im Zweifelsfall die

Zentralbanken einschreiten werden, um die Märkte zu normalisieren – und zwar im Grunde schon bei den ersten Anzeichen für echte Belastungen. Zweitens bedeutet Liquidität »negatives Carry«: Man muss dafür, verglichen mit anderen Verwendungsmöglichkeiten für das Geld, auf das Potenzial für einen gewissen Ertrag (und möglicherweise auch Kapitalzuwachs) verzichten. So gibt es für Liquidität keine Zinsen, während eine High-Yield-Anleihe eine Rendite von 4 bis 5 Prozent abwerfen kann, allerdings auch eine ganze Reihe von Risiken mit sich bringt.

So stichhaltig diese Argumente auch sein mögen, man sollte sie nicht zum Anlass nehmen, sich über strukturelle Realitäten in der Praxis hinwegzutäuschen. Hinzu kommt: Je länger die Zentralbanken unhinterfragt walten können und sich darum bemühen, die Marktvolatilität zu unterdrücken und die Preise von Vermögenswerten künstlich in die Höhe zu treiben, desto größer werden die Risiken für ihre Effektivität und ihre operative Autonomie.

Das soll nicht etwa heißen, dass Anleger jetzt schnell ihre Positionen auflösen und nur noch auf Liquidität setzen sollten. Schließlich habe ich dargelegt, dass die Verteilung der potenziellen Ergebnisse bimodal ist, also relativ hohe Wahrscheinlichkeiten für gute wie schlechte Ergebnisse bestehen. Angemessen ist deshalb eine Liquiditätsposition, die zu dieser Art von Verteilung passt. Im Frühjahr 2015, als ich dieses Kapitel geschrieben habe, gehörten dazu die folgenden Überlegungen (ich bitte um Entschuldigung, falls sie einigen Lesern zu technisch erscheinen):

- Begrenzen Sie bei der Positionierung auf »liquiden Märkten« das Engagement in jeder Art von Wertpapieren, bei denen es in der Vergangenheit mehrmals zu einem plötzlichen Verlust der Marktliquidität gekommen ist. Ein Beispiel dafür (aber nur eines von vielen) sind Unternehmen aus den Schwellenländern, für die das Risiko von allgemeinen Verwerfungen und unternehmensspezifischen Schocks besteht. Zur Veranschaulichung müssen Sie nur überlegen, was mit russischen Unternehmen passierte, als das Land von Sanktionen des Westens und sinkenden Ölpreisen gleichzeitig getroffen wurde, oder mit brasilianischen Unternehmen im Zusammenhang mit dem Petrobras-Skandal.

- Erhöhen Sie die Qualität – verringern Sie beispielsweise einen Teil Ihrer High-Yield-Engagements zugunsten von Investment-Grade und bevorzugen Sie bei Staatsanleihen Emittenten mit besserer Kreditwürdigkeit.

- Konzentrieren Sie sich nicht nur auf den Bauch der Verteilung. Schichten Sie einen Teil der Engagements in diesem Bereich hantelartig auf Positionen mit niedrigerem und mit höherem Risiko um. Zum Beispiel könnten Sie auf der einen Seite mehr Liquidität und kurzlaufende Staatsanleihen mit hoher Qualität halten und auf der anderen Seite einen kleineren Anteil in weniger überfüllten Bereichen investieren; hier kommen neue Gelegenheiten (einschließlich Technologie-Start-ups), Direktengagements bei Infrastrukturen oder reifer werdende Märkte in Schwellenländern infrage.

- Erkennen Sie bei der Portfoliopositionierung in den beliebteren Segmenten des Marktes, dass eine sektor- und wertpapierspezifische Portfoliodifferenzierung (am Markt als »Alpha« bezeichnet) vermutlich bessere risikobereinigte Renditen erbringen wird als eine marktweite Positionierung (»Beta«). Wenn Sie sich trotzdem für Beta entscheiden, sollten Sie sich zumindest die Arbeiten von klugen Menschen wie Rob Arnott, dem CEO von Research Affiliates, zu der Frage ansehen, wie man solche passiven Engagements intelligenter gestalten kann. Darüber hinaus werden Anleger stärker auf spezielle Ereignisse achten müssen, beispielsweise Chancen bei Fusionen und Übernahmen oder mit aufstrebenden Unternehmen, die disruptive Technologien nutzen.

Diese Überlegungen hängen wiederum mit vier potenziell kontroverseren Ansichten zusammen.

Erstens sollten Anleger, wenn sie ihr Beta (also die Positionen in den verschiedenen Anlageklassen) neu einteilen, bei den derzeitigen Bewertungen nicht übereilt große Engagements in Private-Equity eingehen, um Zugriff auf nicht börsennotierte Unternehmen zu bekommen. Das »smart money« in dieser Branche würde diese Gelegenheit nutzen, um seine bestehenden Engagements mit Ausnahme einiger weniger Sektoren (zum Beispiel neuere Technologiebereiche) und ausgewählter chancenreicher

Regionen zu Geld zu machen. Abgesehen von diesen Ausnahmen sollten Anleger darüber nachdenken, abzuwarten, weil bald wieder bessere Jahrgänge kommen dürften.

Zweitens müssen Anleger besser darin werden, sich nicht nur absolut, sondern auch relativ zu positionieren. Beim Verfassen dieses Kapitels (Frühjahr 2015) bezieht sich das vor allem auf die Devisenmärkte, wo man mit weiterer Dollar-Stärke gegenüber den Währungen der Schwellenländer rechnen sollte.[183]

Drittens sollten Anleger beim Ausbau von solchen relativen Positionen daran denken, dass aufgrund des beschriebenen Divergenzmotivs absehbare Marktbewegungen politische Reaktionen eher verkomplizieren als erleichtern würden, insbesondere in Bezug auf jähe Wechselkursveränderungen. Dies gilt umso mehr in einer Welt, in der die potenziellen Ergebnisse zunehmend bimodal verteilt sind und Broker-Dealer in Übergangsphasen wenig Liquidität zur Verfügung stellen dürften. In dieser Welt nimmt die Wahrscheinlichkeit für politische Fehler und Unfälle am Markt unweigerlich zu.

Viertens macht all das den Streit um passive oder aktive Geldanlagen deutlich differenzierter und weniger extrem. Es geht hier nicht um ein Entweder-oder, wie Sie ein Großteil der Finanzpresse glauben machen möchte. Stattdessen geht es darum, die richtige Balance zu finden: Passive Engagements sind dort angemessen, wo Überzeugung und die eigenen Informationen nicht schwerer wiegen als die Weisheit der vielen und wo sich breit angelegte Risikopositionen nicht aufgrund von Konstruktionsfehlern verbieten; gleichzeitig aber sollte man mit sehr überzeugenden Transaktionen, relativer Positionierung und von Risikomanagement motivierten Portfolioergänzungen eigene Schwerpunkte setzen.

Ein letzter Punkt zum Abschluss dieses Kapitels: Der Schlüssel zum Bestehen in einer Welt, in der technische Fortschritte so viele Einzelpersonen und Kollektive begeistern und ihnen mehr Möglichkeiten geben, ist intelligente Kommunikation. Die Herausforderung auf jeder Ebene – also bei Regierungen, Unternehmen und auch im privaten Bereich – liegt darin, die Erwartungen und Anforderungen einer neuen Generation zu verstehen, die frühere Generationen in ihrer Online-Kommunikation weit hinter sich gelassen hat, und sie auf produktive Weise zu motivieren, zu ermächtigen und zu befähigen.

Dass intelligentere Kommunikation wichtig ist, haben viele verstanden. Doch ihre Reaktion beschränkt sich meist darauf, eine Präsenz auf Diensten wie Twitter, LinkedIn, Instagram oder Facebook einzurichten – und damit gehen sie längst nicht weit genug. Noch ist nicht zu erkennen, dass eine Generation, die erwartet, überall und jederzeit sowie über unterschiedliche Kanäle angesprochen zu werden, wirklich ernst genommen wird. Diese Generation versteht Kommunikation als sehr aktive zweiseitige Interaktion, in der sie uneingeschränkte Möglichkeiten hat, ihre Meinung zu sagen und Rückmeldungen zu geben.

Dies ist eine Welt, in der »verdiente Medienaufmerksamkeit« in der überwältigenden Mehrzahl der Fälle mehr Einfluss auf Menschen und Ergebnisse haben wird als »bezahlte Medienaufmerksamkeit«. Es ist eine Welt, in der enorme Chancen für Konkurrenzangebote entstehen, wenn man es nicht schafft, sich gezielt einzubringen und Diskussionen in den richtigen Rahmen zu lenken. Die Kosten davon liegen nicht nur in verpassten Gelegenheiten im geschäftlichen Bereich: Zugleich riskieren wir, dass Manipulation durch extremistische Ideologien den Ausschlag dafür gibt, anfällige Menschen in ein Leben mit Gewalt und Zerstörung abgleiten zu lassen.

TEIL VII

WIE ALLES ZUSAMMEN-GEHÖRT

»Es war das Fehlen von Zweifeln – und wissenschaftlicher Disziplin –, die Medizin unwissenschaftlich gemacht und dafür gesorgt hat, dass sie so lange stagnierte.«

– PHILIP TERLOCK UND DAN GARDNER

Kapitel 35
Wo wir stehen und was zu tun ist

»Erfolg ist nicht final, Scheitern ist nicht fatal: Worauf es ankommt, ist der Mut, weiterzumachen.«

– WINSTON CHURCHILL

»Die Ideen von Ökonomen und politischen Philosophen sind, ob sie richtig sind oder falsch, mächtiger, als allgemein geglaubt wird. Tatsächlich wird die Welt von kaum etwas anderem regiert. Männer der Praxis, die von sich glauben, weitgehend frei von jedem intellektuellen Einfluss zu sein, sind üblicherweise der Sklave irgendeines längst verschiedenen Ökonomen.«

– JOHN MAYNARD KEYNES[184]

Stellen Sie sich vor, Sie sind Lehrer und erhalten zu Beginn des Schuljahrs die Information, dass das durchschnittliche Potenzial Ihrer neuen Klasse etwas höher ist als in den Vorjahren. Das würden Sie natürlich erst einmal als gute Nachricht begrüßen – immerhin verspricht es engagiertere und lernwilligere Schüler. Außerdem wird Ihnen aber mitgeteilt, dass Ihre Klasse nicht nur ein höheres durchschnittliches Potenzial aufweist, sondern auch eine deutlich höhere Streuung. Die guten Schüler sind also noch etwas besser, die schlechten tun sich noch schwerer, und es gibt eine Handvoll von Unberechenbaren, deren störendes Verhalten zum Problem für die ganze Klasse werden könnte. Und um alles noch interessanter zu machen, wird der Lehrplan für dieses Jahr weniger hilfreich dabei sein, die Klasse mitzureißen.

Damit sind Sie nicht mehr so zuversichtlich, was das Ergebnis Ihres Schuljahrs angeht, zumal Sie am Lehrplan selbst relativ wenig ändern können. Ihre Hoffnung ist, dass die guten Schüler den Rest der Klasse auf die eine oder andere Weise mitziehen werden; andererseits fürchten Sie, dass das Tempo in diesem Jahr von den langsameren Schülern bestimmt wird oder, noch schlimmer, dass die Unberechenbaren alle anderen ständig ablenken und auch deren Leistung verschlechtern. Zudem stehen Ihr guter Ruf und Ihre Freiheit bei der Unterrichtsgestaltung auf dem Spiel – beides haben Sie sich über Jahre erarbeitet, und Sie legen großen Wert darauf.

Diese einfache Beschreibung lässt erkennen, mit welchen Komplexitäten es heutzutage nicht nur eine Zentralbank in der globalen Wirtschaft, sondern jeder Einzelne von uns zu tun hat. Wir bewegen uns in einem Umfeld mit stärkerer Differenzierung zwischen verschiedenen systemisch wichtigen Schlüsselakteuren in den nationalen und globalen Volkswirtschaften.

Insgesamt scheinen sich die Aussichten für die Industrienationen nach dem Schock durch die globale Finanzkrise durch wirtschaftliche Gesundung und Bilanzsanierung etwas verbessert zu haben. Doch diese Verbesserungen sind keineswegs überall zu finden, und sie sind noch nicht tief verwurzelt. Noch immer gibt es eine ganze Reihe von strukturellen Hemmnissen. Gleichzeitig hat sich die Wirtschaft der Schwellenländer abgeschwächt. Dadurch nimmt die Streuung auf vielen Ebenen zu und verstärkt eine Zweiteilung bei den individuellen Erfolgen und Chancen. Ungleichheit, politische Instabilität und die Aushöhlung der Mittelschicht nehmen potenziell zu, und es wird schwieriger, von außergewöhnlich spannenden Innovationen wirklich zu profitieren.

Zusammengenommen kann man all das als die Zutaten zu einer »neuen neuen Normalität« betrachten, in der das Wohlergehen von aktuellen und künftigen Generationen von einer zunehmend zweigeteilten Entwicklung der wirtschaftlichen, finanziellen, institutionellen, politischen, gesellschaftlichen und technischen Einflussfaktoren abhängt.

Dies ist die Welt, in der die Zentralbanken – und jeder Einzelne von uns – heute zurechtkommen müssen. Sie ist das bedeutsame Ergebnis eines unerwartet langen Zeitraums, in dem die Zentralbanken der wichtigste und meistens sogar der einzige verantwortungsbewusste Akteur in der Wirtschaftspolitik waren. Mit diesem Ergebnis hätten, wenn überhaupt, nur die wenigsten von ihnen selbst gerechnet, als sie im Jahr 2008 mutig einschritten, um die Weltwirtschaft zu retten, und anschließend mehr politische Verantwortung übernahmen.

Wir alle sind den Zentralbanken zu großem Dank verpflichtet. Indem sie inmitten einer massiven Finanzkrise mutig und innovativ handelten, haben sie dazu beigetragen, dass der Welt eine mehrjährige Rezession erspart geblieben ist, die eine Katastrophe für unsere Generation und die unserer Kinder gewesen wäre. Bei diesem Prozess haben sie ihre früheren Fehler zum Teil wieder wettgemacht, unter anderem dass sie am Steuer eingeschlafen waren, als sich eine wachsende Zahl von Banken, Haushalten und Unternehmen verantwortungslos ein Bündel von Risiken nach dem anderen ins Haus holte.

Mit ihrem Erfolg darin, grundlegend dysfunktionale Märkte zu normalisieren und eine Finanzkrise zu beenden, die das globale Wirtschaftsgeschehen fast komplett zum Stillstand gebracht hatte, war der Aktivismus der Zentralbanken noch nicht beendet. Denn nachdem ihnen das gelungen war, stellten sie fest, dass es niemanden gab, dem sie den Stab für die nächste Phase der wirtschaftlichen Erholung hätten übergeben können. Also hatten sie den Eindruck, nichts anderes tun zu können, als beispiellos große Verantwortung für die makroökonomische Entwicklung auf sich zu nehmen.

Das war kein Versuch, die Macht an sich zu reißen, und es war auch nichts, was die Zentralbanken von sich aus angestrebt hätten. Doch weil politische Dysfunktionalität andere politische Entscheider mit besseren Werkzeuge lähmte, sahen sie sich moralisch und ethisch verpflichtet, alles zu tun, was sie können, um Zeit zu erkaufen, damit der Privatsektor gesunden kann und das politische System wieder handlungsfähig wird, um seiner Verantwortung bei der Wirtschaftssteuerung gerecht zu werden.

In ihrer neuen Rolle übernahmen die Zentralbanken nicht nur die Führung. Sie waren es, von denen fast die gesamte politische Reaktion inhaltlich gestaltet wurde – obwohl sie dafür naturgemäß nichts einsetzen konnten als nur teilweise wirksame und geeignete Maßnahmen.

Dadurch mussten sich die Zentralbanken immer tiefer in den Bereich experimenteller Politik drängen lassen. Anschließend blieben sie dort viel länger, als irgendjemand erwartet hätte und als sie anfangs wahrscheinlich selbst gehofft hatten.

Politische Entscheidungen bringen oft schwierige Zielkonflikte mit sich. In der aktuellen Phase des modernen Zentralbankwesens war es nicht anders, allerdings mit einer wichtigen Einschränkung: In diesem Fall hatten die Zentralbanken keine Möglichkeit, auf zuverlässige Erkenntnisse und Informationen aus historischen Präzedenzfällen, analytischen Modellen oder früheren Erfahrungen der Politik zurückzugreifen. Es gab nichts, was sie richtig leiten und begründeten Optimismus rechtfertigen konnte.

Auf der positiven Seite ist es den Zentralbanken mit ihren unkonventionellen Maßnahmen tatsächlich gelungen, erheblich Zeit und Spielraum zu gewinnen, damit andere ihr Haus in Ordnung bringen konnten. Sie ermöglichten eine Bilanzsanierung im Privatsektor, beginnend bei den Banken und dann auch bei Unternehmen und Haushalten. Sie leisteten Beiträge für mehr Wachstum, wenn auch frustrierend zögerlich, und in den USA zusätzlich zur Entstehung einer großen Zahl von neuen Stellen.

Wie eifrige Ingenieure bauten die Zentralbanken die beste Brücke, die mit den begrenzten Materialien, die ihnen zur Verfügung standen, möglich war. Doch egal wie lang diese Brücke wurde: Sie konnten nie ganz allein dafür sorgen, dass sie in die richtige Richtung führt.

Wahr ist, dass die Gesundung des Privatsektors zu wieder erstarkendem Wachstum beiträgt. Tatsächlich ist sie eine unverzichtbare Bedingung dafür. Doch nach zu vielen Jahren mit fehlgeleiteten und unvollständigen Wachstumsstrategien – unter anderem wurde viel zu viel Gewicht auf die Finanzbranche gelegt und zu wenig auf echte Investitionen in Produktionskapazität – reicht allein das nicht mehr aus. Hohes inklusives Wachstum und anhaltende Finanzstabilität erfordern eine umfassendere Reaktion der Politik, bei der andere staatliche Stellen die Zentralbanken in ihren Bemühungen stetig und ernsthaft unterstützen.

Gegenüber den Zentralbanken sollte man nicht zu hart sein. Schließlich verfügen sie, so gern sie es auch anders hätten, nicht über die politischen Mittel, um die Produktivität durch Infrastrukturmodernisierungen, bessere Bildungsmöglichkeiten, Arbeitsmarktreformen und Ähnliches zu erhöhen. Sie haben keinerlei Möglichkeit, die wachstumsfeindlichen

Elemente von antiquierten fiskalischen Strukturen zu minimieren, die voll sind mit verzerrenden Schlupflöchern, die Einzelinteressen begünstigen und der Gesellschaft als Ganzes schaden. Und sie sind weitgehend machtlos gegen Bereiche mit hartnäckig überhöhten Schulden, die jede wirtschaftliche Dynamik zerstören und neue Investitionen verhindern.

Die Zentralbanken mögen genau wissen, dass dies erforderlich wäre, aber trotzdem können sie keine unvollständigen regionalen und internationalen Wirtschaftsarchitekturen zu Ende bauen. Zum Beispiel können sie bestenfalls zwei der vier Beine fertigstellen, die für eine stabile und florierende Eurozone nötig sind – und selbst dafür brauchen sie die Unterstützung der politischen Führung. Auf der multilateralen Ebene wiederum sind sie ständig frustriert über das Scheitern ihrer Bemühungen darum, ihren erfolgreichen Austausch im Rahmen der BIZ auf die größeren globalen Zusammenkünfte zu übertragen, bei denen die Finanzministerien deutlich mehr zu sagen und zu bewirken haben.

Viele im Privatsektor – erst Unternehmen und Banken, dann Haushalte – haben die von den Zentralbanken erkaufte Zeit genutzt, um ihre Bilanzen zu reparieren. Doch die Weltwirtschaft insgesamt hat noch nicht zu einer guten Form zurückgefunden. Darüber hinaus droht ihr eine schädliche Verringerung ihres Potenzials für die Zukunft. Und trotz der immer erdrückenderen Belege für seine Notwendigkeit verschließen sich viele noch immer dem Ruf nach einem operativen Neustart, wie er aus der Praxis zu hören ist.

Wie weiter oben in diesem Buch erklärt, könnten die Zentralbanken zwar durchaus noch ein kleines bisschen mehr tun. Vor dem Hintergrund der massiven Herausforderung verblassen diese Möglichkeiten jedoch. Die Zentralbanken – und jeder Einzelne von uns – sind darauf angewiesen, dass sich die Regierungen mit einer umfassenden politischen Reaktion in den vier oben genannten Bereichen einschalten.

Jedoch werden Regierungen in aller Welt von politischer Dysfunktionalität behindert, sodass ihre Reaktion weiterhin unzureichend ausfällt. Einige von ihnen haben zwar teilweise Fortschritte gemacht, doch zu viele sind immer noch von politischen Pattsituationen gelähmt. Und alle scheinen sich über eine Ausrede zu freuen, dank der sie sich auf die Hyperaktivität der Zentralbanken konzentrieren können statt auf ihre eigene Ineffektivität. In der Zwischenzeit verstärkt hohe Arbeitslosigkeit den Zulauf zu nicht traditionellen Parteien, belastet ohnehin bereits stark angespannte soziale Sicherungsnetze weiter und sorgt für enorme Ungleichheit bei Einkommen, Vermögen und Chancen.

Gleichzeitig sind auch andere Gefahren größer geworden – Risiken, die wir nicht ignorieren dürfen.

Unsere größte Sorge sollte nicht etwa einen bevorstehenden Inflationsschub betreffen, ausgelöst von der Ausweitung der Zentralbank-Bilanzen und den enormen Liquiditätsinjektionen. Ebenso sollte sie nicht in der ziemlich merkwürdigen Vorstellung liegen, dass die Zentralbanken das Funktionieren der Märkte stören werden, wenn sie ihre großen Bestände an gekauften Wertpapieren abstoßen. Denn das werden sie nicht tun.

Ernsthaft Sorgen machen sollten wir uns stattdessen über die möglichen Konsequenzen von exzessiver Risikobereitschaft im Finanzbereich, Ressourcen-Fehlallokationen und Gefahren für das zuverlässige Funktionieren sowie die Stabilität der Märkte.

Darüber hinaus hat nach einer Periode mit ausgeprägter Einheitlichkeit eine Zeit der zunehmenden Divergenz begonnen. Diese starke Differenzierung könnte ohnehin bereits schwerwiegende wirtschaftliche, finanzielle, institutionelle, politische und gesellschaftliche Herausforderungen noch weiter verkomplizieren.

Die auseinanderlaufende Wirtschaftsentwicklung unter den systemisch wichtigen Ländern führt dazu, dass die einflussreichsten Zentralbanken unterschiedliche geldpolitische Haltungen einnehmen (insbesondere die EZB auf der einen und die Fed auf der anderen Seite). Diejenigen, die noch im entschlossenen Stimulierungsmodus sind, werden deshalb mehr tun müssen, um dieselbe Wirkung zu erzielen. Andere, die mit dem Ausstieg aus einem langen Zeitraum mit quantitativer Lockerung begonnen haben, werden hart daran arbeiten müssen, diesen Teil ihrer außergewöhnlichen mehrjährigen Reise so zu gestalten, dass die Kurse an den Märkten nicht vorsorglich und voreilig auf die letztlichen Bewertungen springen, was die geordnete Abwicklung des Ausstiegs gefährden würde.

Zugleich bringt die Divergenz Herausforderungen für das internationale Währungssystem insgesamt mit sich. Ohne umfassende Antworten der Politik und vernünftige multilaterale Kooperation entfällt die Hauptlast für den weltweiten Ausgleich (also die Lösung der Herausforderung, die Weltwirtschaft im Gleichgewicht zu halten) auf die Wechselkurse – nicht weil sie dafür besonders gut geeignet wären, sondern weil es so wenige Alternativen gibt. Doch auch die Devisenmärkte sind schon angespannt.

Zudem ist die Geschichte in Bezug auf das, was nach starken Verschiebungen bei den bedeutenden Währungen passiert, nicht unbedingt beruhigend: Derartige Bewegungen neigen dazu, etwas zu zerstören.

Hinzu kommen noch die Disruptionen von unten. Noch nie hatte jeder Einzelne so gute Möglichkeiten, sein Schicksal selbst in die Hand zu nehmen. Die Bürger von heute erwarten deutlich mehr von Unternehmen – ob es um Güter und Dienstleistungen geht oder um Governance und Corporate Responsibility. Die Unternehmen haben es unterdessen mit tatsächlichen und potenziellen Disruptionen durch Konkurrenten aus anderen Welten zu tun, die leidenschaftlich ihre eigenen Kernkompetenzen zum Einsatz bringen; und nur wenige von ihnen sind gut in »Selbstdisruption«.

Die Welt, in der wir leben, wird von oben, unten und den Seiten gleichzeitig erschüttert. Ob man von oben nach unten blickt oder von unten nach oben: In beiden Fällen ist die Welt höchst veränderlich, was sich aus guten Gründen noch nicht vollständig in den Kursen am Markt niedergeschlagen hat.

Die entscheidende Restriktion für eine Lösung für all das liegt zum Glück nicht mehr in einem Mangel an Wissen darüber, welche Reaktionen auf der Ebene von Einzelpersonen, Unternehmen, Staaten, Regionen und der ganzen Welt erforderlich sind. Es geht nur noch um die Umsetzung – politisch und persönlich.

Zwar hat es frustrierend lang gedauert, bis man aus der zyklischen Denkweise ausbrechen konnte, doch inzwischen herrscht auf beiden Seiten des Atlantiks Einigkeit darüber, dass es wichtig ist, auch längerfristige und strukturelle Aspekte zu berücksichtigen. Das Ergebnis ist ein relativ weitgehender Konsens unter Ökonomen darüber, dass die in diesem Buch beschriebene Politik mit vier Beinen erforderlich ist – also verstärkte Strukturreformen, eine Neujustierung der Gesamtnachfrage, die Erleichterung von erdrückenden Schuldenüberhängen und eine Modernisierung der globalen Architekturen.

Je länger die Welt auf solche umfassenden Reaktionen warten muss, desto stärker werden die zehn oben genannten einzelnen, aber einander verstärkenden Kräfte das Erreichen von Stabilität und Nachhaltigkeit gefährden. Auf dem aktuellen Weg können wir ohnehin nicht mehr lange bleiben. Denn wir nähern uns rapide einem Wendepunkt, ab dem die Zentralbanken feststellen werden, dass ihr geldpolitisches Vorgehen zunehmend unwirksam wird. Wenn die Finanzvolatilität zunimmt, wird irgendwann eine Grenze erreicht: Es wird dann nicht mehr möglich sein, Finanzrisiken künstlich zu unterdrücken, ohne sie gleichzeitig völlig von ihrer Verankerung an Fundamentaldaten zu lösen. An einem bestimmten Punkt, und meiner Meinung nach kommen wir ihm rasch näher, wird die Lage kippen.

Trotzdem – und das ist *sehr* wichtig – muss es in der nächsten Phase nicht zwingend zu einer Verschärfung der wirtschaftlichen, finanziellen, geopolitischen, institutionellen, politischen und gesellschaftlichen Misere kommen. Nichts davon ist unvermeidlich. Worauf es hier ankommt, sind unsere Entscheidungen, und deren Bedeutung ist ausgesprochen groß.

Natürlicherweise konzentrieren sich viele der aktuellen Kommentare über die potenzielle »Boom-oder-Niedergang«-Gabelung auf das schreckliche Ergebnis, nicht nur in wirtschaftlicher und finanzieller Hinsicht, sondern auch institutionell, politisch und gesellschaftlich. Ja, wir leben in einer beängstigenden Welt – einer Welt, in der unzureichendes Wachstum und die Rückkehr von Finanzinstabilität verlorene Generationen, zunehmende Ungleichheit, verbreitete Armut und politischen Extremismus mit sich bringen könnten. Doch es wäre falsch, die andere Richtung komplett zu ignorieren, denn ihre Wahrscheinlichkeit ist derzeit in etwa gleich hoch wie die für die erste. Die von mir in diesem Buch beschriebene T-Kreuzung gibt es wirklich.

Und so könnte dieser andere Weg aussehen: Unterstützt von einer anziehenden Wirtschaft, entschließen sich die Regierungen endlich, ihre Verantwortung zum Handeln ernst zu nehmen (der »Sputnik-Moment«), und flankiert von mehr multilateraler Abstimmung in der Politik bewegen wir uns in die Richtung von eindeutig besseren Ergebnissen. Das verbesserte Gesamtumfeld ermöglicht den produktiven Einsatz von reichlich darauf wartendem Geld. Bemerkenswerte Innovationen werden beschleunigt und verstärken die vorteilhafte Entwicklung. Um dazu die Rede von Andrew McAfee auf dem Londoner Kongress über die Zukunft der Arbeit, ausgerichtet im März 2015 von World Post, zu zitieren: »Bislang haben wir noch gar nichts gesehen, (...) denn dies sind die besten wirtschaftlichen Entwicklungen in der Geschichte der Menschheit.« Der Beginn von starkem, inklusivem Wachstum hätte als Basis also echte

Finanzstabilität einschließlich der Chance, aus überhöhter Verschuldung herauszuwachsen.

So sehr wir es auch versuchen mögen: Es ist fast unmöglich, exakt vorherzusagen, wann wir die T-Kreuzung erreichen und welche Richtung wir dann einschlagen werden. Gleichzeitig aber ist dies eine Erinnerung daran, dass nichts an unserer Zukunft vorherbestimmt ist. In der aktuellen Situation geht es weniger um Schicksal als um die Alternativen, für die wir uns letztlich kollektiv entscheiden, ob bewusst oder unbewusst. Die entscheidende Frage lautet damit, wie gut wir zurechtkommen, wenn wir unsere Komfortzone verlassen müssen – denn wie ich auf derselben Londoner Konferenz betont habe, waren solche Situationen in der Vergangenheit oft eine wichtige Probe für das Wohlergehen von Gesellschaften. Und es geht um die Frage, was wir jetzt tun können, um unsere Erfolgswahrscheinlichkeit zu erhöhen.

Eine verführerische Vorgehensweise wäre, darauf zu warten, dass andere für Besserung sorgen. Wenn Regierungen die Brücken nutzen, die Zentralbanken mit hohen Kosten für sie gebaut haben, könnten und sollten sie angesichts ihrer zentralen Stellung im politischen System viel dafür tun, die Wahrscheinlichkeitsverteilung bei den zukünftigen Ergebnissen zu beeinflussen, sowohl im Alleingang als auch durch bessere multilaterale Kooperation und über öffentlich-private Partnerschaften. Jeder Einzelne von uns kann sich zumindest dafür einsetzen.

Aber es geht nicht nur darum, dass die Regierungen ihrer Verantwortung gerecht werden. Auch wir als Privatpersonen können und sollten aktiv werden und nicht nur darauf warten, dass der Staat für uns handelt. Anfangen können wir, indem wir uns bewusst machen, was vor uns liegt, warum das so ist, und was sich in dieser Lage tun lässt. Dadurch erklärt sich auch, dass der Schwerpunkt dieses Buchs auf dem Umgang mit bimodalen Verteilungen liegt, denen es an den beruhigenden Eigenschaften von Normalverteilungen mangelt.

Zur Erinnerung: Bei den Erwartungen in Bezug auf zukünftige Ereignisse sind die meisten von uns darauf konditioniert, dass ihre Wahrscheinlichkeiten einer ordentlichen Normalverteilung folgen, sodass die Wahrscheinlichkeit für ein bestimmtes Ereignis klar am höchsten ist. Wenn stattdessen eine bimodale Verteilung vorliegt, besteht die Gefahr, dass unsere Reaktionsfunktion deutlich weniger effektiv wird, was zu einer vollständigen Lähmung oder (ebenfalls suboptimal) zu aktiver Untätigkeit führen kann.

Diesen grundlegenden Punkt zu erkennen und zu verstehen, ist der erste Schritt bei dem Versuch, besser mit dem zurechtzukommen, was vor uns liegt. Allerdings ist er nur eine notwendige Bedingung, keine ausreichende. Hinzukommen müssen die richtigen Werkzeuge, überarbeitete Strukturen, modernisierte Prozesse, offenes Denken und Verhaltensänderungen.

Wie in diesem Buch ausgeführt, werden in den kommenden Jahren diejenigen Akteure Erfolg haben, die über erhebliche kognitive Diversität verfügen, ihre blinden Flecken in den Griff bekommen und hart daran arbeiten, offene wie versteckte Verzerrungen zu überwinden. Sie werden auf intelligente Weise mit Szenarioanalysen arbeiten. Sie werden aktiv um Beiträge von außen bitten, nicht etwa um ihre bestehende Meinung zu bestätigen, sondern um den Prozess der weiteren Überlegungen zu bereichern. Sie werden Strukturen einsetzen, um Unterstützung bei einigen ihrer schwierigen Vorhaben zu bekommen. Sie werden häufig, interaktiv und intelligent kommunizieren. Und sie werden sich auf unterschiedlichen Ebenen die Mikrokräfte zu eigen machen, die das Potenzial haben, ganze Segmente zu transformieren.

Diese Akteure werden ihre Kernkompetenzen weiterentwickeln und externes Wissen einholen. Sie werden den schnell veränderlichen Präferenzen und Interaktionsweisen ihrer Kunden weitaus näher sein, sodass ihre frühere Orientierung an »Großhandel« Platz macht für mehr Individualität. Sie werden sowohl die internen Daten besser nutzen, die sie selbst generieren, als auch von außen zugelieferte Erkenntnisse, um zu experimentieren, zu konsolidieren und zu reagieren. Sie werden ihren wachsenden Schatz an nützlichen Daten schützen. Sie werden selektiv Selbstdisruption betreiben.

Einfacher ausgedrückt: Erfolg haben werden diejenigen Akteure, die es schaffen, eine beeindruckende Mischung aus Optionalität, Widerstandsfähigkeit und Agilität zu entwickeln; dies gilt umso mehr, je näher wir der T-Kreuzung kommen. Denn:

- Optionalität hilft dabei, besser mit erhöhter Unsicherheit zurechtzukommen,

- Resilienz schafft bessere Voraussetzungen dafür, mit größeren und neuen Risiken umzugehen, und

- Agilität erhöht die Reaktionsfähigkeit, auch wenn es darum geht, die Vorteile von Volatilität auszunutzen.

Alle drei zusammen erinnern mich an die Aussage von Winston Churchill: »Erfolg ist nicht final, Scheitern ist nicht fatal: Worauf es ankommt, ist der Mut, weiterzumachen.« Schließen möchte ich deshalb mit einem Beispiel, auf das mich vor einigen Jahren Don Sull aufmerksam gemacht hat.

Passend für ein Buch, das von einem Sportfan (wenn auch in einer anderen Sportart) geschrieben wurde, stammt das Beispiel nicht aus der Welt der Unternehmen und Regierungen, und es hat auch nichts mit Wirtschaft, Ökonomie, Finanzen oder Politik zu tun. Stattdessen kommt es aus der Welt des Schwergewichtsboxens.

Im Oktober 1974 fand in Kinshasa, der Hauptstadt von Zaire (heute: Demokratische Republik Kongo), der »Rumble-in-the-Jungle«-Kampf zwischen zwei ungleichen Gegnern statt – ein starker, ungeschlagener Weltmeister (George Foreman) trat gegen einen viel älteren Boxer an, der seine beste Zeit schon deutlich hinter sich hatte (Muhammad Ali). Die Experten waren sich einig, dass Foreman problemlos gewinnen würde. Schließlich hatte er schon mehrmals seine überwältigende Stärke demonstriert und die meisten seiner Gegner k. o. geschlagen. Der alternde Ali dagegen war längst nicht mehr in der Lage, »zu schweben wie ein Schmetterling« oder gar »zu stechen wie eine Biene«.

Die große Frage vor dem Kampf lautete deshalb nicht, wer gewinnen würde. Die Experten rechneten einmütig mit einem Sieg von Foreman, und man ging davon aus, dass es einer der einseitigsten Weltmeisterschaftskämpfe in der Geschichte des Boxens werden würde.

Die Unsicherheit lag woanders: Offen war, wie gravierend die Verletzungen sein würden, die sich Ali bei seiner verheerenden Niederlage zuziehen würde; die Prognosen reichten von schwer bis lebensgefährlich.

Letztlich aber war es stattdessen Ali, der Foreman in der achten Runde k. o. schlug. Der Kampf war vorbei. Es war einer der größten Aufreger aller Zeiten. Und er sorgte für das Interesse der Wissenschaft.

Wie sich zeigte, hatte Alis Team erkannt, dass es vor einer bimodalen Verteilung stand, wenn auch einer sehr unausgewogenen. Entweder würde Ali ernsthafte Verletzungen davontragen (die wahrscheinlichere rechte Seite) oder er würde so etwas wie ein Wunder schaffen (die deutlich unwahrscheinlichere linke Seite). Mit einem relativ normalen Verlauf jedenfalls war nicht zu rechnen, und der Kampf würde mit Sicherheit nicht zu denjenigen zählen, in denen Ali volle fünfzehn Runden durchhalten und darauf hoffen konnte, nach Punkten zu gewinnen.

Alis Trainer erkannten, dass sie anders arbeiten und sich intelligent anpassen mussten, wenn sie irgendeine Chance haben wollten, die Wahrscheinlichkeiten der beiden Seiten ein wenig näher zueinander zu bringen. Sie mussten eine Möglichkeit finden, die Wahrscheinlichkeit für das schlechte Ergebnis zu verringern und die für das gute zu erhöhen. Dazu mussten sie Ali seinen lange gepflegten Kampfstil abtrainieren. Sie mussten über alternative Vorgehensweisen nachdenken.

All das brachte das Ali-Team dazu, das Trainingsprogramm grundlegend umzustellen. Das Ziel war mehr Widerstandsfähigkeit und Agilität – und damit auch deutlich mehr Optionalität.

Mehr Widerstandsfähigkeit sollte Ali helfen, trotz der Prügel, die er wahrscheinlich würde einstecken müssen, im Kampf zu bleiben. Agilität sollte ihm die Möglichkeiten eröffnen, zuzuschlagen, wenn sich eine Lücke dafür bot, weil Foreman unaufmerksam oder müde wurde. Um die Erfolgschancen zu erhöhen, dachte das Team außerdem intensiv darüber nach, ob es Strukturen nutzen könnte, die ihm bei dem schweren Kampf helfen.

Nachdem die andersartige Verteilung der zu erwartenden Ergebnisse erkannt war, wurde Alis Trainingsprogramm einer fundamentalen Umgestaltung unterzogen. Er verbrachte jetzt deutlich mehr Zeit damit, unbewegt im Ring zu stehen und eine enorme Menge an Schlägen und Schmerzen wegzustecken – Tag für Tag.

Doch das war noch nicht alles. Zu Beginn des Kampfes an jenem Tag im Oktober tat Ali etwas, was bis dahin als absichtliche Strategie undenkbar gewesen wäre: Statt sich in die Mitte des Rings zu begeben und dort zu tänzeln, lehnte sich Ali an die Seile. Dort blieb er einfach stehen und hob seine Hände und Arme, um seinen Körper so gut wie möglich zu schützen.

Anfangs waren alle überrascht, und dann kamen die meisten Zuschauer bei dem Kampf zu dem Schluss, dass Alis Strategie ein riesiger Fehler sei. Doch sie täuschten sich. Tatsächlich handelte es sich um eine riskante

Entscheidung, die darauf ausgelegt war, einen Teil der Wucht der Schläge abzuleiten, die Ali von Foreman kassieren würde. Später wurde dieser Taktik die Bezeichnung »Rope-a-dope« (in etwa: Bleib am Seil) gegeben.

Der amerikanische Autor und selbst gelegentliche Boxer Norman Mailer erklärt Alis Strategie wie folgt: »Wenn man steht, ist es schmerzhaft, einen schweren Schlag zum Körper zu absorbieren, sogar wenn man ihn mit den Armen abblockt. Der Schock trifft den Oberkörper, die Beine und das Rückgrat. Wenn Ali dagegen am Seil lehnt, kann er die Kraft weiterleiten, sodass die Belastung im Seil landet.«[185] Das war es, was Ali eine Optionalität gab, die ihm ansonsten nicht zur Verfügung gestanden hätte.

Sieben lange Runden über kassierte Ali eine unglaubliche Menge an Schlägen von einem starken Foreman, der darauf abzielte, ihn k. o. zu schlagen. Doch Foreman wurde müde. In der achten Runde sah Ali eine Lücke. Er zeigte enorme Agilität, nutzte die Chance sofort und schlug Foreman seinerseits k. o.

Diese Geschichte hat mit mehr zu tun als nur damit, eine bimodale Verteilung zu erkennen, richtig darauf zu reagieren und dabei enge Denkweisen, überholte Modelle und blinde Flecken hinter sich zu lassen: Sie handelt auch davon, wie man aktiv daran arbeiten kann, in einem solchen Fall die Verteilung der zwei Seiten zugunsten des besseren Ergebnisses zu verändern. Darüber hinaus lässt sie erkennen, wie wichtig es ist, sich Strukturen zunutze zu machen, neue Erkenntnisse zu berücksichtigen und Pläne anzupassen, die in der Vergangenheit gut funktioniert haben mögen, angesichts eines ungewöhnlich unsicheren Ergebnisses jedoch eine Überarbeitung benötigen. Und sie zeigt die engen Verbindungen zwischen Optionalität, Widerstandsfähigkeit und Agilität.

Diese Erkenntnisse lassen sich auch auf die Herausforderungen übertragen, mit denen Einzelpersonen, Haushalte, Unternehmen, Regierungen und das multilaterale System heutzutage konfrontiert sind.

Die Regierungen müssen endlich erkennen, dass sie sich nicht mehr darauf verlassen können, dass die Zentralbanken ihnen die schwierige Arbeit abnehmen. Ein umfassenderes Vorgehen der Politik ist dringend erforderlich und auch möglich. Wenn sie den politischen Willen und die Führungsstärke dafür aufbringen, können Regierungen dafür sorgen, dass die erhebliche produktive Kraft der Unterbeschäftigten und Arbeitslosen ebenso zum Einsatz kommt wie die von ungenutzter Liquidität in den Bilanzen von Unternehmen, von entfremdeten jungen Menschen, von besserer globaler Politikkoordination und von bedeutenden Innovationen, deren vorteilhafte Auswirkungen kurz davor stehen, die Gesamtwirtschaft zu erreichen. Ebenfalls reif ist die Zeit dafür, dass Unternehmen und Haushalte mehr tun, um ihr Schicksal in die eigene Hand zu nehmen – und zwar unabhängig davon, in welche der möglichen Richtungen es nach der T-Kreuzung weitergeht.

Für die Zentralbanken steht bei alldem enorm viel auf dem Spiel. Nachdem sie dazu gezwungen wurden, zum alleinigen Retter zu werden, stellen sie jetzt fest, dass sie ihr Schicksal nicht mehr vollkommen oder auch nur weitgehend selbst kontrollieren können. Was nach der außergewöhnlichen Zeit mit extremen geldpolitischen Experimenten kommt, liegt in der Hand von Regierungen und Parlamenten.

Sollte das politische System endlich seiner Verantwortung für die Wirtschaftssteuerung gerecht werden, wird sich die riskante Geldpolitikwette der Zentralbanken ausgezahlt haben. Sie werden für ihren Mut, ihre Klugheit und ihr Urteilsvermögen gefeiert werden. Und ihre politische Autonomie und operative Unabhängigkeit werden ihnen erhalten bleiben.

Wenn das politische System jedoch straucheln sollte, würde es die Zentralbanken noch stärker treffen. Statt als entscheidender Teil der Lösung angesehen zu werden, wird es heißen, sie hätten zu Problemen beigetragen, die aktuelle wie künftige Generationen plagen werden. Letztlich würde die Weltwirtschaft dadurch die Effektivität einiger ihrer wichtigsten Akteure verlieren.

Kaum jemals befand sich die weltweite Wirtschaft auf einem derartigen Weg zu einer T-Kreuzung. Fast nie waren die Alternativen so verschieden. Und nur selten stand dabei so viel auf dem Spiel wie heute.

Wo wir am Ende landen werden, hat immer noch mit Entscheidungen zu tun und nicht bloß mit Schicksal. Viel wird natürlich von der Bereitschaft und Fähigkeit der Regierungen abhängen, den Zentralbanken mit einer verantwortungsbewussteren Politik zur Seite zu treten – auf nationaler, regionaler und multilateraler Ebene. Das heißt jedoch nicht, dass sich der Rest von uns mit einer passiven Beobachterrolle zufriedengeben sollte. Es gibt viel, das wir tun können und sollten, um dazu beizutragen, dass sich die Chancen auf gute Ergebnisse erhöhen; zugleich verbessern wir damit unsere Fähigkeit, auch mit schlechten Ergebnissen zurechtzukommen, falls die Welt an der T-Kreuzung die falsche Richtung einschlägt. Wir müssen deutlich mehr Zeit damit verbringen, unsere Reserven an

Agilität, Optionalität und Widerstandsfähigkeit wieder aufzufüllen. Dazu brauchen wir aufgeschlossenes Denken und sollten ernsthaft die Möglichkeit in Betracht ziehen, dass das, was in der Vergangenheit gute Dienste geleistet hat, in Zukunft weniger effektiv sein wird.

Danksagung

Dieses Buch ist das Ergebnis von mehreren Jahren Lektüre, Beobachtungen, Nachdenken und, am wichtigsten, Diskussionen. Ohne die beeindruckende Unterstützung, die ich von Familie, Freunden, Kollegen und Bekannten bekommen habe, wäre es nicht geschrieben worden; ebenso nicht ohne die wunderbaren Gelegenheiten zum Austausch, die ich mit politischen Entscheidungsträgern, Vordenkern und scharfen Beobachtern von Weltwirtschaft, Märkten, moderner Zentralbankarbeit und Verhaltenswissenschaft hatte; nicht ohne das äußerst anregende Umfeld, das mir meine beruflichen Tätigkeiten geboten haben; und auch nicht ohne die Inspiration, Unterstützung und Begleitung einiger wirklich besonderer Menschen.

Erstmals kam mir die Idee für dieses Buch, als Rich Miller mich fragte, wie ich in einem Satz zusammenfassen würde, welche bedeutenden wirtschaftlichen Probleme in den nächsten Jahren auf uns zukommen. Das war im Oktober 2012, und wir hatten uns zusammen mit seinem Kollegen Simon Kennedy von Bloomberg News am Rande der Jahressitzungen von IWF und Weltbank zum Mittagessen getroffen. Als wir von diesem stimulierenden Treffen aufbrachen, brachte Rich mich auf eine gedankliche Reise, die zu dem führte, was Sie in diesem Buch lesen können. Und das ist nur eines der Beispiele dafür, wie Rich und Simon mich viele Jahre lang mit ihren hochinteressanten Bemerkungen und Kolumnen informiert und inspiriert haben.

Mein Agent Andrew Wylie hat mich unglaublich motiviert, angeregt und beraten. Will Murphy bei Random House hat eine unverzichtbare Rolle dabei gespielt, mich durch den Produktionsprozess für das Buch zu leiten und seine Qualität zu steigern. Jiachen Fu und Irene Hill haben in der Produktion und bei anderen Gelegenheiten ebenfalls geholfen und enorme und außergewöhnliche Unterstützung geleistet. Allen vieren bin ich für ihre unglaubliche Unterstützung und Ermutigung zu großem Dank verpflichtet.

Viele der Ideen in diesem Buch habe ich erstmals in häufiger erscheinenden Kolumnen erwähnt, die ich vor allem für *Bloomberg View*, die *Financial Times*, Project Syndicate, *Fortune*, *Business Insider*, *The Atlantic* und *The Huffington Post* geschrieben habe. In Gesprächen mit Freunden, Arbeitskollegen und anderen beruflichen Bekannten konnten sie weiter reifen, und auch von den Fragen der Teilnehmer bei verschiedenen Konferenzen, Seminaren und Diskussionen haben sie profitiert.

Bei meinen regelmäßigen Kolumnen war ich so privilegiert wie erfreut darüber, dass ich mit herausragenden Kollegen bei einigen der besten Medienplattformen überhaupt arbeiten und interagieren durfte. Zu ihnen zählen Jennifer Ablan, Chris Adams, Becky Anderson, Lionel Barber, Max Berley, Mike Bloomberg, Michelle Caruso-Cabrera, Jim Greiff, Andrew Hill, Arianna Huffington, Tom Keene, Joe Kernen, Betty Liu, Ken Murphy, Tim O'Brien, Richard Quest, Becky Quick, Carl Quintanilla, Sam Ro, Kate Roberts, Alec Russell, Rick Santelli, Andy Serwer, David Shipley, Pauline Skypala, Andrew Ross Sorkin, Fred Studemann, Scott Wapner und Mark Whitehouse.

Ungemein dankbar bin ich für die Unterstützung und Freundschaft meiner Kollegen bei Allianz und PIMCO. Sie waren eine hervorragende Quelle der intellektuellen Anregung für mich – ohne sie hätte ich dieses Buch nicht schreiben können. Ein besonderer Dank geht an Mike Amey, Oliver Baete, Francesc Balcells, Andrew Balls, Philippe Bodereau, Andy Bosomworth, Libby Cantrill, Suhail Dada, Chris Dialynas, Michael Diekmann, Jiachen Fu, Emilio Galli-Zugaro, Bill Gross, Michael Gomez, Irene Hill, Dan Ivascyn, John Maney, Paul McCulley, Sarah Middleton, Thomas Naumann, Lorenzo Pagani, Helmet Perlet, Sara Piccolo, Jay Ralph, Sabia Schwarzer, Marc Seidner, Scott Simon und Josh Thimons.

Über die Jahre wurde mein Denken beeinflusst und erhellt von Überlegungen, Aussagen und Treffen mit Personen, die ich zu den Giganten des modernen Zentralbankwesens zählen würde: Ben Bernanke, Mark Carney, Stanley Fischer, Arminio Fraga, Alan Greenspan, Andy Haldane, Mervyn King, Christian Noyer, Raghu Rajan, Jean-Claude Trichet, Paul Volcker und Janet Yellen. Ihre Erkenntnisse waren eine gute Ergänzung zu denen von anderen Vertretern des öffentlichen Sektors wie Olivier Blanchard, Josh Bolten und Christine Lagarde.

Zu den Menschen, denen ich wegen ihres Einflusses auf mein Denken über die Jahre zu besonderem Dank verpflichtet bin, zählen Jared Cohen, Mark Dow, Lord Eatwell, Ian Goldin, Krishna Guha, Jon Hilsenrath, Nick Knight, Gayle Lemmon, James Manyika, Jessica Mathews, Colin Powell, Scott Saunders, Eric Schmidt, Mike Spence, Anne-Marie Slaughter, Don Sull, Martin Wolf und Kollegen bei der BIZ.

Abschließend möchte ich meiner Familie und meinen engen Freunden einen ganz speziellen Dank aussprechen und ihnen meine tiefe Wertschätzung versichern.

Mit dem Schreiben dieses Buchs habe ich im Dezember 2014 begonnen, also kurz vor einem Jahr, das erhebliche Veränderungen für mich bedeutete. Inmitten all der Herausforderungen, die der Wandel unvermeidlich mit sich bringt, gab es eine kleine Gruppe von unglaublichen Menschen, die mir enorme Unterstützung und Ermutigung gegeben haben. Ich wäre mit diesem Buch nicht weitergekommen ohne die treue Freundschaft und die klugen Ratschläge von Caroline Atkinson, Francesc Balcells, Andrew Balls, Laurye Blackford, Shermeen und Suhail Dada, Chris und Sheri Dialynas, Michael und Whitney Gomez, Allison und Nick Knight, Anna und Sandro Leipold, Sindo Oliveros und Titina de Montagut, Dryden und Laila Pence, Scott und Suzanne Saunders, Shakour Shaalan, Mike Spence sowie Edi und Josh Thimons. Auch die Eltern und Kinder vom Laguna Playhouse Youth Theater und Donna Inglima, seine inspirierende Leiterin, verdienen eine besondere Erwähnung.

Während der gesamten Arbeit an diesem Buch haben mir meine Mutter, meine Schwester und ihre Familie mit einer bemerkenswerten Mischung aus Unterstützung, Ermutigung und manchmal auch ein bisschen Necken zur Seite gestanden. Und noch heute profitiere ich von den beeindruckenden Bildungschancen, die mein verstorbener Vater für uns eröffnet hat, zusammen mit seiner unglaublichen Liebe, Erziehung und Fürsorge. Er mag schon vor mehr als drei Jahrzehnten von uns gegangen sein, doch sein positiver Einfluss und seine Inspiration sind heute noch so groß wie während seines außergewöhnlichen Lebens.

Unsere wunderbare Hündin Bosa lag oft stundenlang neben mir, wenn ich am Küchentisch auf einem Laptop vor mich hin tippte. Wann immer sie eine kleine Schreibblockade bemerkte, stand sie auf und legte ihren

Kopf auf meinen Schoß, um sich ein bisschen tätscheln zu lassen und mir gleichzeitig die nötige Erfrischung und neuen Schwung zu geben.

Dann ist da noch meine unglaubliche Tochter. Ihre Klugheit, Einsichten und Talente gehen weit über das in diesem Alter Übliche hinaus. Ihre beeindruckende Liebe und ihre ständige Ermunterung haben mich in Schwung gehalten, ebenso wie ihre angenehme Gesellschaft, ihr mitreißender Geist und ihre rechtzeitigen Erinnerungen an die Abgabetermine für das Manuskript dieses Buchs (ja, den ersten habe ich verpasst). Ich bin der glücklichste Vater der Welt mit der tollsten Tochter der Welt. Und ich werde ihr nie genug danken dafür können, dass sie Mitte 2013 einen dringend benötigten Weckruf für mich hatte – meine Work-Life-Balance war völlig aus dem Gleichgewicht geraten. Der Neustart, für den sie sorgte, wurde für mich zum Auslöser für viele schöne Dinge, und ohne ihn wäre auch dieses Buch nicht geschrieben worden.

Am Ende dieser Danksagung habe ich das beunruhigende Gefühl, dass diese Auflistung der Menschen, die auf die eine oder andere Weise zum Entstehen dieses Buchs beigetragen haben, alles andere als vollständig ist. Ich entschuldige mich bei all denen, die ich aus Versehen zu erwähnen vergessen habe. Und natürlich ist keine der Personen, die ich genannt habe, verantwortlich für irgendeinen Fehler, der in diesem Buch zu finden sein könnte.

Über den Autor

Mohamed A. El-Erian ist Autor des *New-York-Times-* und *Wall-Street-Journal-*Bestsellers *When Markets Collide* und Gewinner des Preises »Business Book of the Year« von *Financial Times*/Goldman Sachs. Er wurde vier Jahre in Folge in die Liste der »Top 100 Global Thinkers« von *Foreign Policy* aufgenommen. El-Erian ist Vorsitzender des Global Development Council von US-Präsident Barack Obama und Kolumnist für *Bloomberg View*, Autor bei der *Financial Times* und Chefwirtschaftsberater der Allianz. In der Vergangenheit war er als CEO von PIMCO, als stellvertretender Direktor des Internationalen Währungsfonds, als CEO des Stiftungsfonds der Harvard University, als Geschäftsführer bei Salomon Smith Barney und als Vorsitzender des Investment Advisory Board von Microsoft tätig. Er ist Honorary Fellow des Queen's College (Cambridge University) sowie Inhaber eines Master-Abschlusses und Doktortitels von der University of Oxford. Seinen ersten akademischen Abschluss machte er an der Cambridge University.

Anmerkungen

Kapitel 2

1 Christian Noyer, »Central Banking: The Way Forward?«, Eröffnungsrede zum International Symposium of the Banque de France, 7. November 2014, https://www.banque-france.fr/uploads/tx_bdfgrandesdates/Allocution-ouverture-Noyer-Symposium-7112014-EN.pdf

2 Richard Milne, »Denmark Highlights Naked Truth About Negative Lending«, Financial Times, 8. April 2015, http://www.ft.com/intl/cms/s/0/7f4e2f4c-dde3-11e4-9d29-00144feab7de.html

3 Ben S. Bernanke, »The Economic Outlook and Monetary Policy«, Rede auf dem Federal Reserve Bank of Kansas City Symposium in Jackson Hole, Wyoming, Board of Governors of the Federal Reserve Bank, 27. August 2010, http://www.federalreserve.gov/newsevents/speech/bernanke20100827a.htm

4 Diesem Ausdruck, der einer »hochrangigen Citigroup-Führungskraft« zugeschrieben wird, bin ich zum ersten Mal begegnet in Landon Thomas, Jr. und Neil Gough, »Swiss Move Prompts Fears of Sustained Market Tumult«, New York Times, 16. Januar 2015, http://dealbook.nytimes.com/2015/01/16/currency-traders-rattled-in-wake-of-swiss-central-bank-move

Kapitel 3

5 »Quarterly Review«, Presseinformationen von Claudio Borio, Leiter des Monetary and Economic Department, und Hyun Shin, Wirtschaftsberater und Forschungsleiter, Bank für Internationalen Zahlungsausgleich, 5. Dezember 2014, http://www.bis.org/publ/qtrpdf/r_qt1412_ontherecord.htm

6 »Central Banks Lift the Veil on More of Their Secrets«, Financial Times, 14. Dezember 2014, http://www.ft.com/intl/cms/s/0/64d1c072-8206-11e4-a9bb-00144feabdc0.html

7 Alan Greenspan, interviewt von Maria Bartiromo, CNBC, 17. September 2007

8 Joseph M. Bessette und John J. Pitney, Jr., American Government and Politics: Deliberation, Democracy, and Citizenship (Andover, MA: Cengage Learning, 2011)

9 »Central Banks Lift the Veil on More of Their Secrets«, Financial Times, 14. Dezember 2014, http://www.ft.com/intl/cms/s/0/64d1c072-8206-11e4-a9bb-00144feabdc0.html

10 Neil Irwin, »The Goal of 2% Inflation, Rethought«, New York Times, 21. Dezember 2014, http://www.nytimes.com/2014/12/21/upshot/of-kiwis-and-currencies-how-a-2-inflation-target-became-global-economic-gospel.html

11 »Central Banks Lift the Veil on More of Their Secrets«, Financial Times, 14. Dezember 2014, http://www.ft.com/intl/cms/s/0/64d1c072-8206-11e4-a9bb-00144feabdc0.html

12 Nicholas Lemann, »The Hand on the Lever«, New Yorker, Juli 2014

13 Binyamin Appelbaum, »Q and A With Charles Plosser of the Fed: Raise Rates Sooner Rather Than Later« New York Times, 30. Januar 2015, http://www.nytimes.com/2015/01/30/upshot/q-and-a-with-charles-plosser-of-the-fed-raise-rates-sooner-rather-than-later.html

14 Mohamed A. El-Erian, »Why This Market Rally Is So Unloved«, Bloomberg View, 2. September 2014, http://www.bloombergview.com/articles/2014-09-02/why-this-market-rally-is-so-unloved

15 Jack Ewing und Binyamin Appelbaum, »A Stress Test for Mario Draghi and the European Central Bank«, New York Times, 3. Januar 2015, http://www.nytimes.com/2015/01/04/business/stress-test-for-mario-draghi.html

16 Janet Yellen, »Monetary Policy and Financial Stability«, Rede zur Michel Camdessus Central Banking Lecture 2014 beim Internationalen Währungsfonds in Washington, D. C., Board of Governors of the Federal Reserve System, 2. Juli 2014, http://www.federalreserve.gov/newsevents/speech/yellen20140702a.htm

Kapitel 4

17 Andrew G. Haldane, »Growing, Fast and Slow«, Rede an der University of East Anglia, Norwich, England, 17. Februar 2015, http://www.bis.org/review/r150219b.pdf

18 Mohamed A. El-Erian, When Markets Collide: Investment Strategies for the Age of Global Economic Change (New York: McGraw-Hill, 2008)

Teil II

19 Martin Wolf, »We Are Trapped in a Cycle of Credit Booms«, Financial Times, 8. Oktober 2014, http://www.ft.com/intl/cms/s/0/1a9f058e-4d43-11e4-bf60-00144feab7de.html#axzz3Lfv9pY4D. Eine detailliertere Analyse ist zu finden in Martin Wolf, The Shifts and the Shocks: What We Have Learned – and Have Still to Learn – from the Financial Crisis (New York: Penguin Press, 2014)

Kapitel 5

20 Joan Robinson, »The Economics of Hyperinflation«, Economic Journal 48 (September 1938)

21 Mohamed A. El-Erian, When Markets Collide: Investment Strategies for the Age of Global Economic Change (New York: McGraw-Hill, 2008)

22 Eine interessante Darstellung über diesen und weitere Punkte bietet Raghuram G. Rajan, Fault Lines: How Hidden Fractures Still Threaten the World Economy (Princeton, NJ: Princeton University Press, 2010); dt.: Fault Lines – Verwerfungen. Warum sie noch immer die Weltwirtschaft bedrohen und was jetzt zu tun ist (München: FinanzBuch, 2012)

23 »Paul Krugman: Here Are 5 Big Things Paul Krugman Says He Got Wrong Over the Years«, Business Insider, November 2014, http://www.businessinsider.com/big-things-paul-krugman-got-wrong-economy-2014-11

24 William C. Dudley, »Economics at the Federal Reserve«, Rede bei der Jahresversammlung der American Economic Association 2014, Philadelphia, http://www.newyorkfed.org/newsevents/speeches/2014/dud140104.html

25 Atif Mian und Amir Sufi, House of Debt: How They (and You) Caused the Great Recession, and How We Can Prevent It from Happening Again (Chicago: University of Chicago Press, 2014); dt.: Das Schuldenhaus. Die globale Finanzkrise – warum der Konsument das Problem ist und nicht die Banken (Zürich: Orell Füssli, 2015)

26 Mark Carney, »Inclusive Capitalism: Creating a Sense of the New Systemic«, Rede bei der Konferenz Inclusive Capitalism, London, 27. Mai 2014, http://www.bankofengland.co.uk/publications/Documents/speeches/2014/speech731.pdf

Kapitel 6

27 Michiyo Nakamoto und David Wighton, »Bullish Citigroup Is ›Still Dancing‹ to the Beat of the Buyout Boom«, Financial Times, 10. Juli 2007, http://www.ft.com/intl/cms/s/0/5cefc794-2e7d-11dc-821c-0000779fd2ac.html

28 Noch im Herbst 2014 beschäftigten sich populäre Medien mit diesem Punkt. So fand sich im Geld-Ressort der Zeitung *USA Today* vom 18. September des Jahres die Schlagzeile »Die Fed singt das Lied der Wall Street«. Die – berechtigten und weniger berechtigten – Vorwürfe gingen weit über das hinaus, was der frühere Finanzminister Geithner in seinem Buch *Stress Test* erwähnt hatte. »Von außen betrachtet,

wirkt die Führung der Institution schrecklich. Die Fed ist seit jeher anfällig für den Eindruck, dass sie sich von den großen Banken vereinnahmen lässt«, hieß es darin.

29 Robin Harding, »Transcripts Reveal Drama and Fear as Fed Confronted Lehman's Implosion«, Financial Times, 21. Februar 2014, http://www.ft.com/intl/cms/s/0/ec1c3a5a-9b0f-11e3-946b-00144feab7de.html

30 Sam Fleming und Shawn Donnan, »Fed Feared Japan-Scale Crisis in 2009«, Financial Times, 5. März 2015, http://www.ft.com/intl/cms/s/0/d77aff2c-c28d-11e4-ad89-00144feab7de.html

31 Matthew O'Brien, »How the Fed Let the World Blow Up in 2008«, The Atlantic, 26. Februar 2014, http://www.theatlantic.com/business/archive/2014/02/how-the-fed-let-the-world-blow-up-in-2008/284054/

32 »A Desperate Plea – Then the Race for a Deal Before ›Sucker Goes Down‹«, Guardian, 26. September 2008, http://www.theguardian.com/business/2008/sep/27/wallstreet.useconomy1

33 Neal Collins, »Archaic BoE Was Ill-Equipped to Prevent Financial Crisis«, Financial Times, 9. Januar 2015, http://www.ft.com/intl/cms/s/0/d3db1f52-9752-11e4-845a-00144feabdc0.html

34 Joshua Zumbrun und Alaa Shahine, »Retired Bernanke Harbors Regret on Main Street's View of Bailout«, Bloomberg News, 4. März 2014, http://www.bloomberg.com/news/2014-03-04/bernanke-says-u-s-economy-seeing-progress.html

35 Timothy F. Geithner, Stress Test: Reflections on Financial Crises (New York: Crown, 2014)

Kapitel 7

36 Mario Draghi, Rede vor dem Global Investment Council, Europäische Zentralbank, 26. Juli 2012, http://www.ecb.europa.eu/press/key/date/2012/html/ sp120726.en.html

37 Jack Ewing und Binyamin Appelbaum, »A Stress Test for Mario Draghi and the European Central Bank«, New York Times, 3. Januar 2015, http://www.nytimes.com/2015/01/04/business/stress-test-for-mario-draghi.html

38 Philip Turner, »The Exit from Non-Conventional Monetary Policy: What Challenges?«, BIS Working Paper 448, Mai 2014, http://www.bis.org/publ/work448.pdf

39 »Monetary Policy Struggles to Normalize«, BIZ-Jahresbericht, 29. Juni 2014, Bank für Internationalen Zahlungsausgleich, http://www.bis.org/publ/arpdf/ar2014e5.htm

40 Mohamed A. El-Erian, »Parsing Draghi's QE Gambit«, Bloomberg View, 23. Januar 2015, http://www.bloombergview.com/articles/2015-01-23/parsing-draghi-s-qe-gambit. Siehe auch Mohamed A. El-Erian, »The ECB Can Only Buy Time for Europe's Politicians«, Financial Times, 22. Januar 2015, http://www.ft.com/intl/cms/s/0/957b9ddc-a241-11e4-bbb8-00144feab7de.htm

41 Tracy Alloway, »Markets' Misplaced Faith in Central Banks«, Financial Times, 23. Januar 2015, http://www.ft.com/intl/cms/s/0/2ad516fa-a2d4-11e4-ac1c-00144feab7de.html

42 Hyman Minsky, »The Financial Instability Hypothesis«, Working Paper No. 74, Levy Economics Institute of Bard College, 1992

43 Mohamed A. El-Erian, »Beware of Calls for QE4«, Financial Times, 17. Oktober 2014, http://blogs.ft.com/the-a-list/2014/10/17/beware-of-calls-for-qe4

44 Chris Giles, »Carney Warns on Low Interest Rates«, Financial Times, 24. Januar 2015, http://www.ft.com/intl/cms/s/0/c20266fe-a3fb-11e4-b90d-00144feab7de.html

45 Timothy F. Geithner, Stress Test: Reflections on Financial Crises (New York: Crown, 2014)

Kapitel 8

46 Jim Grant, »Monetary Policy Is a Virus That Infects Politics«, Financial Times, 5. Januar 2015, http://www.ft.com/intl/cms/s/0/14078740-9277-11e4-a1fd-00144feabdc0.htm

47 »The World Economy: In Need of New Oomph«, The Economist, 24. Mai 2014, http://www.economist.com/news/leaders/21602698-how-make-rich-worlds-recovery-stronger-and-safer-need-new-oomph

48 »In Search of a New Compass«, Bank für Internationalen Zahlungsausgleich, 29. Juni 2014, http://www.bis.org/publ/arpdf/ar2014e1.htm

49 E. S. Browning, »The ›Investor's Dilemma‹: Everything Is Expensive«, Wall Street Journal, 24. August 2014, http://blogs.wsj.com/moneybeat/2014/08/24/the-investors-dilemma-everything-is-expensive

50 Lawrence H. Summers, »Reflection on the ›New Secular Stagnation Hypotheses‹«, in: Coen Tuelings und Richard Baldwin (Hg.), Secular Stagnation: Facts, Causes, and Cures (London: CEPR Press, 2014), http://www.voxeu.org/sites/default/files/Vox_secular_stagnation.pdf

Kapitel 9

51 Mohamed A. El-Erian, »The Global Growth Quest«, Project Syndicate, 9. April 2013, http://www.project-syndicate.org/commentary/the-worldwide-search-for-new-growth-models-by-mohamed-a--el-erian

52 Matt O'Brien, »Greece's Poor Are Back to Where They Were in 1980«, Washington Post, 10. April 2015, http://www.washingtonpost.com/blogs/wonkblog/wp/2015/04/10/greeces-poor-are-back-to-where-they-were-in-1980

53 »Mohamed A. El-Erian Discusses PIMCO's Secular Outlook and Investment Implications«, Economic Outlook, PIMCO, Mai 2009, http://europe.pimco.com/EN/Insights/Pages/Secular%20Outlook%20Q%20and%20A%20May%202009%20El-Erian.aspx

54 Jim Pearce, »The New Normal – Six Years Later«, Investing Daily, 30. Januar 2015, http://www.investingdaily.com/22053/the-new-normal-six-years-later-2

55 Mohamed A. El-Erian, »The ›New Normal‹ and Its Consequential Morphing«, Journal of Indexes, 22. November 2013, http://europe.etf.com/europe/publications/journal-of-indexes/articles/9398-the-new-normal-and-its-consequential-morphing.html?start=6&Itemid=200

56 Mohamed A. El-Erian, »›The New Normal‹ Has Been Devastating for America«, Business Insider, 22. März 2014, http://www.businessinsider.com/el-erian-state-of-the-new-normal-2014-3

57 Mohamed A. El-Erian, »Europe Must Pay Heed to Japan's New Slide«, Bloomberg View, 18. November 2014, http://www.bloombergview.com/articles/2014-11-18/europe-must-pay-heed-to-japans-new-slide

58 Mohamed A. El-Erian, »Could America Turn Out Worse than Japan?«, Reuters, 31. Oktober 2011, http://blogs.reuters.com/mohamed-el-erian/2011/10/31/could-america-turn-out-worse-than-japan-2

59 Lawrence H. Summers, »U.S. Economic Prospects: Secular Stagnation, Hysteresis, and the Zero Lower Bound«, Business Economics 49, Nr. 2 (2014), http://larrysummers.com/wp-content/uploads/2014/06/NABE-speech-Lawrence-H.-Summers1.pdf

60 Christine Lagarde, »The Challenge Facing the Global Economy: New Momentum to Overcome a New Mediocre«, Rede an der Georgetown University School of Foreign Service, 2. Oktober 2014, http://www.imf.org/external/np/speeches/2014/100214.htm

61 Gauti Eggertsson und Neil Mehrota, »A Model of Secular Stagnation«, NBER Working Paper Nr. 20574, National Bureau of Economic Research, April 2014, http://www.nber.org/papers/w20574.pdf

62 Mohamed A. El-Erian, »Confronting Persistent U.S. Economic Slump«, Bloomberg View, 21. April 2014, http://www.bloombergview.com/articles/2014-04-21/confronting-the-u-s-economic-slump

63 Martin Wolf, »Why America Is Going to Win the Global Currency Battle«, Financial Times, 12. Oktober 2010, http://www.ft.com/intl/cms/s/0/fe45eeb2-d644-11df-81f0-00144feabdc0.html

64 Janet Yellen, »Monetary Policy and the Economic Recovery«, Rede vor dem Economic Club of New York, Board of Governors of the Federal Reserve System, 16. April 2014, http://www.federalreserve.gov/newsevents/speech/yellen20140416a.htm

65 Mohamed A. El-Erian, »Trial by Fire: What Crises Lie in Wait for Janet Yellen«, Foreign Policy, 7. Januar 2014, http://foreignpolicy.com/2014/01/07/trial-by-fire/

66 Raghuram Rajan, »Global Policy: A View from Emerging Markets«, Brookings Institution, Video, 10. April 2014, http://www.brookings.edu/events/2014/04/10-global-monetary-policy-view-from-emerging-markets

67 Siehe beispielsweise »The BIS Quarterly Review for December 2014: Buoyant Yet Fragile?«, 7. Dezember 2014, Bank für Internationalen Zahlungsausgleich, http://www.bis.org/publ/qtrpdf/r_qt1412.htm

68 Michael Chui, Ingo Fender und Vladyslav Sushko, »Risks Related to EME Corporate Balance Sheets: The Role of Leverage and Currency Mismatch«, Bank für Internationalen Zahlungsausgleich, 2014, http://www.bis.org/publ/qtrpdf/r_qt1409f.pdf

Kapitel 10

69 Stanley Fischer, »The Great Recession: Moving Ahead«, Rede bei einer vom schwedischen Finanzministerium ausgerichteten Konferenz, Board of Governors of the Federal Reserve, 11. August 2014, http://www.federalreserve.gov/newsevents/speech/fischer20140811a.htm

Kapitel 11

70 »Focus on Inequality and Income«, Organisation für wirtschaftliche Zusammenarbeit und Entwicklung, Direktorat für Beschäftigung, Arbeit und Soziales, Dezember 2014, http://www.oecd.org/social/Focus-Inequality-and-Growth-2014.pdf

71 Emmanuel Saez und Gabriel Zucman, »Wealth Inequality in the US Since 1913«, NBER Working Paper Nr. 20615, Oktober 2014

72 Estelle Sommiller und Mark Price, »The Increasingly Unequal Income States of America«, Economic Policy Institute, 26. Januar 2015, http://www.epi.org/publication/income-inequality-by-state-1917-to-2012

73 »17 Things We Learned About Income Inequality in 2014«, The Atlantic, 23. Dezember 2014, http://www.theatlantic.com/business/archive/2014/12/17-things-we-learned-about-income-inequality-in-2014/383917/

74 Federal Reserve Board of Governors, »Changes in US Family Finances from 2010 to 2013: Evidence from the Survey of Consumer Finances«, Federal Reserve Bulletin 100, Nr. 4 (September 2014), http://www.federalreserve.gov/pubs/bulletin/2014/pdf/scf14.pdf

75 Rakesh Kochhar und Richard Fry, »Wealth Inequality Has Widened Along Racial, Ethnic Lines Since the End of the Great Recession«, Pew Research Center, 12. Dezember 2014, http://www.pewresearch.org/fact-tank/2014/12/12/racial-wealth-gaps-great-recession

76 Thomas Piketty, Capital in the Twenty-First Century (Cambridge, MA: Belknap Press of Harvard University Press, 2014); dt.: Das Kapital im 21. Jahrhundert (München: C. H. Beck, 2014)

77 Mohamed A. El-Erian, »The Inequality Trifecta«, Project Syndicate, 17. Oktober 2014, http://www.project-syndicate.org/commentary/imf-world-bank-annual-meetings-and-inequality-by-mohamed-a--el-erian-2014-10

78 Madeline Ostrander, »What Poverty Does to the Young Brain«, New Yorker, 4. Juni 2015, http://www.newyorker.com/tech/elements/what-poverty-does-to-the-young-brain

79 Frank Bruni, »Class, Cost and College«, New York Times, 17. Mai 2014, http://www.nytimes.com/2014/05/18/opinion/sunday/bruni-class-cost-and-college.html

80 McKinsey Global Institute, »QE and Ultra-Low Rates«, 2013

Kapitel 12

81 Ian Fraser, Shredded: Inside RBS, the Bank That Broke Britain (Edinburgh: Birlinn, 2014)

82 Joshua Zumbrun und Alaa Shahine, »Retired Bernanke Harbors Regret on Main Street's View of Bailout«, Bloomberg News, 4. März 2014, http://www.bloomberg.com/news/2014-03-04/bernanke-says-u-s-economy-seeing-progress.html

83 Timothy F. Geithner, Stress Test: Reflections on Financial Crises (New York: Crown, 2014)

84 Binyamin Appelbaum, »Yellen Says Restraining the Fed's Oversight Would Be a ›Grave Mistake‹«, New York Times, 16. Juli 2014, http://www.nytimes.com/2014/07/17/business/yellen-says-constraining-fed-would-be-a-grave-mistake.html

85 Äußerungen bei einer Podiumsdiskussion, zitiert in: Jeff Kearns, »Fed's $4 Trillion Assets Draw Lawmaker Ire Amid Bubble Concerns«, Bloomberg News, 17. Dezember 2013, http://www.bloomberg.com/news/2013-12-17/fed-s-4-trillion-assets-draw-lawmaker-ire-amid-bubble-concern.html

86 Ebd.

87 Peter Eavis, »New York Fed Is Criticized on Oversight«, 21. November 2014, http://dealbook.nytimes.com/2014/11/21/new-york-fed-chief-faces-withering-criticism-at-senate-hearing

88 Liz Alderman, »Netherlands Asks Bankers to Swear to God«, New York Times, 12. Dezember 2014, http://dealbook.nytimes.com/2014/12/12/netherlands-asks-bankers-to-swear-to-god

89 Mohamed A. El-Erian, »The Threat to the Central Bank Brand«, Project Syndicate, 4. Juni 2013, http://www.project-syndicate.org/commentary/the-growing-risk-to-central-bankers--credibility-by-mohamed-a--el-erian

90 Guy Kawasaki, Enchantment: The Art of Changing Hearts, Minds, and Actions (New York: Penguin Books, 2012)

Kapitel 13

91 »The Great Fracturing«, The Economist, 21. Februar 2015, http://www.economist.com/news/leaders/21644147-britains-slide-six-party-politics-presages-instability-and-crisis-legitimacy-great

92 Mohamed A. El-Erian, »I Don't Know What Will Happen If We Default, and I Don't Want to Find Out«, The Atlantic, 10. Oktober 2013, http://www.theatlantic.com/business/archive/2013/10/i-dont-know-what-will-happen-if-we-default-and-i-dont-want-to-find-out/280467/

93 Eine interessante Erörterung der unterschiedlichen Komponenten dieses Balanceakts findet sich in: Eric Schmidt und Jared Cohen, The New Digital Age: Reshaping the Future of People, Nations and Business (London: John Murray, 2014); dt.: Die Vernetzung der Welt. Ein Blick in unsere Zukunft (Reinbek: Rowohlt, 2013)

94 Mohamed A. El-Erian, »The Very Messy Politics of Economic Divergence«, Project Syndicate, 16. März 2015, http://www.project-syndicate.org/commentary/economic-divergence-global-politics-by-mohamed-a--el-erian-2015-03

Kapitel 14

95 Dieser Ausdruck wurde vor gut zehn Jahren von Jim O'Neil geprägt, damals Chefvolkswirt bei Goldman Sachs. Heute steht er für eine Gruppe von Ländern, die Brasilien, Russland, Indien, China und Südafrika umfasst.

96 Mohamed A. El-Erian, »The Real Message of the BRICS Summit«, Bloomberg View, 17. Juli 2014, http://www.bloombergview.com/articles/2014-07-17/the-real-message-of-the-brics-summit

97 Mohamed A. El-Erian, »U.S. Opposition to Asian Bank Is Self-Destructive«, Bloomberg View, 31. März 2015, http://www.bloombergview.com/articles/2015-03-31/el-erian-u-s-opposition-to-asia-bank-is-self-destructive

98 Richard Dobbs, James Manyika und Jonathan Woetzel, No Ordinary Disruption: The Four Global Forces Breaking All the Trends (New York: Public-Affairs, 2015)

99 Mohamed A. El-Erian, »Is the World Bank Losing Asia?«, Bloomberg View, 10. Juli 2014, http://www.bloombergview.com/articles/2014-07-10/is-the-world-bank-losing-asia

Kapitel 15

100 Siehe beispielsweise die Pressemitteilung des Board of Governors of the Federal Reserve System von 9. Dezember 2015, http://www.federalreserve.gov/newsevents/press/bcreg/20141209a.htm

101 Greg Ip, »Post-Crisis Risk Casts a Darkening Shadow«, Wall Street Journal, 8. April 2015, http://www.wsj.com/articles/post-crisis-risk-casts-a-darkening-shadow-1428499827

102 Brad Jones, »Asset Bubbles: Rethinking Policy for the Age of Asset Management«, IMF Working Paper, Februar 2015, http://www.imf.org/external/pubs/ft/wp/2015/wp1527.pdf

103 Jaime Caruana, »Macro-Prudential Policies: Opportunities and Challenges«, Rede vor dem Tenth High-Level Meeting for the Middle East and North Africa, Bank für Internationalen Zahlungsausgleich, 9. Dezember 2014, http://www.bis.org/speeches/sp141219.pdf

104 Banque de France, »Macroprudential Policies: Implementation and Interactions«, Financial Stability Review, April 2014

105 Mohamed A. El-Erian, »3 Steps to Remove Financial System Risk«, Harvard Business School, 15. August 2007, http://hbswk.hbs.edu/item/5745.html

106 Mohamed A. El-Erian, »Creative Self-Disruption«, Project Syndicate, 7. April 2015, https://www.project-syndicate.org/commentary/consumer-sharing-economy-adaptation-by-mohamed-a--el-erian-2015-04

107 Steve Lohr, »Banking Start-ups Adopt New Tools for Lending«, New York Times, 19. Januar 2015, http://www.nytimes.com/2015/01/19/technology/banking-start-ups-adopt-new-tools-for-lending.html

108 Hinweis zur Offenlegung: Ich war zuletzt als Investor und Board-Mitglied bei Payoff, einem Start-up, das Finanzdienstleistungen für Haushalte und kleine Unternehmen verbessern möchte, an einem solchen Projekt beteiligt.

Kapitel 16

109 Tracy Alloway und Michael MacKenzie, »Anatomy of a Market Meltdown«, Financial Times, 18. November 2014, http://www.ft.com/cms/s/0/cac64efe-6b34-11e4-ae52-00144feabdc0.html

110 Jamie Dimon, »Annual Letter to Shareholders«, JP Morgan Chase, April 2015, http://files.shareholder.com/downloads/ONE/15660259x0x820077/8af78e45-1d81-4363-931c-439d04312ebc/JPMC-AR2014-LetterToShareholders.pdf

111 William Finkbarr Flynn und Takako Taniguchi, »Prudential Chief Echoes Dimon Saying Liquidity Is Top Worry«, Bloomberg News, April 13, 2015, http://www.bloomberg.com/news/articles/2015-04-14/prudential-chief-says-biggest-worry-is-liquidity-echoing-dimon

112 Mohamed A. El-Erian, »The Market ›Sucking Sounds‹ Are Getting Louder as Four Forces Come Together«, Business Insider, 11. Juni 2013, http://www.businessinsider.com/el-erian-on-the-liquidity-gap-2013-6

113 Mohamed A. El-Erian, »Is the Market Confident or Too Complacent?«, Bloomberg View, 9. Juni 2014, http://www.bloombergview.com/articles/2014-06-09/is-the-market-confident-or-too-complacent

Kapitel 17

114 Jim Puzzanghera, »Yellen Upbeat About Growth in the Coming Quarter«, Los Angeles Times, 7. Mai 2014, http://www.latimes.com/business/la-fi-yellen-economy-20140508-story.html

115 Binyamin Appelbaum, »Q. and A. With Charles Plosser of the Fed: Raise Rates Sooner Rather Than Later" New York Times, 30. Januar 2015, http://www.nytimes.com/2015/01/30/upshot/q-and-a-with-charles-plosser-of-the-fed-raise-rates-sooner-rather-than-later.html

116 Claire Jones, Robin Wigglesworth und James Politi, »Fed Fights Back Against ›Feral Hogs‹«, Financial Times, 24. Juni 2013, http://www.ft.com/intl/cms/s/0/9d8fa63e-dce6-11e2-b52b-00144feab7de.html

117 Mohamed A. El-Erian, »Big Money vs Bernanke: Who's Right About the Economy«, The Atlantic, 3. Juli 2013, http://www.theatlantic.com/business/archive/2013/07/big-money-vs-bernanke-whos-right-about-the-economy/277548

118 Joshua Zumbrun, »Fed Hears Warning That Tightening Policy May Spark Market Tumult«, Bloomberg News, 28. Februar 2014, http://www.bloomberg.com/news/2014-02-28/fed-hears-warning-that-tightening-policy-may-spark-market-tumult.html

119 Andrew Filardo und Boris Hofmann, »Forward Guidance at the Zero Lower Bound«, BIS Quarterly Review, März 2014, Bank für Internationalen Zahlungsausgleich, http://www.bis.org/publ/qtrpdf/r_qt1403f.htm

120 Robin Harding, »Federal Reserve Dissenter Kocherlakota Attacks New Guidance«, Financial Times, 21. März 2014, http://www.ft.com/intl/cms/s/0/1607d9b8-b105-11e3-bbd4-00144feab7de.html

121 Mohamed A. El-Erian, »Here's Why Jeremy Stein's Departure from the Federal Reserve Matters«, Business Insider, 5. April 2014, http://www.businessinsider.com/why-jeremy-steins-departure-is-important-2014-4

122 Jeremy C. Stein, »Challenges to Monetary Policy Communication«, Rede vor dem Money Marketeers Club der New York University, Board of Governors of the Federal Reserve System, 6. Mai 2014, http://www.federalreserve.gov/newsevents/speech/stein20140506a.htm. Ähnlich äußerte sich Hyun Song Shin in »Commentary on Robert E. Hall, ›The Routes into and out of the Zero Lower Bound‹«, einer Rede auf der Konferenz Global Dimensions of Unconventional Monetary Policy, Federal Reserve Bank of Kansas City, Jackson Hole, Wyoming, 22.–24. August 2013

123 Janet Yellen, »Monetary Policy and Financial Stability«, Rede bei der Michel Camdessus Central Banking Lecture 2014, Internationaler Währungsfonds, Washington, D. C., 2. Juli 2014, Board of Governors of the Federal Reserve System, http://www.federalreserve.gov/newsevents/speech/yellen20140702a.htm

124 Mohamed A. El-Erian, »Yellen Lays Out Her Policy Blueprint«, Bloomberg View, 7. Juli 2014, http://www.bloombergview.com/articles/2014-07-07/yellen-lays-out-her-policy-blueprint

125 Stanley Fischer, »Financial Sector Reform: How Far Are We?«, Martin Feldstein Lecture im National Bureau of Economic Research, 10. Juli 2014, Board of Governors of the Federal Reserve System, http://www.federalreserve.gov/newsevents/speech/fischer20140710a.htm

126 Jeremy C. Stein, »Overheating in Credit Markets: Origins, Measurement, and Policy Responses«, Board of Governors of the Federal Reserve System, 7. Februar 2013, http://www.federalreserve.gov/newsevents/speech/stein20130207a.htm

127 Jaime Caruana, »Macro-Prudential Policies: Opportunities and Challenges«, Rede vor dem Tenth High-Level Meeting for the Middle East and North Africa, Bank für Internationalen Zahlungsausgleich, 9. Dezember 2014, http://www.bis.org/speeches/sp141219.pdf

128 Staff Guidance Note on Macro-Prudential Policies«, Internationaler Währungsfonds, Dezember 2014, http://www.imf.org/external/np/pp/eng/2014/110614.pdf

Kapitel 18

129 Martin Wolf, »A Rebuff of China's Asian Infrastructure Investment Bank Is Folly«, Financial Times, 24. März 2015, http://www.ft.com/intl/cms/s/0/0dff595e-d16a-11e4-86c8-00144feab7de.html

130 Mohamed A. El-Erian, »M&A Boom Must Evolve to Create Growth«, Financial Times, 20. August 2014, http://www.ft.com/intl/cms/s/0/d3b11b24-26c5-11e4-8df5-00144feabdc0.html

131 Michael MacKenzie und Eric Platt, »US Companies on Course to Return $1 Trillion to Shareholders in 2015«, Financial Times, 12. April 2015, http://www.ft.com/intl/cms/s/0/2c1a34d8-dfa5-11e4-a06a-00144feab7de .html

Kapitel 19

132 »Q and A with Charles Plosser, President of the Fed: Raise Interest Rates Sooner Rather than Later«, New York Times, 30. Januar 2015, http://www.nytimes.com/2015/01/30/upshot/q-and-a-with-charles-plosser-of-the-fed

133 Chris Giles und Ferdinando Giugliano, »Raise Rates or Face ›Devastating Bubbles‹, Says Fed Official«, Financial Times, 23. März 2015, http://www.ft.com/intl/cms/s/0/62c65f4c-d15f-11e4-86c8-00144feab7de.html

134 Stanley Fischer, »Monetary Policy and the Way Ahead«, Rede vor dem Economic Club of New York, 23. März 2015, http://www.federalreserve.gov/newsevents/speech/fischer20150323a.htm

Kapitel 20

135 An dieser Stelle geht ein besonderer Dank an Professor Michael Spence, der mir sehr dabei geholfen hat, diese Themen zu durchdenken.

136 The 2015 Economic Report of the President, White House Council of Economic Advisers, 19. Februar 2015, http://www.whitehouse.gov/sites/default/files/docs/cea_2015_erp.pdf

137 Michael Spence, »Five Reasons for Slow Growth«, Project Syndicate, 29. September 2014, http://www.project-syndicate.org/commentary/slow-economic-growth-reasons-by-michael-spence-2014-12

138 »The Fund's Lending Framework and Sovereign Debt«, International Monetary Fund, Washington, D. C., Juni 2014, http://www.imf.org/external/np/pp/eng/2014/052214a.pdf

139 Siehe zum Beispiel »Debt Relief Under the Heavily Indebted Poor Countries (HIPC) Initiative«, IWF Factsheet, Washington, D. C., September 2014, https://www.imf.org/external/np/exr/facts/hipc.htm

140 Carmen M. Reinhart und Kenneth S. Rogoff, »Financial and Sovereign Debt Crises: Some Lessons Learned and Those Forgotten«, IMF Working Paper, WP/13/266, Dezember 2013, https://www.imf.org/external/pubs/ft/wp/2013/wp13266.pdf.

141 »Bleak Words and Difficult Homework from the IMF«, Financial Times, 5. Oktober 2014, http://www.ft.com/intl/cms/s/0/53516aec-4af6-11e4-b1be-00144feab7de.html

142 Mohamed A. El-Erian, »The New Isolationism: Why the World's Richest Countries Can't Work Together«, The Atlantic, 3. September 2013, http://www.theatlantic.com/business/archive/2013/09/the-new-isolationism-why-the-worlds-richest-countries-cant-work-together/279282/

Kapitel 21

143 Mohamed A. El-Erian, »Obama Sets Terms of 2016 Debate«, Bloomberg View, 21. Januar 2015, http://www.bloombergview.com/articles/2015-01-21/obama-sets-terms-of-2016-debate

144 Amartya K. Sen, »Rational Fools: A Critique of the Behavioral Foundations of Economic Theory«, Philosophy and Public Affairs 6, Nr. 4 (Sommer 1977), http://www.jstor.org/discover/10.2307/2264946?sid=21105866957553&uid=3739256&uid=4&uid=2&uid=3739560

145 Mohamed A. El-Erian, »The 1 Equation Investors Need to Know to Understand the World Today«, The Alantic, 22. Mai 2013, http://www.theatlantic.com/business/archive/2013/05/the-1-equation-investors-need-to-know-to-understand-the-world-today/276124/

Kapitel 22

146 Mohamed A. El-Erian, »What We Need from the IMF/World Bank Meetings«, Financial Times, 6. Oktober 2013, http://blogs.ft.com/the-a-list/2013/10/06/what-we-need-from-the-imfworld-bank-meetings

Kapitel 23

147 »The World in 2015«, The Economist, Dezember 2014

148 Michael J. Casey, »Flattening Yield Curve Latest Complication for Fed«, Wall Street Journal, 12. April 2015, http://blogs.wsj.com/moneybeat/2015/04/12/flattening-yield-curve-latest-complication-for-fed/?mod=WSJ_hps_MIDDLE_Video_Third

149 Mohamed A. El-Erian, »The Instability in Central Bank Divergence«, Financial Times, 26. Februar 2014, http://blogs.ft.com/the-a-list/2014/02/26/the-instability-in-central-bank-divergence

Kapitel 24

150 Mohamed A. El-Erian, »A Year of Divergence«, Project Syndicate, 8. Dezember 2014, http://www.project-syndicate.org/commentary/economic-monetary-policy-divergence-2015-by-mohamed-a--el-erian-2014-12

151 Mohamed A. El-Erian, »Missteps and Miscalculations That Could Cost Greece the Euro«, Financial Times, 25. März 2015, http://www.ft.com/intl/cms/s/0/a28549d6-d303-11e4-a792-00144feab7de.html

Kapitel 25

152 Mohamed A. El-Erian, »An Accidental Currency War«, Project Syndicate, 10. Februar 2015, http://www.project-syndicate.org/commentary/monetary-policy-central-bank-activism-by-mohamed-a--el-erian-2015-02; sowie Mohamed A. El-Erian, »Rising Risk of Currency Market Instability«, Financial Times, 26. August 2014, http://www.ft.com/intl/cms/s/0/a82d9c14-2ce4 -11e4-911b-00144feabdc0.html

153 Ben S. Bernanke, »The Logic of Monetary Policy«, Bemerkungen von Gouverneur Ben S. Bernanke vor dem National Economists Club, Washington, D. C., 2. Dezember 2004, http://www.federalreserve.gov/Boarddocs/speeches/2004/20041202/default.htm

Kapitel 26

154 Mohamed A. El-Erian, »Greece Can Learn from Brazil and Argentina«, Bloomberg View, 13. Januar 2015, http://www.bloombergview.com/articles/2015-01-13/greece-can-learn-from-brazil-and-argentina

Kapitel 27

155 Daniel Yergin, »Who Will Rule the Oil Market?«, New York Times, 23. Januar 2015, http://www.nytimes.com/2015/01/25/opinion/sunday/what-happened-to-the-price-of-oil.html

156 Mohamed A. El-Erian, »Good, Bad and Ugly of Lower Oil Prices«, Bloomberg View, 1. Dezember 2014, http://www.bloombergview.com/articles/2014-12-01/good-bad-and-ugly-of-lower-oil-prices

157 Erik Brynjolfsson und Andrew McAfee, The Second Machine Age: Work, Progress, and Prosperity in a Time of Brilliant Technologies (New York: Norton, 2014); dt.: The Second Machine Age. Wie die nächste digitale Revolution unser aller Leben verändern wird (Kulmbach: Plassen, 2014)

158 Siehe zum Beispiel Erik Brynjolfsson und Andrew McAfee, Race Against the Machine: How the Digital Revolution Is Accelerating Innovation, Driving Productivity and Irreversibly Transforming Employment and the Economy (Lexington, MA: Digital Frontier Press, 2011); dt.: Race Against the Machine. Wie die digitale Revolution dem Fortschritt Beine macht (Kulmbach: Plassen, 2014)

Kapitel 28

159 Richard Dobbs, James Manyika und Jonathan Woetzel, No Ordinary Disruption: The Four Global Forces Breaking All the Trends (New York: Public-Affairs, 2015)

160 Mohamed A. El-Erian, »Creative Self-Disruption«, Project Syndicate, 7. April 2015, http://www.project-syndicate.org/commentary/consumer-sharing-economy-adaptation-by-mohamed-a--el-erian-2015-04

Kapitel 29

161 Richard Dobbs, James Manyika und Jonathan Woetzel, No Ordinary Disruption: The Four Global Forces Breaking All the Trends (New York: Public-Affairs, 2015)

162 Mahzarin Banaji und Anthony Greenwald, Blindspot: Hidden Biases of Good People (New York: Random House, 2013); dt.: Vor-Urteile. Wie unser Verhalten unbewusst gesteuert wird und was wir dagegen tun können (München: dtv, 2015)

163 Don Lovallo und Olivier Sabony, »The Case for Behavioral Strategy«, McKinsey Quarterly, März 2010

164 Daniel Kahneman, Thinking, Fast and Slow (New York: Farrar, Straus & Giroux, 2011); dt.: Schnelles Denken, langsames Denken (München: Siedler, 2012)

Kapitel 30

165 Mohamed A. El-Erian, »Remarks at the Launch of USAID's Policy on Gender Equality and Women Empowerment«, PIMCO Viewpoint, März 2012

166 Mahzarin Banaji und Anthony Greenwald, Blindspot: Hidden Biases of Good People (New York: Random House, 2013); dt.: Vor-Urteile. Wie unser Verhalten unbewusst gesteuert wird und was wir dagegen tun können (München: dtv, 2015)

167 Don Lovallo und Olivier Sabony, »The Case for Behavioral Strategy«, McKinsey Quarterly, März 2010

168 Sheryl Sandberg und Adam Grant, »Speaking While Female«, New York Times, 12. Januar 2015, http://www.nytimes.com/2015/01/11/opinion/sunday/speaking-while-female.html

169 Patricia Sellers, »El-Erian: A Gender Bias Lesson from My Daughter«, Fortune, 8. August 2013, http://fortune.com/2013/08/08/el-erian-a-lesson-on-gender-bias-from-my-daughter/

Kapitel 31

170 Scott Page, The Difference: How the Power of Diversity Creates Better Groups, Firms, Schools, and Societies (Princeton, NJ: Princeton University Press, 2007)

171 Scott Page, »Making the Difference: Applying a Logic of Diversity«, Academy of Management Perspectives, November 2007

172 Scott Page, The Difference: How the Power of Diversity Creates Better Groups, Firms, Schools and Societies (Princeton, NJ: Princeton University Press, 2007)

173 Scott Page, »Making the Difference: Applying a Logic of Diversity«, Academy of Management Perspectives, November 2007

174 Mohamed El-Erian, »Why CEOs Should Read Sheryl Sandberg's Book«, Fortune, 11. März 2013, http://fortune.com/2013/03/11/why-ceos-should-read-sheryl-sandbergs-lean-in/

175 Sheryl Sandberg, Lean In: Women, Work, and the Will to Lead (New York: Knopf, 2013); dt.: Lean In. Frauen und der Wille zum Erfolg (Berlin: Ullstein, 2015)

Kapitel 32

176 Eric Schmidt und Jonathan Rosenberg, How Google Works (New York: Grand Central, 2014); dt.: Wie Google tickt (Frankfurt: Campus, 2015)

177 Ebd.

178 Sheryl Sandberg, Lean In: Women, Work, and the Will to Lead (New York: Knopf, 2013); dt.: Lean In. Frauen und der Wille zum Erfolg (Berlin: Ullstein, 2015)

179 Mohamed A. El-Erian, »Getting Real About Diversity«, American Banker, 18. September 2013, http://www.americanbanker.com/magazine/123_10/pimcos-mohamed-el-erian-on-getting-real-about-diversity-1062068-1.html

Kapitel 33

180 Weitere Informationen und Beispieltests finden Sie auf der Website von Project Implicit, https://implicit.harvard.edu/implicit/demo/

181 Gary Klein, »Performing a Project Premortem«, Harvard Business Review, September 2007, https://hbr.org/2007/09/performing-a-project-premortem

182 Gary Klein, The Power of Intuition: How to Use Your Gut Feelings to Make Better Decisions at Work (New York: Crown Business, 2004)

Kapitel 34

183 Mohamed A. El-Erian, »Global Tug of War Is Focus for Investors«, Financial Times, 9. Februar 2015, http://www.ft.com/intl/cms/s/0/1e0e8662-ac80-11e4-9d32-00144feab7de.html

Kapitel 35

184 John Maynard Keynes, The General Theory of Employment, Interest, and Money (k.S.: CreateSpace Independent Publishing Platform, 2014); dt.: Allgemeine Theorie der Beschäftigung, des Zinses und des Geldes (München-Leipzig: Duncker & Humblot, 1936)

185 Norman Mailer, The Fight (New York: Vintage International, 1975); dt.: Der Kampf (München-Zürich: Droemer-Knaur, 1976)